商法原论

郑景元　著

THE ORIGINAL THEORY OF
COMMERCIAL LAW

法律出版社
LAW PRESS · CHINA
北京

图书在版编目（CIP）数据

商法原论 / 郑景元著. -- 北京 : 法律出版社，2025. -- ISBN 978-7-5244-0258-9

Ⅰ. D913. 990. 4

中国国家版本馆 CIP 数据核字第 20253AH317 号

商法原论
SHANGFA YUANLUN

郑景元 著

责任编辑 韩满春
装帧设计 李 瞻

出版发行 法律出版社
编辑统筹 学术·对外出版分社
责任校对 郭艳萍
责任印制 胡晓雅 宋万春
经 销 新华书店

开本 710 毫米×1000 毫米 1/16
印张 13.75 **字数** 196 千
版本 2025 年 5 月第 1 版
印次 2025 年 5 月第 1 次印刷
印刷 北京建宏印刷有限公司

地址：北京市丰台区莲花池西里 7 号(100073)
网址：www. lawpress. com. cn
投稿邮箱：info@ lawpress. com. cn
举报盗版邮箱：jbwq@ lawpress. com. cn
销售电话：010-83938349
客服电话：010-83938350
咨询电话：010-63939796

书号：ISBN 978-7-5244-0258-9
定价：58.00 元

凡购买本社图书，如有印装错误，我社负责退换。电话：010-83938349

目　录

绪　论 1

第一章　法前：商的发展 3

第一节　无中心时代的民事交易 6

一、无中心文明：从身份到契约 6

二、基于弱关联性的民事交易 11

三、无中心民事交易的特点 20

第二节　中心化时代的商事交易 22

一、商人自立：作为社团的商事交易 23

二、商会自治：作为阶层的商事交易 27

三、商圈他治：渗透着公权因素的商事交易 29

四、中心化商事交易的特点 31

第三节　去中心化时代的区块链交易 35

一、区块链交易的形成 35

二、区块链交易的商事类型 40

三、去中心化区块链交易的特点 45

第二章　法中：商事立法 48

第一节　商法范畴 49

一、商法要素 49

二、商法形式论 51

三、商法模式论 73

第二节　商法体例 86

一、民商分立体例 86

二、民商合一体例 88

三、美国商事立法体例 89
四、我国相对民商合一体例 91
第三节 商法地位 92
一、绝对地位(商法性质) 93
二、相对地位(相关比较) 104

第三章 法后：商事法律 110
第一节 商法价值 110
一、商法价值的界定 111
二、商法价值的体系 114
三、商法价值的适用 121
第二节 商法原则 126
一、商事主体法定原则 128
二、商事交易外观原则 131
三、商事交易自由原则 141
第三节 商法规范 145
一、实体规范——商事主体 146
二、实体规范——商事行为 182
三、程序规范——商事登记 196

后 语 209

参考文献 211

绪 论

在世界文明更迭进程中，人类始终秉持理性之光，匠心独运，创造出诸多能够满足自身需求的杰作。

面包，这一餐桌上的美味艺术品，便是面包师以精湛技艺和严谨工序雕琢而成的典范。其诞生之旅，简约而不简单：首先，原料配置——面粉与水。该料自古即有，乃馒头与面包制作的必备素材；继之，匠心塑造——面包师借由机械助力，历经搅拌、发酵、分割、静置与塑形，每一环节皆依个人技艺或面包风格加工。该环节有无关乎产品为面包抑或馒头；最后，成就产品——通过恰到好处的工业发酵与烘烤，形成色味俱佳的现代面包。

此等生产流程，恰似商法法治的构筑之路，寓意深远。商法之前，古今中外均有诸如买卖、租赁、借贷等商业实践。本书称其为“商法前的社会非标准化状态”。这些非标准的法制素材东西方均存在，概无特色炫耀之必要；随后商法法制步入机制形塑阶段，即将既有素材进行商事机制加工。本书称之为“商法中的社会标准化建构”。此进路关乎专制还是法治，直接导致传统与现代的分野；[①]最终，因选择法治路径而生成商事主体、商事行为、商事登记等商事法治产品。本书称之为“商法后的社会标准化样态”。此乃民主法治的商法表达。

总之，拙作将商法建构比拟为面包制作，旨在勾勒一幅商法世界的法治图景，以期读者阅后顿悟商法法理，不禁发出“原来如此”的当代激情。

---

① 笔者认为，商法法治=商法法制+商法机制。法制在包括专制在内的所有文明形态中均存在，如1904年清朝就有《商律》，但其未必存在机制。因为，机制设置是一种控制乃至消解人的任性延伸的技术性安排。借由这种技术安排，商法法治才能践行权力制衡，从而防止商事特权、专权等滥权现象。当然，商法法治能否有效实现仍然取决于一国法治的大场景。

第一章　法前：商的发展

商的发展至少包括何谓商以及何谓商到商法前两个方面演化，并且呈现出整个商业进程中商要素不断积累的历史过程。

何谓商

笔者查阅手头有限资料，发现，商的造字一直处于变动之中，但主要存在如下甲骨文商与金文商两种写法（见图 1–1、图 1–2）。《说文解字》解释："商，从外知内也。"甲骨文之辛为"刑刀"，下方为"内"，商的甲骨文意为刑刀刺入内。《白虎通·商贾》解释："商之为言章也，章其远近，度其有无，通四方之物，故谓之商。"简言之，四处行走即"商"。由此来看，"商"字由"辛"（大斧头或章）、"内"（高台，代表祭祀）以及"口"（代表方国）三部分组成，表示用"辛金斧钺（或章）"来"祭祀"的方国。

图 1–1　甲骨文商

图 1–2　金文商

商字变动背后自然承载多重含义。随着历史发展，这些细节早已隐入尘烟。但古字今用却具有极为重要的现实意义。笔者认为，商字有其变的一面，也有其不变的一面——其核心内涵"谋利"不变。早期甲骨文商是一个没有“口”的商，也许在表达人们通过纯粹探索、思量[①]来了解对方，具有主观性；到后来，金文商加上下面的“口”，则表达人们通过经营[②]、竞争、[③]逐利[④]、伤害[⑤]（利害）等客观行为方式进行利益追逐。总之，上述意义无非在表示，商字在变动中所承载的主、客观功能就是对商实践的符号化。在这个符号下，商下融入系列的诸如生意人、商人、商事主体、市场主体等主体性概念；营利、经营、交易等行为概念以及实物、财产、资产等利益概念。

从词源看，英语中的商人 merchant，由 merc 与 hant 组成，其中，hant 通 hunt，狩猎之意；而 merc 来自 Mercury（墨丘利）——商业之神。传说墨丘利给罗马带来商业繁荣。当年罗马城刚刚建立的时候，人们就供奉墨丘利为城池守护神，祈求其能繁荣城市商业。墨丘利对众人道：“知道为什么我被称为商业之神吗？因为我能飞，我可以最快地掌握和传播信息，知道什么紧缺、什么泛滥，而能够及时得到信息才能主宰商业的走向。你们不能像我一样飞翔，但你们有车、马与四通八达的道路，罗马城就会繁荣起来。”人们依墨丘利启示，建造很多从罗马通往各地的道路，可谓“条条道路通罗马”。这些启示的核心要义在于商业贵在沟通和解、思维敏捷与便捷效率。于是，罗马城践行启示，当时商业盛极一时。

总之，无论东西方，商都是借由对上述专业符号的系统化安排分别从“谋”与“利”两方面来实现自我形塑的。

---

① 《说文解字》中“商，从外知内也”含探求之意。

② 商的经商之义是如何产生的，徐中舒在《殷周文化之蠡测》（《历史语言研究所集刊》二本三分）一文中指出：“殷亡以后，商人土田为周人所夺，故多转而为商贾，商贾名称当由此起（就此来说，商为动产经营，贾为不动产经营）。”

③ 从文字构造看，商的上部是辛字。辛是古代常用的刑罚之具。《左传·昭公元年》载：“昔高辛氏有二子，伯曰阏伯，季曰实沈，居于旷林，不相能也。日寻干戈，以相征讨。”这当引申为互相竞争之意。

④ 传说认为，甲骨文商字像燕子之形，本义为燕子。作为候鸟，燕子随季节寻求生存，可衍生为逐利意。

⑤ 从语音看，商当因伤而得名，兄弟互相伤残，故谓之商。可知商有伤害之意。而且，伤害与得利或逐利只是一个事情的两面。

何谓商法前

所谓商法前,可理解为人类在商法出现前的社会状态。但“在商法出现前”是一个很模糊的表述,比如存在着有民法,但无商法;或者既有民法,也有关于规范商事活动的商事习惯,但无商法典;等等。为此,本书所涉商法前特指,那时商业活动已经出现,但商业规范尚未制定或者商业习惯尚未形成的特定时期。就此来说,商法前并不指历史上的某个时间点,而是特指商业事实与商事规范间的前后逻辑关系。为此,我们可择取东方商法前与西方商法前两例说明。

一是东方商法前。东方商的起源并无明确的阶段划分,而始终作为一个模糊的商法前状态。

有学者认为,五六千年之前,在众多氏族部落中存在着一个位于现在河南商丘的名为商的部落。其地自然条件优越,部落人以畜牧为生,其生产的东西除自己消费外,还用剩余的牛马猪羊等与其部落人交换。同时,牲畜的流动性也为商部落交换提供了必要的交通运输条件。后来发展为以榷场为中心的贸易。在榷场中,有来自中原、江南地区乃至海外的从南向北的农产品、手工业制品以及香、药等商品,也有来自辽、金、夏地区的从北往南的牲畜、皮货、药材、珠宝等商品。当然,此时商品贸易是在官方严控下进行的,并且官方享有贸易优先权。[①] 用现代话语表达,可谓“一边做运动员,一边做裁判”。

也有学者认为,“商人”一词来自周灭商后的商代遗民。商遗民因为顽固被称为“顽民”,被强迫集中在洛阳进行强制性的管理。他们既无政治权利,也失去了土地,无法过日子,只好东跑西跑做买卖,以此为业。这一行业,周的贵族不屑做,庶民百姓要种地又不能做,但又为社会所需,时间久了,商业就成为商遗民的主要行业。[②]

由此来看,东方商业活动早已有之,也许因为身份文明严重压抑着商业发展,也许商业自身缺乏契约精神,一直没有摆脱自发交易方式而始终处于商法前状态。

二是西方商法前。与东方不同的是,西方部落文明呈现出三个

---

① 张建城:《市场论》,红旗出版社 2002 年版,第 41 页。

② 张岱年主编:《中国文史百科》,浙江人民出版社 1998 年版,第 337~338 页。

明确的商法前阶段,并且每一阶段都向商法发展进阶一步。第一阶段,仅有简易民法,而无商法存在余地。此时,民法条款表述简易生动、内含朴素观念;有关财产、契约等商事活动已经出现。第二阶段,已有复杂民法,但未出现商法萌芽。亚述帝国民法较为复杂,其民事规范经历了一个演变形成的过程,其间留存下众多的商业贸易方面的法律文契,但未见商法文本痕迹。第三阶段,民法规范发达,商业活动仅作民事处理。如《汉谟拉比法典》已就租借、委托、债权转让等作了详尽规定,体现了早期人类社会的公平观念与契约意识。①

必须说明的是,有学者并不认同上述东、西方商法前的所谓历史传说或文本解释,而认为,真正的商法起源于社会的第三次大分工,专门交易人群的出现导致商人习惯的产生。② 换言之,整个第三次大分工之前均处于商法前状态。

第一节 无中心时代的民事交易

宇宙大爆炸论认为,世界原初呈现为由氢氦组合的混合状态,随宇宙演变而逐渐聚合为更重的元素个体。而个体在一定条件下会再次分化。从此,世界便存在着一种分合转化规律。其中,因聚合而形成中心,因分化而形成节点。值得注意的是,这种分合规律也引发了人类交易文明的诞生。如在经济领域,早期人们彼此之间并无关联,处于自给自足状态,后来才有了简单买卖。于是,买卖两个节点之间逐步产生了关联,但这种关联仍然没有引发超越其上的买卖管控中心或集散中心。在这个无中心时代,人类社会生存只能逐步从买卖节点无关联的社会停滞状态缓慢发展到买卖节点弱关联的民事交易状态。

一、无中心文明:从身份到契约

美国著名法人类学家霍贝尔富有真知灼见地将爱斯基摩人早期

---

① 徐学鹿、梁鹏:《商法总论》(修订版),中国人民大学出版社 2009 年版,第 2 页。
② 徐学鹿、梁鹏:《商法总论》(修订版),中国人民大学出版社 2009 年版,第 4 页。

的无中心现象文饰为“原始无政府状态”，认为爱斯基摩人无中心文明形态具有以下两种情况：一是无中心、无关联。社团规模小，社团成员少。这些社团及其成员呈原子化分布状态。这种原子化分布与其成员自然、简单的生活方式是相适应的。此时，他们根本不需要普适性的法律，甚至连极为低级的习俗也显得多余。无中心下成员间几乎没有关联。二是无中心、有关联。社团间的各地生活方式迥异，具有不同的信仰；社团中的家庭单位是自治的，彼此很少联系，但仍然存在着弱关联。①

必须说明的是，早期人类文明的无中心状态近乎相同。当时人们并非作为一个个体而存在，而仅被视为一种特殊团体的分子而已。② 换言之，社会最小细胞是“家族”而非“个人”。首先，每个人并不自主享有任何权利，也不负担来自权利所生的义务。尽管他们不能自主创设权利义务，但其必须遵守属地规则以及户主所施予的强行命令。③ 他们所能够得到的权利、义务多少大小则取决于其在家族所具有的贵贱、父子、夫妻等身份。其次，财产权利与家族权利混同，难以分离。在古罗马很长时间里，遗嘱并非作为分配死者财产的财产转移方式，而是作为将家族代表权移转给新族长的身份继承办法。④ 由此来看，当时的继承只是作为死者身份的一种延续手段，而财产移转仅为比较次要的附带程序。最后，每个人的道德评价往往由其家族地位所决定，也即，个人道德评价与其家族的荣辱、强弱、优劣等品质纠缠在一起。此时，作为权力垄断者的国家对家族享有着无限管辖权，而家族对国家则必须承担罗马“公法”义务，从而形成家族之间无关系或者弱关联状态。

中国早期社会的无中心表现为宗法统合下的家、国一体制，属于一种作为整体而没有再次分化的无中心状态。这种“唯我中心，没有节点”的制度缺陷决定了礼法制下的古代中国几乎不可能容纳另外

① ［美］E. 埃德蒙斯·霍贝尔：《原始人的法：法律的动态比较研究》（修订译本），严存生等译，法律出版社2012年版，第67~68页。

② ［英］梅因：《古代法》，沈景一译，商务印书馆1997年版，第105页。

③ ［英］梅因：《古代法》，沈景一译，商务印书馆1997年版，第105页。

④ ［英］梅因：《古代法》，沈景一译，商务印书馆1997年版，第176页。

一个独立主体。原子化、分散化的家族成员并不具有民事主体的资格，因而很难完全享有独立的人格权与财产权。进而推之，既然家族成员不能成为独立节点，作为成员的归属——家族或家庭也就不具有对抗国家的主体性。当然，从表面看，古代中国实行法律意义上的户本位或道德意义上的家本位，户或家是权利和义务的当然承担者，户主或家长代表成员行使权利，履行义务，然而，古代中国借由家天下的政治逻辑，将父系直系血缘融入一个家庭共同体之中，从而达到服从国家统治之目的，也即，“国—家—成员”通过礼法合为一体。既然家国一体，家庭就不是国家的对立物，相反，二者互渗、互补，最终构成一个完整的封闭系统。从理论上说，国家、社会可被视为家族或家庭的扩大版，而家族或家庭则成为国家、社会建构的初级版。为此，家族伦常不仅是国家生活的行为规范，也是一般人际关系的行为模式。应该说，这种身份意识的形塑力量是极为强大的。成员身份一旦逸出家族边界就自然转化为社会关系中的基本要素，也即，由成员身份外溢所形成的同族、同姓、同乡、同窗以及门生故旧等构成了传统社会的关系网络，并顽固地支配着社会的政治经济活动。由此来看，古代中国社会活动中的“家”，与梅因笔下的民事交易中的“家”截然不同：其一，梅因所谓的“家族”包括亲属团体、养子和奴隶三类人，已经超出纯血亲范畴，类似于古代中国屈指可数的大家族；然而，古代中国普遍存在的却是基于血亲的农耕小家庭。其二，梅因所谓的财产权与人格权是一种为成员所享有的独立民事权利；而古代中国即便家长也基本不享有独立财产权与人格权，也即，家长民事权利并非其自身权利，而是其家庭共有权。其三，梅因所谓的身份转型在“早期史”就已经发生；而古代中国的“家本位”社会制度和“户本位”法律制度从“早期史”持续到20世纪初的清末变法修律之时。①

古代东西方文明社会的无中心状态并不意味着社会成员之间没有任何关联；相反，当时社会成员之间仍然存在着或多或少的关联性

---

① 俞荣根、周子良：《家产制、户本位：古代中国民法之要义》，载《河南财经政法大学学报》2022年第6期。

行为——契约活动,并由此产生相应的“契约关系”。我们可以设想,社会成员之间如果没有这种关联化行为,西方历史上“从身份到契约”的运动便无从发生。只是在转型初期,契约关系因受庞大的身份网络挤压而极为狭小罢了。比如,身份制下,雇主与雇工之间被视为不平等的主奴关系,而很难达成纯粹的契约关系;又如,因家族成员财产权与身份权纠结在一起,财产因身份捆绑而难以自由流转。同样,古代中国是一个推重身份的社会,很难确立“私法”地位,期待“私法”作用更是无从谈起。而私法缺位必然导致社会成员之间的契约关联性减弱。如果说社会成员之间有所关联,那也只是间接的,即绝大多数存在于人们必需的盐铁等官营领域。而这正是古代中国社会长期停滞的重要原因之一。目前人们正努力挣脱传统身份社会的枷锁束缚而建构基于契约自由的新型关联体系。当然,置于人们观念中的那种根深蒂固的身份传统以及他们所代表的那种社会停滞状态仍然极顽固地存在着。当代人完成“从身份到契约”的运动尚需作出更大的努力。①

一般来说,所有“停滞型社会”都是在早期制度完善之后而丧失进步原动力的。这种社会一般都曾经达到相当高度的物质文明。而过往辉煌的物质文明并未进一步改善他们的“既定之法”,反而这些“既定之法”钳制了社会文明的向前发展。一个拥有一整套风俗习惯的早期社会常常会因为对这套风俗习惯严重依赖而面临着一些固化危险,而这些固化危险对其文明发展而言可能是极其致命的。早期,这些依赖风俗习惯的共同体均能直面现实需求,故而能够提升他们的物质状况或道德水准。但之后,当他们践行这些风俗习惯的时候,往往难以理解其中缘由。为此,他们只能将这些作为遗物的风俗习惯加以神圣化,进而对其不容置疑地遵从。这种神化与遵从乃至成为他们生活中的一件头等大事,最终导致已被神圣化的风俗习惯徒因神圣而成为永恒不变的真理。然而,人类社会始终如一地迈步向前,那些标榜为“永恒不变”的神圣事物,往往成了急需“外科手术

---

① 梁治平:《“从身份到契约”:社会关系的革命——读梅因〈古代法〉随想》,载《读书》1986年第6期。

式干预"的症结所在。但是,当既有势力坚如磐石时,这些被奉为圭臬、不可动摇的风俗习惯,便能凭借观念的力量与物质的强制,将社会的变革冲动——进步之源,以及变革的潜在可能,极力压制、暂时搁置乃至彻底根除。于是,社会生活在这些风俗习惯的庇护下,维持着一种超稳定的结构框架。如此,社会进步的道路被堵塞,或者仅在结构所能容忍的狭窄缝隙中,勉强挤出"进步"的微弱光芒。长此以往,不合理的风俗习惯在合理的土壤中悄然滋生,这些历经世代传承、层层累积的神圣化不合理习俗,最终构筑成了"停滞型社会"法律制度的核心基石。此类社会竭力使现实屈从于某种形式与内容高度一致的传统教条,即便为此牺牲现实发展,也被视为一种崇高的牺牲。因为在他们眼中,那些传统教条是至高无上的、不容置疑的真理,一旦现实与之相左,错误便自然而然地归咎于现实本身。因此,在"停滞型社会"中,舍弃现实发展以坚守那些陈规陋习,被视为不容置疑的"既定正确",成为一种理所当然的常态。

然而,在原点极相类似的法典时代之后,与这些"停滞型社会"中所发生的情况截然不同,"进步型社会"所展现的则是人类另外一种从观念到制度以发展变动为主题的文明样态。

在"进步型社会"中,法律往往滞后于社会需求和意识。这样,社会现实与社会既有信条之间就闪现了某种缺口。值得注意的是,此时,这种缺口在"停滞型社会"也同样存在。但在之后,二者便分道扬镳。在通常情况下,"进步型社会"并不会因现实的挑战而简单摒弃其固有的传统信仰。相反,它们仍旧保留着社会的传统信条,哪怕这些信条与现实发展之间出现了分歧。面对这一矛盾,它们寻求的是一种调和的艺术,旨在使现实的发展与传统信仰之间的冲击维持在一个相对可控的范畴内。以法律体系为例,进步型社会使其法律与现实之间的缝隙保持一种动态的平衡,既不使之急剧扩大,也不完全弥合。为此,人们探索了多种途径,其中最具代表性的便是"法律拟制"。在法律拟制的框架下,法律条文仍旧保持着传统的表述,而在实际应用中却已进行了调整,可谓"旧瓶装新酒"。这种法律稳定的策略既满足了不那么迫切的改革愿望,又不触碰到那些对于旧制度怀有迷信般嫌恶的群体。正是这种"暗度陈仓"的变革智慧,使得现行的法律体系在保持形式稳定的同时实现实质性的更新与进步；同时，这种形式上稳定而实质上更新的法律，为社会的文明发展提供了一个有效的制度框架，促使法律与文明在不断地冲突与调整中共同成长。可以说，“法律拟制”的显著成就为“进步社会”提供了丰富的历史范例。①

当然，“进步型社会”之所以能够不断进步，在于其拥有一个能够“容纳新酒的旧瓶”。这个“旧瓶”本身具有极大的包容性和契约性，因此能够“传承不息”。基于这样的认识，我们观察到，与“进步型社会”相契合的是，西方近代法制的构建并非摒弃了法律传统。千年之前的罗马私法，尤其是财产法和契约法，成为西方近代法学的宝贵财富。同样，1215 年的英国“自由大宪章”被后世法学者视为宪法性文件的开端。这些古老制度之所以被现代社会接纳，是因为它们在某种程度上都是“契约关系”的结晶，具有合理的形式，能够融入现代社会生活的新元素。反观古代中国，由于私法的缺失，缺乏一个可以装载新酒的“旧瓶”，因此难以适应现代社会生活的发展，国家政治更是因身份至上而缺乏“政治契约”的特性。统治者与被统治者的关系完全受制于“身份”的规则。这种家国一体的无中心文明状态迫切需要从身份到契约的制度转变。

二、基于弱关联性的民事交易

原初社会的生产力极其低下，在整体上，人们从自然获得物品仅能用于个人或者家庭消费，没有剩余物品用于交换。此时，人们总体处于自给自足状态，彼此之间“鸡犬之声相闻，老死不相往来”，市场观念乃至市场形态尚未出现。之后，随着生产力的发展及在此基础上的社会分工，社会出现了剩余物品，人们开始用剩余物品进行交换。从性质看，这种交换只是偶然的，具有民事交易属性。但无论如何，人们在这种民事交易中慢慢建立起构成契约所必需的弱关联。

（一）主体

契约前身份文明中的家族成员与农民具有浓厚的传统标签。早

① 时亮：《“从身份到契约”：梅因说什么？》，载谢进杰主编：《中山大学法律评论》第 9 卷 · 第 1 辑，法律出版社 2011 年版。

期人们不被视为一个个人而始终被视为一个家族成员，其权利分配决定于其在家族中的诸如贵族或平民、父或子、夫或妻等身份；而与之具有同样明显的固定身份属性的小农阶级中的纯粹农民，则被普遍认为是传统身份文明下的“主体”。① 随着经济发展，社会分工细化，诸如农牧民、海盗等个体人②逐步挣脱身份传统而尝试参与早期的商业活动之中。

1. 海盗

西方社会里的海盗不仅指涉横行海洋上的盗贼，而且还是一种影响久远、具有主体性的文化符号，通常与英雄主义、自由主义、冒险精神和实现梦想的传奇相关联。海盗行为并不完全是劫掠，还包含商业行为，可谓亦商亦盗。

海盗成形于古希腊、罗马时期，几乎与西方文明同时出现。早在公元前 12 世纪初古希腊就有了关于海盗的历史记录，且贯穿全部古希腊文明史的各个阶段，其足迹几乎遍及整个地中海地区。可以说，海盗史构成古希腊史不可或缺的一部分，通常代表着推动社会进步的存续欲望。古希腊文明认为，欲望能够推动社会进步，因此，那些征服土地、占有牲畜以及统管居民等对外劫掠行为都应得到世人称颂；到罗马时期，海盗的地位发生了质的变化。罗马境内海盗活动猖獗，使罗马人产生恐惧与焦虑。对海盗深恶痛绝的罗马人甚至将海盗视为人类公敌，并因此确认海盗的非法性。

然而，世界范围内的海盗活动从未停止过。无论希腊、罗马对海盗如何褒贬，都没有遏制他们征服与掠夺的野心。他们凭借野心与能力向外拓展。这种拓展有对外劫掠的一面，也有海上贸易的一面，更有英雄精神的一面。这种多面性更多来源于海盗身上所独有的尚武、冒险、开拓等精神气质，并逐步内化为西方所特有的海洋文化。英国统治者更进一步，他们自都铎王朝即开始将这种海洋文化

① 与具有身份意义的纯粹农民比，那些行为意义上的农民——拟制农民，则主要指从事与农业生产有关的人，其具有主观选择意志性的职业属性。

② 生意人是对商人的非规范、民间称呼，即辨贵贱、调余缺、度远近，以定买卖，有刁、赖污名，但实际上，这类群体通常从行为或观念上脱离既有家庭身份关系而扩展到家庭之外的陌生人世界，并依赖普遍价值与赚取利润求得存续与发展。

外化为海外扩张行动,如拓展海外贸易、争夺海上霸权与开发海外殖民地等。为此,那些敢于冒险又精通贸易的海盗便顺理成章地成了英国海外贸易与扩张的急先锋。①

2. 农牧民

从整体上说,古西亚文明史是一部农耕文明与游牧文明的冲突融合史。早在公元前4000~前3000年,处于新月地带的两河流域灌溉发达,农业得到大发展,并建立了十几个奴隶制城邦。与此同时存在的周边沙漠、高原与草原等地区,则生活着大量游牧民族。这些游牧民族并非稳居原地,而是为了存续经由不同路线涌向肥沃的新月地带。流动的牧民与稳定的农民在此狭路相逢,相互之间既有野蛮的掠夺也有文明的贸易。从彼此掠夺与贸易的标的物来看,农民能够提供粮食和陶器等手工制品,但缺乏农业基础设施建设所需的石头、木材等辅助材料;而这些辅料恰恰是高原山区牧民的身边常物,他们缺乏的只是粮食、陶瓷等生活必需品。双方可谓差异互补,正是这些差异激发了古西亚农牧民征战与贸易的行为动机。

在古代社会,商业为战争作前导,战争为商业作后盾。从本质上说,农业文明是一种相对封闭的文明,由于经济生活缺乏流动性,使社会呆滞,因而血缘氏族关系得以长期延续和复制。但在两河流域,由于注入了商业因素,农牧民关系迅速由氏族关系转向了社会成员关系。一方面,商业活动使社会成员到处流动,促使氏族的纽带中断。变幻莫测的商业经济使社会成员的经济地位沉浮不定,因而导致社会关系不断改组。另一方面,这种关联又使商业利益在各行各业之间流动与分割,彼此既有的血缘身份关系很自然地被一种新型的陌生人间的契约关系所取代。总之,那些具有主体性的农牧民通过征战与贸易取得商业优势,进而左右着古西亚的经济秩序。②

(二)客体

通说认为,法律关系客体是指法律关系主体的权利和义务所共同指向的法益。人们在现实生活中有着物质与精神的多种需求,故

① 祝秋利:《解读西方海盗文化的历史演变》,载《东吴学术》2018年第3期。

② 詹义康:《上古西亚民族迁徙与文明的交汇融合》,载《世界历史》1993年第6期。

而，法律关系的客体也随之多种多样，通常包括物、非物质财富以及行为结果三类。应该说，作为一种自然法理，在人类早期的法前无中心时代，人们从事弱关联民事交易的客体始终在物、非物质财富以及行为结果范畴内。然而，这些客体是极为抽象的，法前时代的人们具体交易客体是什么，他们交易的内在驱力是什么，这涉及人类商业文明演进中的具体交易客体以及背后交易的内在驱力。

1. 现代化——民事交易的客体变迁

现代化有广义和狭义两种。基于社会的不断发展，人们也随之作出所谓的“第一次现代化”、“第二次现代化”以至于“第 N 次现代化”之类的概括。很显然，这种“第 N 次现代化”的概括并不具有严谨性，而是在比较广义的现代或现代性后所产生的一种模糊观感。换句话说，“第 N 次现代化”之现代并非特指某段历史或某种状态，而是泛指任何“现代”时期或状态；现代化并非特指某个静态的历史时期或状态，而是指向任何一个更新的现代时期或状态的动态转变过程。世间万物永远都是川流不息的，不停地从“现代”退变为“过去”，现代或现代性会不断地消失又不断地再生，因此，广泛意义上的现代化必然是一个接一个的现代化呈现的过程；反之，狭义现代化则仅指涉发生在约从 17 世纪的欧洲，之后或多或少地波及全球的一种社会行为方式或组织模式，也即狭义现代化仅指 17 世纪欧洲之前的传统社会向之后的特定社会生活或组织模式转变的过程，具有时空事件上的明确标志性。①

如果从属性判断角度看，本节非中心民事交易所涉场景特指广义现代化，甚至可被具化为“第 N 次现代化”。这种现代化历史轨迹往往会跳出社会形态的更迭而径直通过生产力及与其匹配的交换方式向前推进。为此，有学者根据历史发展线索，通过市场变迁反映“第 N 次现代化”演进：(1)原始市场的产品交换。原始社会后期，生产力的发展使得产品剩余，人们开始用剩余物品进行产品交换。其间，即使间或出现交换行为，也仅限于偶然剩余物。由此来看，不管

---

① 谢立中：《“现代性”及其相关概念词义辨析》，载《北京大学学报(哲学社会科学版)》2001 年第 5 期。

人们生产纯粹为了消费或偶然交换，都不需要彼此认同的稳定的交换场所，更不需要专为交换而存在的市场。(2)易物市场的商品交易，主要表现为简单的商品交易。(3)以货币为媒介的现实商品交易，进而形成商品市场；(4)信用交易，表现为发达的商品流通。从纵向看，市场存在产品、商品、劳务、服务、技术、信息与资本等形态的交易对象；从横向看，市场存在集贸市场、区域市场、国家市场、国际市场，也即，从现货到期货市场，从商品到资本市场、劳动力市场、技术市场、信息市场等生产要素市场，从有形市场到无形市场。①

2. 现代性——民事交易的内在驱力

与现代化对应的是，现代性则有泛指和特指两种情况。泛指意义上的现代性并非特指某个时代及该时代的人或事物所固有的属性，而是宽泛描述事物因“当前存在”所具有的短暂性、飞逝性；目下还是“现代”的东西，很快就不是“现代”，而成为“过去”甚至“古代”了。现代性一直在持续地消失、持续地再生。而特指意义上的现代性则主要指大约从 17 世纪以来的特定时期或在该时期所存在的人或事物所具有的性状，如自主性、现象性、欲望、利益、物化、冲突、公权、自我、法治等社会思潮。② 当然，还有一种在泛指与特指之间的解释，即将现代性理解为在特定时空中的人与事物所具有的一种特殊气质，以及人们从这些特殊气质所获得的某种感官体验。③

3. 现代化与现代性间的相洽性——民事交易的有效实现

如上探讨，现代化与现代性之间存在良性互动，正是由于这种良性互动，无中心民事交易才能有效实现，并在此基础上持续向前推进。具体来说，无中心民事交易发展主要存在如下三种关系：(1)因果关系。现代化呈现为传统社会向现代社会的延展。与传统社会比，现代化主要表现为城市化、市场化、工业化、民主化、多元化等特征。而这些“化”的存在样态即现代性。据此，在形式上，现代化与现

---

① 魏成元：《市场规则论》，武汉大学出版社 2003 年版，第 49 页。

② 叶启政：《再论传统和现代的斗争游戏——正规化的搓揉形塑》，载《社会学研究》1996 年第 6 期。

③ 谢立中：《“现代性”及其相关概念词义辨析》，载《北京大学学报（哲学社会科学版）》2001 年第 5 期。

代性的关系就是一种逻辑上的因果关系,具有先后次第性。(2)同源关系。在本质上,现代化和现代性又是相互纠缠在一起的,可谓同根同源。现代化的历史演进更多归于社会实践层面,而现代性则是人们对现代化发展所进行的理论反思,属于理论范畴。不管实践还是理论,它们均是人们对现代问题的不同表达,具有一体两面性。(3)质量关系。从学科划分看,现代化主要属于经济学、社会学等具象学科范畴,更多表现为人们学科建构的积极乐观态度;而现代性则主要属于哲学抽象范畴,处处存在人们的批判与反思,有时甚至呈现为一种悲观态度。总体来说,现代化是现代性观念在政治、经济、科学与文化方面的实践运作,属于"量"的范畴,其状态往往是可以量化的;而现代性侧重于思想、思维与文化领域,属于"质"的范畴,其状态只可描述。①

总之,现代性对无中心民事交易在认知、观念以及经验等诸方面进行了合理化确认,也即,在那个无中心时代,人们从事民事交易并非常态,而只是偶然为之,但却是正当的、"与时俱进"的。至于 17 世纪欧洲现代化革命则进一步激发乃至显化了人们的欲望、物化、理性、感觉化、现象化、短暂化、祛魅化等现代性意识。人们深信,由现代化引发这些现代商业性永远是一个生生不息的未竟事业。

(三)内容

有学者认为,平等可从不同层面考察。作为具体法律权利的平等,是一种由宪法和法律规定的,权利主体可依自己的意志享有或行使的利益规范。② 但在早期人类社会,这种平等交易观并非直接基于法律规定,而更多来源于复杂的宗教观念。这种复杂宗教观念中所内置的平等交易戒律在早期社会又是普遍存在的,并且是头等重要的。为此,宗教观念为平等交易提供了精神支持。但从实效看,宗教观念的精神支持还不足以达致平等交易。宗教对平等交易的精神支持更多通过法律加以显化,也即,法起源于宗教的理性假设。法起源

---

① 陈亚飞:《法治现代化的价值奠基——兼论伯尔曼思想的当代启示》,载《江汉论坛》2023 年第 6 期。

② 杜承铭:《论作为法学范畴的自由》,载《法商研究(中南政法学院学报)》2000 年第 1 期。

于宗教的观点在梅因以后已为公众所接受。显然，要把工业革命中十分复杂的平等交易法与宗教联系起来是很困难的。但从历史看，那是另外一回事，也即，早期法及其强迫实施的方式方法，是让人遵守的包括肯定的和否定的制度，其目的在于把人类行为同化到神的秩序中。而这种同化的基本路径就是将宗教的戒律与信条作为法律准则的渊源。实际上，人类早期社会公理普遍浸润着某种神与超自然权力，它们将人的智慧归于神灵的作用，并且坚信神灵一定会对人们的特殊行为作出赞成或不赞成的评价。在当时，人们普遍存在这种观念逻辑，以至在法律领域中也处处留下痕迹。为此，财产交易制度及在此基础上的交易行为因此至少通过法律与某种半宗教的超自然的神秘联系起来了。①

1. 新教伦理与资本主义精神间的同质性②

有人认为，资本主义具有先天的营利、效率、职业与节制等精神气质。与这些精神气质相洽的是，资产阶级普遍意识到并且深信，他们只要保持形式上的正确性、道德上的白璧无瑕以及财富上的无可指责，追求物质利益既是一种自由行使的权利，也是一种必须完成的义务，也即，他们会得到上帝的全面恩宠与明显保佑。概言之，新教伦理要求人们勤劳克俭、正当获利、承担职业义务与荣耀上帝。由此来看，新教伦理要求与资本主义精神气质在内容上几无区别，存在诸多同质性。③

2. 宗教促进法律权威的形成

西方社会一直存在法律信仰的传统。在人类文明早期，人们对神的膜拜为后来西方法律信仰的出现及法律制度的形成提供了极为重要的精神支持。正如伯尔曼所言，法律必须被信仰，否则便形同虚设。西方法律背景仍然保留其 11、12 世纪的宗教仪式、圣礼及其学

---

① ［美］E. 埃德蒙斯 · 霍贝尔：《原始人的法：法律的动态比较研究》（修订译本），严存生等译，法律出版社 2012 年版，第 257~264 页。

② 下文以新教为例，探讨宗教与契约的关系，旨在强调，法律借由世俗之上的信仰而获得至上权威。需要特别说明的是，宗教只是信仰的一种载体。这种载体可以是基督教、伊斯兰教、佛教、犹太教等，甚至包括那些尚未发展成为宗教形态的万佛万神。

③ 王木木：《〈新教伦理与资本主义精神〉的启发》，载《社会科学论坛》2013 年第 11 期。

说上的历史痕迹，反映着人们对死亡、宽恕与拯救的态度，以及关于神与人之间、信仰与理性之间的革新设想。尽管当下西方神学渊源近乎走向枯竭，但从神学中衍生出来的法律制度及其价值却未曾变更。特别在资产阶级革命之后，西方人像对待宗教信仰一样去认真对待法律。他们虽然在政治生活中基于人性假设而强调制度制衡的重要性，但在法治理想中却始终视宗教为精神归宿，并且认为，法律与宗教在仪式、传统、权威与普遍性四个方面具有相通性，而且法律正是凭借这些方面与宗教发生关联，从而获得宗教的精神支持，进入人们的内心世界，成为人们全部生命的一部分。由此来看，法律与宗教是一种一体两面物，彼此制约、相辅相成。法律赋予宗教以社会性，而宗教则给予法律以神圣性。为此，西方社会才得以形成了比较成熟的法律信仰，并最终形塑了西方法律信仰的神圣品性。当然，上述所谓宗教支持，更多指涉西方法律发展进程中的基督教浸润。

学者伯尔曼通过考察法律与宗教的关系，发现一条由“信仰—生活目的与终极意义（终极关怀）—法律价值—法律的宗教性—法律权威”铺就的精神之路，[①]也即，法律与宗教互助共生。其中，宗教构成了西方法律的精神内核，并以此为基点，宣示法律像宗教一样，将关注点聚焦于人的终极关怀。作为维护社会秩序与正义的世俗法律需要被人信赖并对其产生认同感。这样，法律的宗教性恰恰能够摒弃法律的工具理性，而通过法律与宗教的互动来形塑法律信仰，获得法律的价值理性。换言之，将法律作为国家机器的工具理性是远远不够的，法律更应当具有正当性、合法性，并据此获得崇高的权威。而法律的权威性正好可以通过宗教信仰而得到满足；反之，我们就会因缺失宗教信仰而可能消弭掉我们施行正义的能力，甚至剥夺去我们生存的机会。[②] 从某种意义上说，像公正、信任与归属感这些信仰诉求远超具有强制性的法律。因此，法律有赖于经验性的强制规范，更有赖于超验性的信仰，从而形成法律权威。值得警醒的是，经验性规

---

① 曹乔华：《论法律的宗教性——兼解读伯尔曼的〈法律与宗教〉》，载《云梦学刊》2007 年第 6 期。

② ［美］伯尔曼：《法律与宗教》，梁治平译，中国政法大学出版社 2003 年版，第 4 页。

范与超验性信仰是构成法律权威不可或缺的两个部分,缺一不可,[①]也即,法律权威既需内求于人们对法律的自律性信仰(信仰构建主要借助宗教载体),又需外援于世俗规范的他律性强制。在欧洲中世纪宗教与法律的博弈中,宗教地位居于优位,而用于对抗国王世俗权威的法律地位却受到了致命挑战。但幸运的是,宗教却借其优位促使法律直接与上帝发生了有效关联。在宗教主导下,法律被看作上帝意志的体现,而非仅是世俗性的国王意志的体现。凭借上帝之力,法律被注入了神圣的超验元素。继而,这种超验的法治观念又浸润民众内心,从而使法律权威被拔高到信仰的层面。[②]

3. 法律与宗教间的表里关系

在西方制度文明中,宗教和法律始终保持一种相互融合的"暧昧"关系,一方发达总是离不开另外一方的积极支持。但从区别意义上看,法律与宗教呈现为一种表里关系,主要表现为如下两个方面:

分开来说,法律意味着秩序,宗教意味着信仰。人类没有法律便无法维系当下社会;而人类失去信仰则无以面对未来世界。

但在关系层面,没有宗教内核的法律定会退化为机械僵死的教条,而没有法律规范的宗教必将丧失其社会有效性。[③] 西方法律至上的理念主要源于超经验的宗教信仰。这种宗教信仰主要是以平等、自由、博爱与秩序等元素作为精神内核的。它们一经浸润到法律价值之中,就自然形成为法治的终极关怀。例如,西方法治的平等理念就来自《圣经》之上帝造人说,其认为人无等级之分,任何人都不能凌驾于法律之上。这种上帝面前人人平等观最终外化为法律面前人人平等原则,并深入人心。美国《独立宣言》宣示:"我们认为以下真理是不言而喻的,人人生而平等,人人都享有上帝赋予的某些不可让与的权利,其中包括生命权、自由权和追求幸福的权利。"[④]也许小说《简·爱》中主人翁对罗切斯特先生说过的这段话最能经典诠释何谓

---

① [美]伯尔曼:《法律与宗教》,梁治平译,中国政法大学出版社 2003 年版,第 149 页。

② 方立新、姚利红:《法治成长中的宗教之维》,载《社会科学辑刊》2011 年第 4 期。

③ 方立新、姚利红:《法治成长中的宗教之维》,载《社会科学辑刊》2011 年第 4 期。

④ [美]伯尔曼:《法律与宗教》,梁治平译,中国政法大学出版社 2003 年版,第 81 ~ 82 页。

平等："难道就因为我一贫如洗、默默无闻、长相平庸、个子瘦小，就没有灵魂，没有感情了？你想错了！我的心灵跟你一样丰富，心胸跟你一样宽广！要是上帝赐予我一点姿色和充足的财富，我也能让你觉得难以离开我，就像我现在难以离开你一样。我不是根据习俗、常规，甚至是血肉之躯同你说话，而是我的灵魂同你的灵魂在对话，当我们的灵魂穿过坟墓，站在上帝面前，我们是平等的。"①同理，自由、博爱与秩序亦如此。

三、无中心民事交易的特点

如前探讨，无中心至少包括两个方面：一是无中心仅意味着没有商业中心，但并不意味着没有政治、文化、宗教、艺术等中心，如早期东、西方存在明显的"轴心文明时代"②；二是无中心旨在表达所有社会成员角色都像原子一样相同，不存在一部分成员管控另外一部分成员的情形；并且这种管控从来就没有发生，也即没有经验性。基于上述两点认知，无中心的民事交易存在如下特点。

（一）无中心：分散的生活世界

法前无中心时代不仅指无政府下社会成员间的绝对分散状态，如早期原始社会；有时也指在政治中心下可能存在的相对无中心情形，如阶级社会中统治者无暇顾及或鞭长莫及的权力真空区域。据此，理论上存在三种相对可能性：

依公权力无涉论，因个体独立而导致社会无中心。该论认为，公权力的有限渗透，使社会无中心得以扩展。

公权力决定论则认为，公权力的绝对强大也会使得社会分散化，社会成员受制于政治国家，成为公权力下的政治主体（"国家主人"）；每个社会成员均为"国家主人"，社会成员权利流变为政治权力，社会成员私权也因此被淹没。社会与成员之关系呈现出形式化和法定化，而同时，彼此却成为与对方无关的"他者"。

---

① ［英］夏洛蒂·勃朗特：《简·爱》，黄源深译，译林出版社2017年版，第252页。

② 德国思想家卡尔·雅斯贝尔斯在《历史的起源与目标》一书中，首次将公元前500年前后称为轴心时代，因为此时期中国、西方和印度等地区同时出现人类文化突破现象。

折中论认为,国家行为是一种特殊而又必须受到严格限制的行为。国家制定有关行为的一般规则,并不是将某种具有实质意义的行为计划强加于人们,而是为人们追求权利提供某些工具。① 折中论使社会成员自愿结社,具有生成除国家之外的社会中心的可能性。

(二)弱关联:借由契约聚合分散的生活世界

法前无中心时代的社会成员之间并非没有任何关联,而存在成员之间生活世界的关联。这种关联既比商业关联弱,也比纷繁复杂的现代生活关联弱。关联弱,可能是基于政治、文化、宗教等中心化所产生的公共契约所致,也可能是基于社会发展,因彼此保持相对独立性而产生的私人契约所致。不管哪种契约,均将原本无中心的分散世界聚合起来,开启了人类生活世界的弱关联。而这种弱关联要么基于身份等级建构而成,要么通过契约关系自发生成。囿于商法专业,本书仅探讨后者:(1)以具有异质性的海盗、农牧民等为契约主体。这些主体参与契约关系有着不同动机,如获得服务、交易溢价以及比较优势。而动机能否驱动他们订立契约,则主要归因于强盗、农牧民的先天资源差异与海上物品、农牧产品等方面的后天资源互补。而海盗、农牧民间订立契约的动机与资源禀赋异质极为适合形成契约关系,满足彼此需求。(2)以现代性,如物质化、现象化、短期化、祛魅性、理性等引发契约行动。(3)以宗教为信仰载体所产生的世俗社会平等关联。

总之,契约是一种"法锁",以其主体、客体与内容等特殊构造将分散的生活世界聚合起来,从而形成社会成员之间的弱关联。

(三)交易:偶然商业现象之发生

法前无中心时代存在契约交易,但受内外因素制约,仅具有商事偶然性。所谓内因,无非就是"社会分工"。依社会分工论,商业发展是以生产力提高所引起的社会分工为基础的,反过来,社会分工的不断发展又促进了商业繁荣。这涉及私权内在发展逻辑,容后探讨,不赘述;而所谓外因,则主要指涉公权干预。笔者认为,公权干预是商业发展中不可避免,也是不可或缺的一种外在因素。但当这种干预

① 李强:《群己论识——学术与政治片论》,中国法制出版社 2008 年版,第 13 页。

超过必要限度而成为公权超限干预时,商业发展就会陷于困境。以古代中国为例,古代中国商业之所以没有发展成为一种制度安排,而仅为一种偶然现象,更多归因于重农抑商政策对商业发展的致命抑制。有学者富有真知灼见地进行中国历史考察,发现,古代中国商业发展并非一帆风顺,而是命运多舛。特别突出的是,古代中国所采取"重农抑商"政策对商业间断性发展具有一定程度的影响。资料显示,肇始于秦国商鞅变法时期的"重农抑商"主要作为国家调控农业与商业两个经济领域的政策。农业、商业二者的兴衰存在一定张力,即抑商必须重农,而重农则必须抑商,商鞅将农商关系视为一种零和博弈。与之不同的是,汉初采取贱商措施,也即,压抑商人的政治法律地位,但在经济上鼓励商人经商,甚至对其高额利润不作干预;到了汉武帝时期则依据《算缗令》和《告缗令》,实行盐铁官方独家经营,完全禁止商业发展。而唐朝前期却出现了商业政策反转现象,表现为限收商税,且长期允许盐铁私营,可谓"重农"但不"抑商"的兼容政策。明清时期不时地在某时某地实行若干压制私人商业的措施。[①] 由此来看,不稳定的政策措施只会导致商业繁荣与凋敝的间歇性发作!

总之,法前无中心时代并没有真正确立商事中心地位,其原因有公权因素,如公权力对商业领域的各种抑制;也有私权因素,如作为节点的社会成员仅具有契约上的弱关联性与商事偶然性。

第二节　中心化时代的商事交易

中心化,是一个描述个人、组织等聚合体及其权力分配方式的概念。在中心化的结构中,权力、控制和决策通常集中在一个中心。中心与其节点之间具有因中心聚合作用而产生的强关联性。在商事交易中,与之前民事弱关联相对应,商事中心化现象主要有空间中心与

① 陈明光:《略谈中国古代商业史的几个问题》,载《历史教学(中学版)》2007年第4期。

主体中心两种聚合类型。所谓空间中心，是指以商地——城市为中心的消费，如人们需要一个集中的区域去消费，以满足其需求。这种需求可以通过零售、批发等方式去商场、餐厅和菜市场等地方购置。所谓主体中心，是指以商人、商会以及商圈等为核心而发生的商事交易聚合现象。从纵向看，商事中心化时代经历了社团商人—商会商人—商圈商人三个强关联阶段。

一、商人自立：作为社团的商事交易

商人自立，意味着作为一种社团能够不依赖他人而自主设立商人组织，继而实现自决、自为。至于对结社自由进行社会控制是社会管理乃至社会发展的需要，本质上是对社团的有效保障。它不仅是现在的人所从事的工作的保护者，而且也是过去人为后代所从事的工作的保护者——人类从事发明、创造、科学、艺术等事业的保护者。[①] 这种社会控制者或者保护者是一种公权中心；在社会控制下，人们自由结社，这种结合的“社团”无疑也是一种中心，具有私权性。为此，整个中心化社会分化成公权中心与私权中心。在两个中心之间，哪个更为根本，则取决于那个时代的政治社会背景。

古希腊雅典率先产生一个国家城邦——公权中心。该城邦中心具有如下特点：一是社会成员构成具有多元化。雅典城邦虽然是一个小国寡民共同体，但其社会成员却分化为具有等级性的奴隶、外邦自由人、公民、贵族、王者、官吏等阶层。其中，有产者又进一步划分为五百斗、骑士、双牛、雇工四级，从业者则细化为从事农业、手工业、商业、航海业等事业的各类群体。二是社会成员流动性大。这种流动不仅包括雅典成员的内部流动，还包括雅典之外的人员引进。如梭伦改革时期，雅典即鼓励海外熟练工移居城邦。三是城邦工商业发达，实行商品经济。雅典工商业部门多达 20 多种，而且每一种行业又有细分。应该说，工商业发达必然促进商品经济的鼎盛繁荣，当时雅典商人甚至可以远航到埃及等地进行商品贸易，进而垄断了地中海世界的贸易市场，使雅典成为当时全希腊最大的国际贸易中心。

---

① [美]E. A. 罗斯：《社会控制》，秦志勇、毛永政译，华夏出版社 1989 年版，第 335 页。

四是城邦文化影响力强。这种城邦文化带有一种浓烈的自由外拓的商业气息。希腊文化涉足文学、艺术、政治、哲学、自然科学等各个领域，呈现了全面繁荣，留给后人很多不可多得的思想遗产。[①] 其中，古希腊城邦的人文环境所孕育的商业自由、商业社团影响巨大。受其启示，古罗马出现了被称为“原始公司”的合伙组织雏形，进而在中世纪欧洲产生康孟达与塞亚特两种具有现代意义的商业组织形式。

1. 康孟达。从历史渊源来看，公元 800 年的伊斯兰世界因突厥奴隶的起义而陷入混乱与动荡，曾经繁荣的波斯湾航道逐渐被红海取代，红海进而掌握了地中海与印度洋之间的商业贸易命脉。这一贸易路线的改变，带动了当时大规模的人口流动。到 12 世纪，意大利人异军突起，成为地中海地区真正的海上商业巨头，并从穆斯林的交易传统中孕育出一种新颖的商业运营模式——康孟达（Commenda）。根据康孟达协议，资本雄厚的一方将资金委托给资金短缺的小商人，使他们得以经营一些类似“候鸟”般的海上商业活动。其中，出资方被称为“commendator”，而借贷的商人则被称作“tractator”。这种借贷模式从最初的实物交换逐步演变为货币形式。在该借贷模式下，利润分成通常是贷款方 3/4、借款者 1/4，而损失约定则渐为借款方负担无限责任，贷款方“以其出资额为限”承担有限责任。随着海上贸易的快速发展，康孟达的协议内容逐步确定化，并最终演化成具有独立性的组织体。康孟达不仅从协议发展为组织，而且自 11 世纪起，在地中海沿岸还异化出一种新型商业社团——海帮（或称为海会，societas maris）。出现这种新型帮，可能与当时的海上贸易的巨大风险相关联：一是因海盗行为猖獗而生风险；二是在地中海各海上城市之间或多或少的持续战争中，因商业对手攻击而不断造成损失，导致个人无法仅靠自身资本与进取心而从事海外贸易。为此，这些资本所有者便组织各种社团和伙伴关系以分散风险，又能筹集到更多资本，从而增加获利机会。据此来看，海帮虽出于康孟达，但产生背景并不相同，从而就决定了它们内在分配与管理制度的差异：在海帮社团中，借贷双方均向海帮出资，以作为企业共同财产。其中，贷款

---

① 许耀桐：《国家治理：古希腊城邦的启示》，载《治理研究》2018 年第 4 期。

方出资 2/3,借款方出资 1/3;利润平分,损失负担与康孟达相同;在社团管理方面,借款方在社团中的管理权增大,而贷款方则相当于不参与企业管理的出资人角色。由此来看,海帮社团建构具有极强的现代企业特征,以至为后来陆上商业贸易所借鉴,从而形成陆上商会——陆帮(或称为陆会,societas terrae),并在陆地场圈内开展经营买卖,获得巨大成功。为此,在 15、16 世纪,康孟达连同其演化的海帮与陆帮一起从意大利扩散到欧洲各重要地方。

从当下视角看,康孟达及其异化的海帮与陆帮在不断外拓过程中也实现了它们自身现代化的华丽转身。这种现代化转型得益于禁贷制度的极端压迫。在欧洲很长历史时期内,无论教会还是政府,都严禁高利贷,中世纪的欧洲教会甚至反对有偿借贷。这种糟糕的禁贷制度几乎堵死了资本所有者的所有生财之路。作为一种路径探索,资本所有者适逢康孟达,便将闲置资金投入这种新型商业组织,以获取高额利润;而康孟达组织的另外成员——航海经营者也借此获得资金支持,从而达到自身谋利目的。为此,资本所有者与航海经营者虽然具有异质性,但因各取所需,最终统合在康孟达目标上。正因如此,康孟达才得以快速发展,并且形成两种具有现代意义的组织形式:一是隐名合伙形式。在隐名合伙下,资本所有者隐名,不对外公开,也不对第三人负担责任。二是有限合伙形式。在有限合伙下,资本所有者与航海经营者共同使用商号,仅经营者负担无限责任。①

2. 塞亚特。罗马时代称成员承担无限责任的普通合伙形式为塞亚特(societas),意大利某些地方称 compagna,英国称 partnership。②塞亚特在历史演化中始终坚持所有成员均负担无限责任,但在经营管理上却向着企业现代化快速推进,直至发展为具有法律组织形式的"合股公司"。③

从渊源看,产生于意大利的康孟达属于海商,之后异化出海帮与

---

① 钱宇丹:《隐名合伙制度探究——兼论其为中小企业拓展融资途径的可行性》,载《河北法学》2014 年第 10 期。

② 虞政平:《股东有限责任:现代公司法律之基石》,法律出版社 2001 年版,第 55 页。

③ [日]大塚久雄:《股份公司发展史论》,胡企林、胡欣欣等译,中国人民大学出版社 2002 年版,第 97 页。

陆帮，而塞亚特即为陆帮。13、14世纪，随着欧洲经济的快速发展而出现了很多商业城市。但这些商业都市社会经济发展水平并不均衡，并因此而产生异地价格差，以致妨碍了彼此间的商品顺畅流通。然而，正是这种价格差为某些商业资本家带来商机。庆幸的是，他们在利用价格差获利的同时，也通过媒介活动推动了商品流通的发展。而商品流通的发展又反过来扫平了商品流通中的地区障碍，并确立了等价交换与市场竞争体系。这些商业资本家在商业竞争中逐步强大，直至形成商业垄断。可以说，上述商业演进才是陆商——塞亚特确立的经济原因，所谓经济塞亚特。此外，塞亚特还具有深厚的政治渊源，也即政治塞亚特，其历史演化不作正文赘述。① 但经济塞亚特一旦飞跃地中海而走上陆地，便必然遭到陆上因政治民主而产生的

---

① 作为两个社会关联类型，欧洲延续了自14世纪以来旨在构想现代国家的universitas和societas两个概念传统（从字面上看，前者意为整体或总体，后者意为伙伴或联合关系）。有学者研究认为，社会进步标志之一就是公众注意力从政治问题转向社会问题。其中原因在于政治问题总是囿于政府形式问题，而对社会问题探索总归会波及人们如何有效地发展社会经济之追问（[法]爱弥尔·涂尔干：《孟德斯鸠与卢梭》，李鲁宁、赵立玮、付德根译，上海人民出版社2006年版，第225页）。早期雅典城邦的政治社会是合二为一的。作为一种组织形态，公民集于一个政治团体之内便成为一个城邦。此时，倘使政治制度发生变动，城邦也随之变动。换言之，政制即城邦，城邦即政制。政制具有根本意义（参见李英飞：《现代政治的社会基础——涂尔干论政治社会的历史与现实》，载《社会学研究》2018年第4期）。如亚里士多德将政体类型划分为贵族政体、君主政体和共和政体，但该政体与社会是不作区分的。社会被淹没在政体之下，我们很难考察societas的踪迹；在此基础上，后人如孟德斯鸠在探讨政体时，顺便对各种政体的不同构成进行了深入分析，认为共和国仅能在小城镇存续，政体内部铁板一块，每个成员身上都凝聚着一股“集体精神”。在集体之下，集体（universitas）意识优位于个体意识；相反，君主制国家则属于规模居中的政治实体。在君主政体国家，成员私人生活与公共生活泾渭分明。这种政治实体其实就是一种政治塞亚特（societas）。换言之，共和政体没得到发展的个体独立与公私分立在君主政体中却得到有效实现。在君主政体中，社会被拟制为一个有机体——societas，每个单元均以其本性发挥功能，且彼此制衡。由此来看，政治塞亚特是一种政治体器官，每个单元不仅限制了君主，而且还彼此互相制衡（参见李英飞：《现代政治的社会基础——涂尔干论政治社会的历史与现实》，载《社会学研究》2018年第4期）。作为一种社会实践现象，在13世纪欧洲下层社会中，大量出现按societas观念来建构的社团、联合体、互助会、同事会等人合组织（笔者认为，这种人合属性与其政治社会渊源有关）；而作为法律概念，societas表示一种因契约或约定而产生的伙伴关系，具有形式上的规范性，如基于共同语言就可组成一个societas，既不需要合意（法人目的），更不需要统一行动。所以，在性质上，societas就是一种人合性的合伙组织。在这种人合合伙组织里，每一个合伙人都是其他合伙人的代理人，并以其全部财产对组织债务负无限连带责任，也即当下的普通合伙。

政治塞亚特的平权影响,进而一改康孟达乃至海帮责任分配上的区别对待(有限合伙),从而形成所有成员均负担无限连带责任的普通合伙样态。在营业方面,塞亚特组织治理乃至组织代表也随之产生。这样,塞亚特在组织、行为两个方面均臻于完备,并与康孟达一样得到了独自发展。①

综上,在商人自立背景下,中世纪欧洲产生的康孟达与塞亚特开创了具有商法意义的合伙组织形式,并对后来公司、合作社等现代商事法人建构产生了深远影响。

二、商会自治:作为阶层的商事交易

商人自立产生了具有个体性的商事组织。这些商人组织在与强大的政治、宗教乃至其他商人交往中,何以存续?作为一个阶层的商会正是在该背景下产生的。具言之,在中世纪的欧洲,伴随农业经济的快速发展,十字军东征为剩余产品打入东方市场开辟了贸易通道。这条贸易通道促进了地中海地区的贸易发展和沿岸城市的繁荣,并同时催生出一个职业商人阶层。他们为了维护商人自身利益而在对抗当时法律抑制(封建法与教会法)与制度歧视的过程中不断发展壮大,并以这种松散的商人阶层为基础成立了属于自己的行会组织,即商人基尔特(Gild),从而奠定了商人自治的基础。②

如前所述,中世纪商人阶层遭遇到来自封建法与教会法的双重抑制,但这并不意味着王权和神权铁板一块。实际上,随着查理曼帝国的覆灭与神圣罗马帝国的崛起,教俗两权争斗愈加激烈,势不两立。在这场教俗博弈中,商人阶层无疑成为它们争斗之外的第三方,从而形成三角之势。为了取得政治优势,教俗各方均争相在其辖域内赋予商人阶层各种"经营权"或"特许权"。幸运的是,教俗两界的争相赋权恰为商人阶层预留了可以利用的发展契机。正因如此,代表商人阶层利益的商会最终创造了在教俗两权夹缝中潜滋暗

---

① [日]大塚久雄:《股份公司发展史论》,胡企林、胡欣欣等译,中国人民大学出版社2002年版,第106页。

② 李长兵:《论商法的商人自治理念》,载《兰州大学学报(社会科学版)》2014年第3期。

长、左右逢源的奇迹。

一方面,教会转向引发商业中心化革命。首先,天主教重新审视其所秉持的经济道德。天主教事实上放弃了一贯主张的"禁欲苦行"教条,转而承认商人的世俗经济活动。如果商人世俗经济获得符合教义原则,就会被认为一条通往救赎之路。为此,教会放弃了禁止交易获利的顽固政策,转而强调商业入世对救赎的积极作用。此时,天主教会转而鼓励商人组织行会,追求物质财富,进而赋予行会以宗教意义。应该说,这种内置宗教元素的商业道德规范已经成为评判商业行为是基于高尚信念的合法贸易还是基于贪婪品性的非法贸易之标准。其次,教皇革命通过十字军东征与殖民运动,使教皇分别从海上和陆地向东拓展其宗教权威。随着宗教权威的扩大,全球范围的海上贸易和陆上贸易均得到了大发展。最后,伴随着贸易发展,旧法中的投机限制与利息禁止等陈规陋习被快速摧毁,代之而来的诸如流通汇票、有限责任合伙等系列法律设计在商业中心化革命中产生了。

另一方面,农业转向引发商业中心化革命。11 世纪以来,欧洲大陆掀起了一次农耕高潮。在农耕高潮中,农业生产率大幅提高,农村剩余劳动力增多,从而出现人口过剩问题。这些过剩人口随之从生产领域流入交换领域而专门从事商品交易活动。他们要么直接从事陆上交易,要么加盟康孟达或塞亚特等组织而间接从事风险性较大的海上贸易。这些"剩余人口"无论直接经商还是间接经商,他们所得收益远较务农丰厚,于是吸引了大批农民加入商人行列,成为一股独立的经济与政治力量而登上历史舞台并逐渐发展成为一个新型职业商人阶层。

新型职业商人阶层进行商业贸易,有赖于一个较为固定的经营场所。刚好,在 12 世纪,很多商人以基督教辖地的新市镇作为商业贸易集散地从事商事经营活动。应该说,商人阶层这种"鸠占鹊巢"式地在宗教属地进行商业活动并非易事,他们是在商会领导下激烈突破封建采邑的制度包围,进而通过平和方式向国王或主教获取"自由特许状"才得以"安身立命"的。商人阶层一经取得"自由特许状",便有权建立属于商人主导的自治共和国。作为一种成功范式，当时许多市镇均通过上述商人斗争经验获得了自治共和国地位。自治共和国成立，旋即建构起一套商业中心化的自治体系：(1)政治上是一种以商会为主导的相对独立的自治体。(2)经济上是一个工商业贸易中心。(3)法治上，商会在自身发展中形成了自己的法治体系，如自治权、以商事习惯为基础的立法权、裁判权。值得提及的是，这种以商事习惯为基础的自治规约历经11~14世纪而形成为中世纪商法，即商人习惯法，涉及诚信原则、商人资格、商业合伙、商事代理、票据制度、海商制度等方方面面。随着商业发展，商人习惯法超越商会适用而逐渐扩张到商人与非商人间的纠纷解决。[①] (4)地理位置上多处于海陆交通要道。如意大利的威尼斯和热那亚这些商业城市都远离乡村，接近海陆枢纽，成为商人商业贸易的中心化风水宝地。

三、商圈他治：渗透着公权因素的商事交易

商会自治将商人与政治、宗教作出必要的阶层界分，并争取了一定的商事特权。然而，社会经济发展表明，商会自治根本无力回避政治国家的强大区域协调能力与制度支持态势，更无力展开更广泛的区域合作。为此，商人由商会自治走向依赖公权支持的商圈他治就具有重要的现实意义。理论上，商圈概念并不明确，有狭义、中义与广义多种解释。

狭义论聚焦于商业本身，认为商圈或者商业圈、商势圈，主要指涉以商店或商业设施所在地为中心，沿着一定路向辐射到顾客所及的最大空间范围，具有区域分布性。为此，依区域内顾客群的分布密度、来店频率及空间半径等标准，商圈可分为核心商圈、次级商圈、边缘商圈三个层次。[②]

中义论聚焦于权力圈，认为商圈主要是以商业经营地为中心，沿着一定路向外拓而形成的呈现纵向权力调控下的都市级、区域级以

---

① 朱慈蕴、毛健铭：《商法探源——论中世纪的商人法》，载《法制与社会发展》2003年第4期。

② 王艳：《日本连锁经营“小商圈、高商圈占有率”模式研究》，载《商业研究》2006年第22期。

及社区级的商业区域。[①]

广义论不仅聚焦于商业本身，还关注权力对商业的调控性，强调商业区域内的公私合作性，认为商圈与区域经济一体化存在内在关联性，通常是指国家之间通过一系列保护自由贸易的制度安排而最终形成国际商业优化框架的过程，如中美合作、中非合作、欧盟等。[②]而国家间营商环境的优化必然会影响一国区域经济发展，从而形成国家区域一体化现象，甚至沉淀到国内部分地区间的区域经济合作，如珠三角经济区、长三角经济区、京津冀经济区等。对此，根据公权力渗透层面，区域一体化商圈可分成三种模式，以备实践参考：一是政府主导型商圈。在该商圈模式下，政府积极吸纳新的社会组织及其资源，从而与现存社会组织达成合作，可谓“政府搭台，商人唱戏”。二是社会主导型商圈。在该商圈模式下，一些社团或者有社会影响的个人通过采取批评、建议等方式逼迫政府进行“自下而上”的经济改革，从而形成一定程度上的区域经济合作。三是多元共治型商圈。在该商圈模式下，一国社会的成长势必促进民主意识的提高，进而激发诸如行业协会、社会团体等非政府组织与政府、市场一起参与国家治理，从而使得多元共治成为可能。[③] 这种多元共治适用在区域商业发展中就形成了多元共治型商圈。具有现实范例性的是，当下我国市场监管部门的权力架构为商圈的多元共治提供了制度可能性。根据多元共治理念，市场监管部门、市场主体与社会公众等多元主体能够有效利用现代信息技术推动彼此间的信息共享，从而实现“政府监管、企业自治、行业自律、社会监督”的共治新范式。

从结构看，商圈概念具有两个核心要素：一是商。以商为中心的“商圈”主要指遍布都市中的商场、银行、酒店、写字楼等商人集会与商业交易的场所。二是圈。此处可作名词与动词两种解释。名词意义上的圈，有时特指某个行政辖区能够引致消费者消费的商业场所；

---

① 曹子奕：《五公里商圈过时了》，载《名牌时报》2010 年 1 月 27 日，第 2 版。

② 庞效民：《区域一体化的理论概念及其发展》，载《地理科学进展》1997 年第 2 期。

③ 林建浩、陈良源：《商事制度改革背景下的市场监管多元共治》，载《经济社会体制比较》2021 年第 1 期。

有时特指行政辖区内各种商业场所的商业数据,如范围大小,客流多少等;而有时又特指行政辖区下的市场再分,如中心商圈、次级商圈和边缘商圈等。动词意义上的圈,主要是指政府以不同等级的行政辖区内各种商业的顾客疏密、规模大小为标准而确立都市、区域以及社区等不同商业待遇(如税收减免、财政支持等)的市场区域。实践中,这种都市、区域乃至社区之圈,就是指一种由政府、市场和社会诸多利益冲突与权利聚合之间所形成的商事权力干预方式及其边界。换言之,从商业政策制定到商业结构调整,无不显示公权在场与公权干预。从某种意义上讲,这些政策举措与选择能够破除因行政壁垒而产生的市场分割,降低商圈内部要素流动成本,促进统一开放市场。

综上,从商人自立到商会自治再到商圈他治,呈现出公私两条相机演进线索,即作为公权方,政府经历了公权无涉、管制与服务之过程;而作为对向方的商人也历经社团、商会与商圈的拓展。从公私双方看,两条相机线索演绎出一幅从开始的并行无涉,经过公私对抗,再到最后展开公私合作的全程景观。

四、中心化商事交易的特点

中心化商事交易,其名即展示其特点,也即,中心化商事交易具有中心化、商事与交易之特点。其中,中心化是商事交易的前提,而商事交易是中心化的具体落实。

(一)中心化

商事中心化是一种重要的管理模式和组织结构方式,具有权力干预的不可避免性。然而,中心化并非仅因权力所致,也即,权力与中心化并非闭环对应关系。实际上,中心化除因公权机关外,还因经国家认可的教会、地方团体、公共合作社等公团体,甚至包括未纳入公法规制的家族、公司以及其他私团体。[①] 为此,所谓"权力干预的不可避免性"可作广义解释,表示一个人或许多人的行为使另一个人

---

① [日]美浓部达吉:《公法与私法》,黄冯明译,中国政法大学出版社2003年版,第31~32页。

或其他许多人的行为发生改变的一种关系：其一，从公的角度，主要指公权机关之权力；其二，从私的角度，如专家通过拥有专门的知识和技能来获得“改变他人行为”的权力。我国证券法中因公引发中心化的“证券交易场所、证券登记结算机构与证券监督管理机构”，因私引发中心化的“证券公司、证券服务机构与证券业协会”。

中心化商事交易不管因公发生，还是因私所致，中心机构在商事领域的广泛应用都具有很多优点：(1)效率性。决策和控制权集中在少数人或单一实体手中，可以实现快速决策和高效执行。这种集中管理的方式有助于减少内部协调成本，提高整体运作效率。(2)统一性。中心化结构能够确保系统内的统一决策和行动，避免多方利益冲突所导致的混乱和不稳定。另外，中央机构可以通过制定明确的规则和制度来维护系统的稳定运行。(3)严格责任。在中心化结构中，管理责任由中央机构或个人承担，这有助于明确责任归属，便于对问题进行追责和处理。

当然，在商事中心化实际应用中也存在很多潜在风险，有待采取相应措施加以防范和解决：(1)节点故障风险。一旦中心节点遭受攻击或出现故障，整个系统都可能受到影响甚至崩溃。(2)权力过度集中。这可能导致权力滥用和腐败等问题。(3)商业创新受限。决策权集中在少数人手中，可能导致商业创新思维和多元化意见受到抑制。

(二)商事

随着商事交易中心化发展，社会分化为民商二元结构。但这种二元结构的形成却经历了一个复杂与艰辛的过程。有学者认为，从民商合一的历史发展进程来说，主要经历了两个阶段：一是商事民事化阶段，二是民事商事化阶段。第一个阶段是民商合一的初级阶段，强调民事对商事的统摄作用，在观念上是将商事作为民事的一部分，强调商事和民事的一体对待和无缝衔接。此时，不仅所有的商事行为均为民事行为的一种表现形式，而且包括公司在内的所有商事主体的存在基础均为契约关系，不仅抹杀了商主体的组织属性，而且从根本上否定了商业的独立存在价值。第二个阶段系民商合一的改良阶段，虽然也强调民事对商事的吸收与整合，但承认二者的差异性以及在差异基础上民事对商事的挤压，如中国历史上的“重农抑商”。但不管如何，人类只要生存发展，商业较民事更具进步性，更有合理性，因而更能适合市场经济发展需要。当市场经济发展到一定高度，商业便具有了极强的溢出效应，社会关系和社会经济生活的普遍商化现象在所难免。① 在民商二元结构下，社会生活的商事性呈现出企业化、行业化与职业化等倾向。

1. 企业化。企业化是将传统意义上非企业性质的组织如科学、教育、文化、卫生、体育，甚至政府、军事（通过外包等方式）以营利为目标来运作。

2. 行业化。行业化主要是按照工作对象进行细分，涉及更广泛的经济活动领域，如传统的作为整体的农、林、牧、副、渔，以及新型的AI、区块链、计算机等行业。行业细分必然引发行业竞争与行业发展。

3. 职业化。职业化主要是按照工作职能进行细分的，强调人们在社会中所从事的作为谋生手段的工作，如企业家、科学家、工程师等。职业化强调的是个人在特定领域的专业技能。

4. 关联化。商事形成有赖于商要素的集成，主要包括以下三组关系：一是商流关系，主要指商品生产者与经营者间的发行买卖关系、商品经营者之间的交易买卖关系（包括批发商与零售商之间的买卖关系）以及商品经营者与消费者之间的终端买卖关系；二是物流关系，主要是指在货物运输、配送、仓管等物流过程中所发生的商品流转服务关系，是继劳动、资源之后的第三利润之源；三是资流关系，主要是指在资本市场因出资、收购、股权转让等所发生的资本流转关系。其他还有因商业服务、商业组织以及商业管理而发生的商事关系等。

（三）交易

1. 交易本质。交易本质不能单纯从商人一方获得解释，而必须从参与交易的所有当事人去考察，也即商事交易是一种当事人基于

---

① 赵万一：《民商合一体制下商法独立的可能性及其实现路径》，载《法学杂志》2021年第7期。

自身利益最大化而进行磋商、博弈、妥协等系列对向法律行为。它是确立交易规则与商法制度的前提。

2. 交易风险。一般来说，“熟人之间无交易”。作为一种制度化安排，商事交易通常被假设为陌生人之间的买卖行为。这种陌生交易可能存在两个风险：其一，身份缺失风险。既然商事交易发生在陌生人之间，那就必然缺失熟人社会所特有的人格道德考察与评价。其二，有限理性风险。因为人的理性有限，无论当事人交易中如何磋商、博弈、妥协，很难穷尽合同可能遭遇的所有问题，也即合同目的能否实现充满着诸多不确定性因素。因此，为有效克服商事交易风险，现代商法更倾向于建构商业信用制度来减少不确定性，降低交易风险。①

3. 交易模式。交易模式通常是为了商人利益而被加工制作出来的，如公司证券发行、加速出资、有限责任等都是在公司法实践中创造并固定下来的交易模式。既然交易模式具有创制性，那么只要存在商事交易，就必然会出现在既有交易模式基础上的新型交易模式，并被暂时性地固定下来，留待未来交易实践再次否定或肯定。应该说，在规则之外，交易模式不断推陈出新是一种常态，也是商法得以发展的原动力。因此，有学者指出：传统商法重在对商事法律的阐释，而现代商法更看好新经济条件下的规则运用。② 本质上，规则运用就是交易模式的创新与采信。

传统交易模式中，主体往往以个体形式出现，并且将其品性、目的等主观元素纳入交易评价之中，③交易客体多为不动产、动产等实物。因而，主体就是主体，客体就是客体，主体与客体之间泾渭分明。但随着现代商业发展，这种主客体区分越来越模糊。从交易主体方面看，交易主体企业化使得更多中间商加入其中，从而形成为一种结构化的交易形态；从交易客体方面看，交易模式不断创新，出现了商

① 赵磊：《商事信用：商法的内在逻辑与体系化根本》，载《中国法学》2018年第5期。

② ［英］施米托夫：《国际贸易法文选》，赵秀文选译，中国大百科全书出版社1993年版，第29页。

③ 郑景元：《民事交易范式导论——通过对传统人性假设的再构造》，载《法学论坛》2004年第6期。

事信托、资产证券化和各类基金等多种交易对象；从交易过程看，商事交易链条不断延伸，每个交易者既是交易主体，也是交易对象，甚至在公司交易中成为交易客体，交易关系逐步走向异化。这些复杂的新型交易形态不停地挑战着传统交易模式，从而出现主体概念观念化、商事客体主体化倾向。①

第三节　去中心化时代的区块链交易

去中心化(decentralization)是一种互联网环境下社会关系形态。在这种网络状态下，社会不存在单一的中心控制机构，其决策与执行分散到网络系统中的多个平等、自治节点之上。但这些节点又不是孤立无援的，而是可以自由连接，并共同参与网络系统的管理与维护。当然，从相对意义上看，每个节点也可能成为某个阶段或者局域的中心，只是缺乏中心控制力罢了。这种开放式、扁平化、平等性的系统现象，使每个人都可以成为信息提供商，从而提升了网民参与的积极性，降低了生产门槛，使得互联网更加扁平、内容生产更加多元。在这种去中心化状态下，区块链交易呈现民商混合化现象。这种混合化现象主要表现为在商场或非商场的商人与商人之间、商事场所的商人与非商人之间以及非商人与非商人之间进行兼具民商性的交易行为。

一、区块链交易的形成

回溯至2008年，中本聪以其深邃的洞察力，首次提出比特币这一革命性概念，并构建了一套"点对点"的电子现金系统，实现了互联网支付的去中心化革新。这意味着交易双方能够直接进行支付，无须依赖任何第三方金融机构的介入。比特币底层技术的这一开创性进展，不仅标志着区块链时代的崭新开端，更引领了金融科技的全新

① 李安安、张仪昭：《结构化商事交易中的"客体主体化"：兴起、挑战与法律回应》，载《经贸法律评论》2020年第1期。

浪潮。

(一)区块链交易的产生

区块链技术解决了在不可信环境下建立信任的基础难题,是继云计算、物联网和人工智能之后的又一项颠覆性技术。作为一种开创性技术而非严谨的学术研究成果,区块链如何被界定,到现在为止,学界都没有达成共识,而只是基于自身专业视角作出一些带有局限性的描述而已。"区块链"一词通常用于表示任何种类的分布式账本,包括那些不将数据存储在区块中的账本。但是,从技术上讲,区块链仅指特定的分布式账本,该分布式账本将数据打包(区块),通过哈希(hash)算法链接到另一个区块中。① 区块链具有数据和数字资产的复制记录能力,这些记录和数据可以在彼此不认识或不信任的各方之间存在,而无须受信任的第三方介入。② 社会安全论认为,区块链是一种交易记账方式,它通过公开的、分布式的认证机制把一系列互联网交易记录模板连接起来,形成一个完整的链条。这种链条交易具有明显的分布式、防篡改与匿名性等特点。③ 历史论认为,区块链是用时间顺序将数据区块连接并存储在主链上的一种分布式数据库。借由密码学技术,区块链具有数据不被篡改、内置共识机制、自动化编程以及节点共享等属性。④ 法律论认为,区块链是一种由两个以上法律主体参与的,以特定交易为目的的,借由数据支撑、算法工具、分式记账方式而实现去中心化与不可篡改的民事法律行为。⑤ 区块链去中心化论认为,"区块链技术主要用于解决去中心化环境下的群体间共识问题。去中心化是指在一个群体中所有成员的角色都

① 哈希,散列、杂凑之意,是把任意长度的输入通过散列算法变换成固定长度的输出,该输出就是散列值。这种转换是一种压缩映射,即散列值空间通常远小于输入的空间,不同的输入可能会散列成相同的输出,所以不可能从散列值来确定唯一的输入值。简言之,哈希就是将一种任意长度的消息压缩为某一固定长度的消息。

② 曾炜:《欧盟〈一般数据保护条例〉下区块链的数据保护义务》,载《科技与法律》2020 年第 4 期。

③ 聂辉华、李靖:《区块链经济学的形成与展望》,载《浙江工商大学学报》2021 年第 5 期。

④ 袁勇、王飞跃:《区块链技术发展现状与展望》,载《自动化学报》2016 年第 4 期。

⑤ 李伟民:《〈民法典〉视域中区块链的法律性质与规制》,载《上海师范大学学报(哲学社会科学版)》2020 年第 5 期。

是相同的,不存在特殊的中心成员来对其他成员的行为进行管理和控制"①。

总之,学界对区块链从科学创新、技术、社会、历史以及法律等多层面进行界定,具有很大差异,但在这些纷繁表述中仍然存在一个毋庸置疑的共识——去中心化。换言之,区块链是一种基于密码学而构建的分布式共享数据库,并以去中心化方式对其进行维护的技术方案。② 这种区块链技术方案一旦用于社会实践,便呈现出自然性与社会性的合一体。从自然性上看,区块链技术是一种纯粹"技术编码",具有数据、算力、算法等自然规律性。具言之,区块链技术是一种由哈希算法、共识算法、数字签名、智能合约以及点对点等组成的分布式账本,具有分布式存储、难以篡改和可追溯性等技术特性。从社会性上看,区块链技术又是一种由社会所创造和控制的非纯粹自然技术。所谓社会创造与控制,通常指涉那些技术极客们希望借由区块链技术在数字空间里建设出一个去中心化的自治社群,以便践行从线上到线下的自由民主制度。

(二)区块链交易的商事迭变

区块链的发展不仅取决于科技本身的内在驱动,还受到围绕区块链所发生的商事交易的积极影响。从内部关系看,每一次区块链技术进步都有新的商事交易要素的跟进,而商业要素的跟进又进一步促进了区块链技术的再次升级;从外观看,区块链发展与商事交易需求可谓相互融合、相互推进。在这种内外互动中,商业交易领域出现一种新形态以及在新形态下的商事迭变。

一是数字货币交易阶段。为解决传统货币或电子货币的中心化交易问题,该阶段主要利用区块链分布式账本技术来建构去中心化的数字货币交易体系,以支持便捷的跨国货币交易。数字货币交易原理就是利用工作量证明共识机制来交易加密货币,即"劳—资交易"范式。作为一种对价方式,工作量证明机制要求参与者根据按劳

---

① 宫学庆:《区块链技术》,教育科学出版社 2022 年版,第 19 页。

② Chod, J. , N. Trichakis, G. Tsoukalas et al. , *On the Financing Benefits of Supply Chain Transparency and Blockchain Adoption*, Management Science, 2020, 66 (10).

分配原则完成一定量的计算工作，以便验证交易的真实有效性。从发生学角度，数字货币交易变革了中心化交易的商业范式，但仍然存在交易成本高、速度慢、规模小、安全隐患大等商事问题。

二是智能合约阶段。与数字货币交易阶段相比，该阶段属于区块链技术的进阶版本，可以广泛应用于证券市场。理想状态下，智能合约就像一台图灵机，可以按预先设定的规则自动执行一段程序代码。简言之，合意即执行。智能合约交易有公开、快捷优势，但也存在容错率低、可拓展性差、代码编写烦琐等缺陷。①

三是价值信用阶段。该阶段属于区块链技术的高级版本，几乎可应用到公司、证券、保险、媒体等人类社会的方方面面。它主要利用权益证明共识机制来解决社会治理中的价值信用问题。具言之，权益证明机制旨在确保网络参与者能够达成共识，维护区块链交易的安全稳定。这种机制一般要求参与者抵押一定价值的数字资产，以作为其参与网络工作（维护与验证）的对价，即"资—资交易"范式。这些抵押资产可以是虚拟货币、数字产品、权益证明、金融衍生品或其他具有价值的数字资产。在权益证明机制中，参与者的权益与其抵押的资产数量成正比。总体来看，数字资产信用具有兼容性、安全性等优势，但也存在共识机制复杂等问题。

四是智能生态阶段。该阶段将区块链技术与大数据、AI 融合，构建智慧城市、智慧农业、智慧养老等智能生态体系。智能生态借由 AI、大数据与权益证明共识机制的高配，有效提升了区块链交易的整体安全和运行效率，给智能生态社会带来无限的商业机会。然而，智能生态绝非完美，仍然面临一定挑战，如技术创新与应用滞

---

① 智能合约的概念最早由学者尼克·萨博（Nick Szabo）于 1994 年提出。他认为，智能合约是一套以数字形式定义的承诺，并使用协议和用户接口来执行的合同条款。智能合约是当事人达成意思一致后形成的协议，并在转化为机器可读的脚本编码时使计算机在独认的网络环境下自动运行，实现自动履行合同事务的功能。根据智能合约可能产生的不同法律效果，可将智能合约类型化为合同型智能合约、执行型智能合约、单向型智能合约三种。这与传统合同不同，传统合同是一种双方或多方当事人基于相互信赖而承诺为一定行为或不为一定行为的协议；智能合约也是一种协议，但当事人信赖的并非对方当事人，而是智能合约技术及其自治秩序。某种意义上，智能合约是私法自治向虚拟空间的延伸。参见夏庆锋：《智能合约的法律性质分析》，载《东方法学》2022 年第 6 期。

后间的内在冲突、“数据孤岛”对治理效果的抑制、AI发展可能导致失业浪潮与道德风险等。

综上,区块链发展尚未出现一个终极形态,但存在一股过程优化叠加力,那就是,在商业需求的驱动下,区块链发展呈现为一种优化叠加趋势。所谓优化叠加,是指一个新发展阶段总是叠加在之前所有发展阶段的基础之上的,也即“站在巨人肩膀之上”向上攀登。这种叠加并非简单地概括积累,而是一个“吸取精华,剔除糟粕”的拣选过程,比如区块链共识机制从工作量证明到权益证明的改进就是一个典型的拣选例证。

(三)区块链交易中“不可能三角”的取舍

“不可能三角”原本是指一个三角形必须满足两边之和大于第三边条件,而不可能任意取值。该原则被广泛应用于几何学中,后来外溢到商事领域,引发人们对“商业万能”问题的反思。如前探讨,作为一种最新优化叠加,区块链交易的每次迭变均存在利弊两面性,人们仍然面临“不可能三角”的取舍焦虑。学界为此作出了艰辛努力。美国经济学家保罗·克鲁格曼(Paul R. Krugman)于1999年提出“不可能三角”理论,认为在市场经济条件下,国家资本流动、汇率与独立的货币政策不能同时实现,最多只能同时满足两个目标,而放弃另外一个目标来实现商业调控目的。这种三元悖论同样可以用于区块链交易。巴比特创始人长铗曾在巴比特官网上发表文章《不可能三角形:安全,环保,去中心化》,正式提出了“不可能三角”的理论;俄国经济学人维塔利克·布特林(Vitalik Buterin)也即以太坊创始人推崇的区块链“三元悖论”,认为区块链系统最多只能满足可扩展性、安全性和去中心化三者的其中两项。从此,“不可能三角”的含义,具言之:

1. 若追求去中心化与安全,则无法实现高效率低能耗(简称高效低能)。当下比特币即陷入这种悖论。其一,系统为了实现比特币的海量交易设计出工作量证明共识机制,以奖励首个解决特定数学问题者一定数量的比特币。为获得奖励,解题者浪费大量电能去求解没有任何实际意义的数学问题;其二,为实现去中心化交易,所有参与节点均需保存全链交易副本;其三,比特币支付效率低下,难以满足实时交易需要。

2. 若追求去中心化与高效低能，则无法实现安全。在去中心化与高效低能的前提下，区块链系统进行复杂身份验证必然带来交易安全隐患。如为提高 P2P 软件下载效率，这类软件通常不要求用户身份验证。然而，区块链交易的去中心化属性决定了软件审核无人问津，从而可能导致黑客攻击之类的安全问题。

3. 若追求高效低能与安全，则无法完全实现去中心化。如在区块链交易中，人们为了提升支付效率，奖励机制从旧的"劳—资交易范式"的工作量证明转向新的"资—资交易范式"的权益证明，并从"公有链"发展到"联盟链"与"私有链"等新型区块链类型。这种新型类型要么是"部分去中心化"，要么是"部分中心化"（容后探讨），但无论哪种，都在一定程度上被再次"中心化"了。①

总之，"不可能三角"揭示了区块链交易面临的实践挑战，即在去中心化、安全与可扩展性之间寻求最佳平衡点。随着技术的不断进步，我们坚信，未来的区块链交易系统必将臻于成熟，能够更好地满足商业活动需要。然而，这种商业愿景实现却有赖于区块链技术的持续升级，找到最佳解决方案。

二、区块链交易的商事类型

根据自身特点和应用场景不同，尤其是网络去中心化程度的不同，区块链交易可被分为公有链、私有链和联盟链三种主要类型。

1. 公有链（public blockchain）。公有链是一种任意区块链服务客户均可使用，任意节点均可接入，所有接入节点均可参与读写数据的一类区块链部署模型，具有以下三个特点：其一，用户与开发者的分离性。用户独立于公有链的开发者，不能干涉，其在公有链上的权益得到有效保障；其二，用户的匿名性。链上交易用户与链下真实身份分离，使得生活世界的真实身份受到匿名保障；其三，交易数据的公开性。生活世界的实体用户可以通过链上用户查看与操作账户交易。由此来看，这种公有链是一个完全开放的技术系统，不由任何个

---

① 刘罡、杨坚争：《基于区块链技术的电子支付去中心化问题研究》，载《电子商务》2019 年第 9 期。

人或组织控制,而由所有参与者共同维护。

作为一个完全开放的技术系统,公有链之所以具有分离性、匿名性与公开性,主要得益于以下几方面的技术支撑和机制设计:一是点对点网络技术。该技术无需中央服务器,用户仅需要将其电脑终端连接因特网和 P2P 软件便可访问网络海量节点。这种点对点交易技术直接跨越了第三方而仅在双方当事人之间进行。二是非对称加密技术。点对点传递信息既要让全网得知,又要保护用户隐私,这是通过非对称加密技术实现的。非对称加密技术由公钥与私钥两个部分构成。公钥用于加密信息,所有参与者均可见;私钥用于解密,只有信息拥有者可以解密。私钥与公钥明显不同,故而称为非对称加密。该技术算法复杂、安全性强。三是时间戳与哈希现金算法。公有链服务器对区块数据实施随机散列而加上时间戳,并将该随机散列进行广播。该时间戳能够证实某特定时间的特定数据是确实存在的。每个时间戳应当将上一个时间戳纳入其随机散列值中,下一个时间戳都对之前的一个时间戳进行增强,从而形成一个链条,每个区块都包含上一个区块的哈希值。区块之间的衔接通过哈希算法完成。随机散列值及其运算方法即哈希现金算法。四是共识机制。在一个彼此互不信任的市场中,每个节点只有遵循预定规则,彼此方能达成合意,这便是公有链的共识机制。这种共识机制有赖于将每一笔真实交易记入区块链之中,并内置着海量的哈希计算以及对其奖励的"工作量证明"的机制。由此来看,公有链的出现彻底颠覆了人们的共识基础。当下社会主要是以法律制度为基础而达成共识的。在法律制度下,人们深信"服从法律便是服从我们自己的意志"。然而,这种制度信任的致命缺陷在于因陌生人社会的信息不对称而必然会引发人们对他人机会行为的困惑和对未来的难以把控。作为一种从制度到技术的路径转向,区块链改采数学方法解决人类信任问题。在公有链技术环境下,人们基于共识机制搭建机器之间的信任平台,从而最终实现"无需信任的信任"。这种技术信任至少有以下优点:其一,减少中间环节。这种去中间环节化既节约了物质成本,也节省了时间成本。其二,保障信息对称。公有链记账技术使交易信息完全透明,降低了人性投机与未来不确定性问题。其三,优化资源配置。工作量证明机制的“劳有所得”与“多劳多得”的技术激励安排,激发了参与者的劳动积极性与社会资源的合理利用。

当然,公有链并非完美,仍然存在以下主要“短板”:其一,效率太低。公有链的每笔交易都需向全网广播,所有节点均参与记账,程序复杂,耗时较长。其二,能耗太多。每笔交易需整个系统的所有节点参与,“牵一发而动全身”。为此,电脑终端须进行海量计算方可完成。其三,商用太小。公有链节点在有效监听、接收和验证数据过程中均没有对产生区块数据的节点进行对价支付。[①] 其四,监管太难。公有链的去中心化与无政府主义之间存在某种内在契合性,天然排斥监管。比如,作为公有链应用的比特币并非国家发行行为,因而缺乏政府信用背书,但仍受市场追捧。这给政府监管带来困难。由此来看,公有链参与者完全开放,任何人都可以参与到网络中,作为节点验证交易;无须授权,任何人都可以访问区块链上的数据;通常采用工作量证明(PoW)或权益证明(PoS)等共识机制;主要应用于数字货币(如比特币、以太坊)。由此来看,公有链去中心化程度最高,透明度高,但对硬件性能要求高,交易速度较慢,能耗较高。

2. 私有链(private blockchain)。私有链是一种仅限单个客户使用,仅获授权的节点才可接入其中,接入节点可按规则参与读写数据的区块链部署模型,是在克服公有链技术弊端基础上发展起来的,表现如下:(1)私有链的部分中心化。理论上,如果系统是完全中心化,那么系统下的节点就不具有独立性。然而,在私有链中,中心化机构只能是一种部分中心化的组织体。该组织体基于其相对中心化地位可以有条件地决定节点参与及其参与权限,甚至可以消除链上任何信息。[②] 所谓“有条件”,无非将私有链视为微观系统公有链。如果从系统外部看,该系统或许是中心化的,而从系统内部考察,系统下的节点犹如“楚门的世界”,又呈现去中心化特点。[③] 笔者认为,在中心化与去中心化之间,私有链主要以前者为主导,因此以“部

---

① 程啸:《区块链技术视野下的数据权属问题》,载《现代法学》2020年第2期。

② 赵磊:《区块链类型化的法理解读与规制思路》,载《法商研究》2020年第4期。

③ 龚鸣:《区块链社会:解码区块链全球应用与投资案例》,中信出版社2016年版,第22页。

分中心化”进行限定更恰当。(2)私有链的共识机制较弱。区块链共识机制是为了解决信任问题而设计的。公有链共识机制是在所有节点参与记账的前提下通过非对称加密算法而形成的,并以某种代币对参与记账节点进行对价奖励。然而,私有链的节点记账权是由部分去中心化机构赋予的,节点并无完全独立自主的记账能力,故而节点之间很难形成价值共识。私有链系统既然没有像公有链那样的完全共识与信任,也就无须作出代币奖励,而只能完全依赖于主导者的意志安排,因而可能会被随时调整。(3)私有链的技术优点。任何事物均具有其利弊两面性。与公有链比,私有链系统由部分中心化机构管控,虽然共识机制较弱,但在局域效率安全上却得到大幅提升,主要有如下优势:一是系统封闭。私有链是一个信息封闭系统,并在系统闭环条件下利用区块链分布式存储、智能合约等技术。因此,任何节点参与者参与均来自中心主导者的积极邀请或申请同意。节点无论采取哪种参与方式均需进行实名身份验证。实践中,这种封闭系统很适合运用于企业管理与金融操作等局域场景。二是系统高效。与公有链比,私有链的交易信息无需所有节点验证,而可由系统设定的个别节点或中心主导者完成。从交易效率看,私有链在单位时间内能够以更快的速度处理更多的交易信息,从而大幅提高运行效率,降低运行成本。三是相对安全。与公有链比,私有链的访问权限为中心主导者所控制。用户如果没有被授权,便无法获得链上数据信息。基于这种授权机制,私有链能为用户提供一个可追溯、不可篡改与自动执行的运算平台,以防止系统数据被内外黑客攻击。当然,需要警醒的是,受部分中心化的技术限制,私有链不可避免地成为为中心主导者所控制的内部系统,从而引发代理成本下的道德风险。因此,也许只有那些能够有效进行法人治理的私有链才能成为部分去中心化的最后赢家。[①] 由此来看,私有链是由单个组织或机构控制,参与者是有限的;权限集中在组织或机构手中,其可以控制节点、数据访问等;可以灵活选择,如基于授权的共识机制;主要应用于企业内部系统、供应链管理、金融结算等场景。

---

① 赵磊:《区块链类型化的法理解读与规制思路》,载《法商研究》2020 年第 4 期。

私有链的优势在于中心化程度较高、速度快、成本低、抗恶意攻击能力强；而劣势在于完全不开放，对私有节点的控制高度集权化，灵活性较差，透明度较低。

3. 联盟链(consortium blockchain)。联盟链是一种仅限一组特定客户使用，仅授权节点可接入其中，接入节点可按规则参与读写数据的区块链部署模型，具有如下特点：(1)部分去中心化。联盟链是在取舍公有链与私有链优劣的基础上发展出来的，其主要努力在于舍弃了公有链的完全去中心化与私有链的部分中心化，而采用部分去中心化模式。需要注意的是，联盟链的部分去中心化与私有链的部分中心化尽管都处于完全中心化与完全去中心化之间，实则并非同义。联盟链“部分去中心化”旨在强调联盟成员，也即授权节点必须实行平等合作机制，不能“一股独大”，而应该由联盟合意作出表示。就此来说，联盟似乎含有“九龙治水”之意；但私有链模式主要强调对单一中心化企业的限制。这种限制并非来自联盟成员的制衡机制，而是基于私有链规则约束或者来自企业内部成员“自下而上”的权利对抗。就此来说，私有链模式主要适用于组织内部民主管理，其“部分中心化”既强调中心化的“一股独大”，又表明部分的“民主监督与成员自由”。(2)片面共识。联盟链是一种相对封闭体系，参与者之间彼此熟知互信，但因联盟成员实行“九龙治水”模式，成员之间必须嵌入共识机制，以便成员即所有参与者能够互助合作。但这种共识机制并非像公有链那样经运算便可达成共识的线上技术，而是一种绝对的“机器信任”；联盟链共识是通过线下商谈形成的，是一种相对的或者说片面的“成员信任”(如成员之间、成员与组织之间或组织之间)。当然，联盟链片面共识机制一经达成，借由智能合约，仍然能够保障数据安全。(3)技术弹性。既然联盟链介于公有链与私有链之间，其技术便具有明显的区间弹性，主要表现为：其一，在系统的相对封闭下，联盟链节点均是预先设定的，原则上不对外开放。其二，联盟链成员相对独立，但业务合作密切，且协作完成。其三，联盟链借由商谈形成了一种强大的缓冲力，能够最大限度地达成去中心化、安全与环保等“不可能三角”(容后详论)。[①] 其四，数据信息的可

① 所谓环保，特指公有链工作量证明需要大量的算力，验证速度慢、耗时长，实际上是效率的代名词。

篡改性。与公有链数据不可篡改相异的是,如果联盟链成员达成合意,链上数据仍可以篡改,[①]也即,联盟成员赋予预先约定节点的线上访问权,但这种赋权应符合法律规定,不得侵害他人商业秘密或隐私。因此,联盟成员与节点可就区块数据权属进行约定,如约定联盟节点对区块数据可以充分享有收集、存储和利用的权利,或仅具有访问与查询的权利。[②] 由此来看,联盟链是一种对公有链与私有链进行改造后的折中方案。该方案是由预先确定的多个组织共同参与、共同进行网络维护,可以灵活选择共识机制与权益证明;主要应用于供应链管理、金融服务、医疗健康、物联网等场景。由此来看,联盟链优势在于兼具公有链的去中心化、私有链的高效,可定制性强,但仍然存在部分去中心化、节点有限等劣势。

综合上述三类区块链,公有链追求完全去中心化和开放性,适合构建全球性的、不受任何组织控制的网络;私有链强调性能和控制权,适合企业内部的系统和封闭的生态系统;而联盟链结合了公有链和私有链的优点,在保证一定程度的去中心化和透明度的同时,又具有较高的性能和可定制性,适用于多个组织共同参与的场景。

三、去中心化区块链交易的特点

从科学属性看,区块链包括基础、平台与应用三个方面。因此,人们基于区块链数据、网络、共识、激励、合约和应用等基础建构,以普遍支持金融、实物、土地经营权、知识产权乃至股权、林权、债权等财产在各类区块链平台上进行商事交易。[③] 不同于中心化时代的是,这种商事交易呈现去中心化及其前提下的去信任化与去管制化等区块链交易特点。

一是去中心化。中心化是传统社会最为主要的组织运行方式。但随着传统社会向现代社会的转型,中心化导致的政治集权与经济垄断愈加成为社会进一步发展的痼疾。为解决中心化困境,人们通过区块链技术建构出一种新型去中心化共识机制,以消解中心化权

---

① 赵磊:《区块链类型化的法理解读与规制思路》,载《法商研究》2020 年第 4 期。

② 程啸:《区块链技术视野下的数据权属问题》,载《现代法学》2020 年第 2 期。

③ 如《公司法》第 48 条、《农民专业合作社法》第 13 条关于出资形式的规定。

力,提升信息传递效率,保持信息透明化。就此来说,区块链去中心化的本质就此形塑技术共识本位,消除共识机制执行过程中的权力中心主义。

二是去信任化。在去中心化前提下,去信任化旨在削弱乃至剔除作为传统第三方的权力中心化管制。在传统社会中,中心化信任机制通常是由科层制组织、中介型商会以及权力化商圈等建构起来的。这种中心化信任体系维持数字社会的有效运转。在数字社会,人们更信任数据的公开、可追溯以及不可篡改,也即,从对所有个体参与者的信任转型到对机器网络的信任。当然,这种技术信任本位是通过加密算法与智能合约来保障的,以满足现代社会对信任体系的有效需求。

三是去管制化。在闭合组织里,成员并没有进、出组织的自由;即便参与这种闭合组织里,也很难通过竞争机制践行组织民主;当然,就算经过民主程序进入组织治理层,由于组织的中心化属性,那些代表几乎没有任何实质性的制衡能力,而往往受到躲在背后的实际控制人控制。这种管控模式必然阻碍组织的共识与信任机制的正常运行,从而无法满足数字社会对组织民主的有效诉求。作为一种制度替代,人们将组织管理和运营规则以智能合约形式编码在区块链上,从而促使成员参与、选举竞争以及机构制衡等民主形式均自主运行、开放透明,真正转向了以自主治理与共同治理为核心内容的民主范式。

综上,笔者认为,区块链交易因其“三化”特点而必然成为数字社会的领头羊。在区块链交易体系下,人们必然会最大限度地摆脱中心化的主观因素影响,减少交易纠纷,从而增强数据安全与交易便捷。①

从人类因聚合而形成的中心及其与中心节点间的关系来看,法前社会大致经历三个阶段:一是早期无中心下的无关联时代与弱关联时代。该时代没有作为商业控制的中心,而仅有个人与个人间的

---

① 李春利、高良谋:《区块链技术的本质与社会形塑》,载《科学学研究》2024年第5期。

民事买卖,这种买卖具有不稳定、偶然性等弱关联特点。二是中心化下时代出现商事组织本位、商会本位以及商圈本位三个阶段。一方面,无论古代、近代还是现代,该时代已经出现商业中心,且具有积极扩展与强化关联的特性。特别提及的是,市场经济时代赋予了商业中心以自由经营权,也即中心交易体系;而在计划经济时代,政府管控生产资料,进而指导行业企业生产经营。本质上,政府俨然就是企业雇主,分配雇工工作,决定社会产出在不同的物品与劳务之间进行分配,即权力对"资源平调"。另一方面,个人节点端则鲜有商事联系,也即无关联。其中原因,主要是个人基于信息不对称、商业信用与专业化等缺陷无力关联,也存在基于商人资格缺失而无法关联因素(容后探讨)。三是去中心化的区块链时代。在该阶段,无论之前的商业中心,还是商业中心下的个人节点,它们因为区块链的去中心化功能而得以平等参与商事交易,彼此建立商事关联。作为一种法前事实,商业历史发展必将开启当代商事立法新进程。

第二章　法中:商事立法

商事立法往往既与各种正式化或非正式的法律、习惯、规则等规范相关联,也与执行这些规范的公权力须臾不可分离。从静态来看,这些具有关联性的规范及其执行并非相互替代,而是相互配合、共同发挥作用的,其中理论证成不可或缺。一旦理论得以证成,立法安排就会广泛扩散,进而进行制度沉淀——立法安排得到全面采纳并且长期维持下来;从动态来看,这些关联性规范及其执行如何形成为一个有生命的约束群,又是如何运行的?建构论认为,理性具有至高无上的地位,凭借人的有限理性,人们能够探知社会成员偏好以及构成社会制度的所有细节。然而,生成论认为,建构论存在着"致命的自负",是对形式理性的极端滥用。实际上,人类只有在持续进化过程中才能得到理性发展并成功发挥其作用。①

笔者认为,人类理性是一个不断积累的进化过程,商事立法有赖于"商事事实—商事立法理论—立法实践—商事理论—司法实践"等环节方能成就。

---

① 崔向阳:《制度形成的博弈分析:一个理论框架》,载《浙江社会科学》2005 年第 2 期。

第一节　商法范畴

商法范畴是一种从无到有的法律建构结果,具有法的整合性。换言之,商法范畴是一种已经经过商事实践证明,并已经内化、植入人们思维的意志成果,呈现要素概括和结构稳定等特征。因此,商法范畴包括公司法、证券法、保险法、票据法等规范要素,并辅以公权干预要素,二者合力取得法律效果。商事范畴的结构意涵如图 2-1 所示。

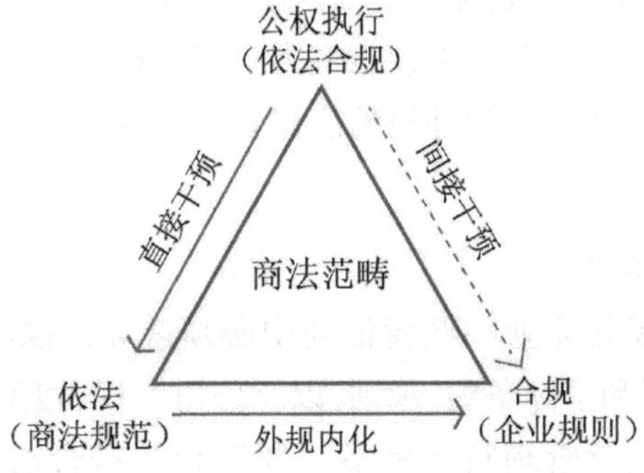

图 2-1　商事范畴结构

一、商法要素

我国《公司法》第 177 条规定:"国家出资公司应当依法建立健全内部监督管理和风险控制制度,加强内部合规管理。"《市场主体登记管理条例》第 4 条规定:"市场主体登记管理应当遵循依法合规、规范统一、公开透明、便捷高效的原则。"据此,商事立法的有效落实有赖于一般商事规范对商事交易的调整、企业内部规则对企业自治的调整以及公权执行这些规范的规则三个要素。三者共同构成了商法的逻辑结构和内容体系,是商事立法必须确立的基本范畴。

(一)公权干预

虽然商事活动强调意思自治和效率,但在某些情况下,国家公权也需要对商事活动进行干预。例如,在维护市场秩序、保护消费者权益等方面,国家可以通过制定法律法规等方式对商事活动进行规范和调整。

1. 意思自治。商事自治规范是商事主体意思自治的直接体现。在商事活动中,商事主体有权根据自己的意愿和利益选择交易对象、交易方式和交易条件等。这种意思自治是现代商法的核心理念。公权干预表现为法律规范在外规内化过程中的转化监督,也即,政府执法限于外部规范内化过程的合法性与合理性。基于意思自治原则,外规内化一旦完成,公权即无法干预企业经营自主权。

2. 交易效率。商事规范注重效率。商事活动具有营利和便捷等特点,商事规范应当通过减少交易成本、提高交易效率等方式来促进商事活动顺利进行。公权干预表现为政府有权对商事主体的商事活动严格执法——依据作为外规的法律规范进行促进、限制、禁止等直接干预。

(二)依法合规

依法合规是指企业在经营活动中必须遵守国家法律法规、监管规定、行业准则和国际条约、规则,以及公司章程、相关规章制度等要求,确保企业经营管理行为和员工履职行为符合法律法规等的规定,从而有效防控合规风险。从类型化上看,依法合规意义上的法律规范包括国家层面的法律、法规、规章等规范性文件;社会层面的行业规范、职业道德及其行为准则以及个人层面的企业自律规则与内部规章三个方面。[①] 若以企业为界标,法律规范又有内外规范之别。其中,内规是指企业内部自行制定的自治规范;外规则指涉企业外部的所有规范,包括法律、条约、标准、法规、习俗等。然而,不管法律规范如何划分,最终落实到“合”上,即遵守、遵循。从动态看,企业外部的规定逐步在企业内部形成认同和约束,也即“外规内化”。从法律效果看,外规内化至少需要把握依法合规的性质、内容以及应用三个方面。

1. 依法合规的性质。一是独立性。确保合规管理工作独立于其

---

① 叶海波:《企业合规立法的宪法根据》,载《国家检察官学院学报》2023年第4期。

他部门,不受其他部门和人员的干涉,以保证合规评估和处理的客观性。二是客观性。在进行合规评估和处理时,应基于事实和证据,避免主观臆断。三是公正性。确保合规管理过程中的公正性,不偏袒任何一方。四是专业性。要求合规管理工作由具备专业知识和经验的人员进行。五是协调性。确保合规管理与企业其他管理活动相协调,形成合力。

2. 依法合规的内容。一是建立合规制度,包括制定和完善企业内部规章制度,确保所有经营活动有章可循。二是完善运行机制,建立有效的内部监督机制,确保规章制度得到有效执行。三是培育合规文化,通过培训和教育,提高员工的法律意识和合规意识。四是强化监督问责,对违规行为进行监督和问责,确保合规管理的有效性。

3. 依法合规的应用。依法合规不仅是企业合法运营的保障,也是推动企业高质量发展的重要因素。通过有效的依法合规控制,企业可以降低法律风险,提高经营效率,增强市场竞争力,从而实现可持续发展。另外,依法合规还有助于提升企业的社会形象和信誉,为企业的长期发展奠定坚实的基础。

(三)公权干预与依法合规间的关系

商事交易追求的效率价值并不能自动实现,而必须辅以公权外力来成就。其中,公权外力与交易效率之间存在一定的关系。一般来说,法律将交易先决条件设计得越机械,公权外力执行得越严格,交易就越自由、越便捷。这种严格的先决条件实际上是一种法律信赖背书,交易人作为利害关系人根本无法超越,因而各方在具体交易时,不会怀疑甚至否定先决条件。作为一个理性人,我们之所以信赖法律,是因为公权执行得越严格,我们越能因此获得更多的积极利益;反之,如果法律缺乏必要的规制、公权干预缺位,我们的商事交易必然因法律危机而不自由、无效率。

二、商法形式论

西方存在两条近代商法演进路径:其一,从罗马到大陆法系国家的近代商法路径,罗马法中的市民法发展为近代民法,而罗马法中的万民法则发展为商法。大陆法系近代商法具有明显的建构性、国家性。其二,从希腊到英美法系国家的近代商法路径。英美法系近代商法具有明显的生成性、国际性。这种历史演进最终具化为商事自治规则、商事习惯以及商事法律三种商法形式。以下分别从界定、类型以及评价三个方面探讨。

(一)商事自治规则

1. 界定

如何界定商事自治规则是一个极为复杂的法律难题。这种困难在于商事自治规则的外延可以无限拓展,有时指涉商事组织内的自律约款,有时指涉国内的商业行规,有时指涉国际贸易通则。

自律约款论认为,商事自治规则指商人为充分行使自治权,在商人内部或商人之间所作出的约款。该约款是商人自治的基本保证,主要表现为公司章程、公司内部管理规定、从事商事交易而必需的居间规则、商业行会规约以及商业格式合同条款等。①

行规论认为,商事自治规则是指商人为了从事商事活动而在一国家法律体系之外自行制定的行业规则,或者在商事活动中所约定的非正式的行业规矩,或者在商事活动中约定俗成的交易做法。由此来看,商事自治规则主要有三种类型:一是制定型行规,是指商会、行业协会制定的商业行业规范、规则、标准等;二是契约型行规,这种行规并非泛指所有商事契约,而是指商人们约定或由商会、行业协会牵头拟定,在行业内具有较广适用范围和重复适用功能的特殊契约,如行业内通行的公约、格式合同、示范合同或企业一致行动协议等;三是惯例型行规,是指商业领域多数人知晓并经常适用的习惯、惯例。② 上述三种商事自治规则通常为国内商人自愿遵守和实施,并不受公权力约束,因此,其效力主要依赖商业组织的自律及其道德责任感。

贸易通则论认为,商事自治规则源于中世纪欧洲商人自治法,官方与民间均在商人自治中发挥了应有作用,从而使各国商法具有内

---

① 李长兵:《论商法的商人自治理念》,载《兰州大学学报(社会科学版)》2014 年第 3 期。

② 董淳锷:《商业行规的司法适用——实证考察与法理阐释》,载《清华法学》2020 年第 1 期。

在同源性与国际统一性。但是,很长时间以来,国际社会对民间组织具有统一性的商事自治规则并未给予充分重视,反而认为这只是一种由国家立法机关、政府、超国家组织或外交会议等官方制定的统一法,而无涉商业贸易组织的贸易创制努力。实际上,民间组织所创设的具有自然性与自发性的商事自治规则大量存在,并发挥着统一法的作用。换句话说,诸如以合同条款形式存在的大量商事自治规则一旦为商业贸易组织所适用,或在商业贸易领域被普遍接受,就会通过市场力量而形成商业贸易惯例,进而产生与统一法同样的法律效力。当然,这些具有统一法属性的商事自治规则并非仅为升级到统一法律规范,而主要在于促进贸易发展。除民间商事自治规则之外,国际商事法律规则也间或起到统一不同国家法的作用。现实中,国际商事法律规则是由像国际商会之类的统一组织创设的。这类国际商会组织一般有如下特点:一是该组织所组织的活动有大范围的市场经营者参与;二是该组织能够代表有关贸易行业;三是该组织具有权威性,以使其规则为成员所接受。值得注意的是,上述两种统一性的民间商事文本要么是自然形成的,要么是组织制定的,具有纯粹文本属性。除上述两种纯粹文本形式外,还存在混合文本形式,即在国际商事仲裁实践中所发展出来的自治规则。近年来,国际商事仲委员会裁决案件依据已经超越国内冲突法和国内实体法范围而求助于非国内裁决标准。在国际仲裁中,这种超越规则适用主要是因为以下两点:其一,不同国别仲裁员为求得非国内裁决而进行积极游说;其二,有些仲裁员与当事人希望摆脱国内法约束,而主张适用更为自由的非国内法。正因为这些事由,国际商事仲裁依据从国内法慢慢爬行到非国内法,从而基于"缓慢爬行"而形成统一法,即仲裁员在仲裁具体案件中逐渐发展起来的统一规则。这种统一规则类似于一国法律解释,是法院或仲裁庭对商法形式的自然形成所作出的创造性努力。这种创造性表现在:一方面,受相互裁决的影响,仲裁员形式上依据传统冲突法而适用非国内法标准;另一方面,仲裁员借商事自治规则之名,行适用非国内法标准之实。由此来看,在国际商事仲裁实践中发展起来的商事统一法具有自然形成与组织制定的混合属性,因而可以归入商事自治规则范畴。①

(1)性质。从性质看,商事自治规则是一种渗透着公法因素的、外规内化的私法规则。具言之:

其一,商事自治规则是一种私法自由规则。私法奉行“法无禁止皆可为”原则,每个人依其自主意志处理个人事务具有较高的法律效力。作为一种商事自治规则,企业章程、规则被看作一个以营利为目的的基本私人规范。既然是私人规范,那么,私人生活便以自由为圭臬。从某种意义上说,商事自治规则的重要性已经上升到公共政策层面。这是因为,现实经验显示,商人凭借商事自治规则进行自由交易,不仅可以最大限度地创造社会财富,还可以通过商事合作来最大限度地实现个体的人身自由及其所带来的财富自由。② 不管人身自由还是财富自由,对于我们每个个体都是极其重要的。正如德沃金所言,人们只有享有按照自己愿望行动的法律自由,才有可能真正实现所期待的理想分配愿景。如果我们在特定情况下必须对自由作出限制,那也只是为了保护我们的人身和财产安全或为矫正市场的某些缺陷而进行妥协而已。③

其二,商事自治规则是一种渗透着公法因素的私法自由规则。这涉及商人自治与国家管制间的公私关系问题。商人自治的核心在于商人在法律规定的限度内可以自由地与他人(包括商人与非商人)从事商事交易,建立商事关系,而不受任何组织与个人的非法干预。然而,商事自治不受非法干预,并不意味着商人从事商事交易可以抗辩所有外在干预而自足完成。实际上,任何社会的商人自治都是有限度的,商事交易除商事自治规则外,还需要依赖一般商法规范加以保障。因为,商法是一切法律中最为自由的,也是最为严格的法律。④商人从事商事交易不能违反法律的强制性规定,危及交易安全。近代以来,伴随着商法法典化进程,国家纷纷强化对商事交易的公权干

---

① 李广辉:《国际商事自治规则法律问题探究》,载《太平洋学报》2008 年第 1 期。

② 熊丙万:《私法的基础:从个人主义走向合作主义》,载《中国法学》2014 年第 3 期。

③ [美]罗纳德·德沃金:《至上的美德:平等的理论与实践》,冯克利译,江苏人民出版社 2008 年版,第 150 页。

④ [德]C. W. 卡纳里斯:《德国商法》,杨继译,法律出版社 2006 年版,第 8 页。

预,如在商法中嵌入大量的以国家强制和政府监管为内容的公法规范。这种因为公法规范而引发的国家对商事交易的超限干预,定会撼动商事自治的规则基础。具体而言,在探讨商人自治与国家管制的关系时,我们不难发现,二者之间存在既相互依存又相互制约的微妙平衡。一方面,商人自治虽能激发市场活力,但也可能导致权利滥用和市场失灵,因此需要国家在法律框架内进行必要且适度的干预,以维护市场秩序。另一方面,商人自治与国家管制之间又存在着天然的矛盾与冲突。若政府放任自流,市场将陷入失控状态;而过度管制则会扼杀商人自治的活力,导致市场秩序的自我维持与发展空间不断缩减,甚至走向衰亡。

依据哈耶克的"社会秩序规则二元观",在将市场经济规律视为自生自发的内部规则时,其防范政府外部干预的边界在于保护个人的私域,避免不当的干涉,让个人能够将这一领域视为自己控制的范围。内部规则的否定性决定了它不会对个人应受保障的领域作出明确的肯定性规定,而是通过外部情势来界定保障领域的边界。因此,法律必须为国家强制设定清晰的边界,确保监管行为保持在"最低限度",即遵循"有限政府"理论下的必要干预。具体而言,国家强制性干预应遵循适当性、必要性和均衡性的原则。适当性原则要求国家干预措施必须恰当,手段有助于实现目标;必要性原则要求在多种可行手段中选择对私权利侵害最小的一种;均衡性原则要求在限制权利与追求公共目的之间保持比例平衡。如果国家强制干预能够保持在合理限度内,它不仅能补充商人自治的不足,还能有效预防商人自治过度所引发的交易风险。总的来说,现代自由市场是政府依法构建的治理工具,旨在维护商业文明所需的交易秩序。政府通过交易秩序进行一系列初始权利的制度性分配,最终回归到法律之中。因此,市场自治与政府干预的背后实际上是政府构建与制度分配,二者并无根本冲突。[①]

其三,商事自治规则是一种外规内化的私法规则。外规内化既

---

① [美]凯斯·R.孙斯坦:《自由市场与社会正义》,金朝武、胡爱平、乔聪启译,中国政法大学出版社2002年版,第384页。

是一种技术，也是商事自治规则的特点。商事自治规则作为一种商法创制的技术产物并无疑义，但商事自治规则为何具有外规内化性，尚需进一步探讨。我们知道，企业章程以及次要管理规程构成企业初始规范体系。但作为一个市场竞争实体，需要参与市场竞争，商事主体仅依初始规范是远远不够的，也即，企业初始规则具有不自足性。为此，企业需要引入外部规范，“为我所用”——外规内化，以便将外部有关合规要求转化为内部规章制度。由此来看，外规内化是企业与外部规范匹配的重要节点，是企业因为规范需求而主动摄入，并将其合规化的一种法律行为。经过主动摄入的外规一旦内化，便成为具有与内规同等约束力的私法自治规则。为此，企业借由外规内化而建立自己的商事自治规则体系，就成为企业一项极为重要的创制任务。实践中，企业外规内化可以分为四个步骤：一是外规识别与解读。外规范畴包括适用于企业经营管理活动的法律、法规、规章、规定等他律规范以及经营规则、行业准则、行为守则和职业操守等自律规范。该步骤应当由法务、合规以及业务部门共同进行；外规解读应突出外部规范的重难点，对与本部门业务有关的内容重点解读，厘清各个规范的主线，使后续分类以及内规制定的过程更加顺畅。二是外规分类与归档。企业在创制时，应对现有自治规范及流程进行梳理、分类。将拟制定的制度与现有的业务流程、管理制度进行类比，找到制度之间的交叉点。在制定新的合规制度时与现有流程相融合，或者将原有流程进行同步更新并归档保存。三是内部制度确定。在创制时，企业应考虑自治规则的功能、可操作性、与现有制度的匹配性等。四是融入业务的规则适用。在外规内化过程中，根据不同部门的业务工作，使合规最终触达业务的最末端、最细微处，在业务流程和重要环节通过控制程序和岗位、部门职责充分体现合规义务的具体要求。

作为一种商事自治规则的创制行为，外规内化并非一劳永逸，新的外部规范层出不穷，企业应当及时摄入更新的外部规范。在发现外部规范的变化后及时在实施端采取措施进行更改，使企业后续的经营行为以及内部的员工行为实时遵守外规。

其四，商事自治规则是一种可以作为裁判依据的私法规则。私法规则属性是商事自治规则可以作为裁判依据的题中应有之义。商事自治规则作为一种特殊的法律规则,在商事审判中扮演着重要的角色。它虽然不能直接作为判案依据,但可间接地作为判案的辅助性理由或参考意见,甚至在特定情况下作为合同解释的参考依据,对判决结果有着重要的说理效力。这种说理效力体现在商事自治规范被立法赋予间接适用地位,如惯例型自治规范或行规型自治规范,这些规则在特定条件下可以被法院考虑和采纳。例如,《美国统一商法典》第1~205条规定,协议中任何一部分内容之履行地的行业惯例,应作为解释协议该部分之履行的依据。这表明,在商事审判中,法院可以考虑行业惯例等商事自治规则来解释和适用法律。同样,《联合国国际货物销售合同公约》也强调,在确定一方当事人的意旨或一个通情达理的人应有的理解时,应适当地考虑到与事实有关的一切情况,包括谈判情形、当事人之间确立的任何习惯做法、惯例和当事人其后的行为。此外,金融行业自律规则在商事裁判中的适用也提供了法律依据。我国《民法典》第10条明确习惯可作为法源,为符合一定条件的金融行业自律规则成为法源性规范提供了立法上的依据。这些规则在商事裁判中具有评价行为、解释合同、解释法律等功能。

综上所述,商事自治规则在商事审判中具有一定的法律地位和作用,可以作为裁判的辅助依据,对商事纠纷的解决具有重要的影响。

(2)具体形式。实践中,商事自治规则的具体形式包括但不限于:一是公司章程,也可称为公司大章程,属于公司人格构成的行为要件。此外,还有公司内部的门卫管理规定、作息时间安排以及公司运作规则等,俗称小章程。二是合伙协议,主要指合伙人之间关于合伙事务的约定。三是交易所业务规则,主要指商品、证券等交易场所制定的规范交易行为的规则。四是行业规约,主要指各种级别或者规模的商会或行业协会制定的行业规范。五是国际与国内的商事惯例和条约,主要指国际或国内不同地区间商事活动的习惯做法或约定。由此来看,商事自治规则的形式极为繁杂,且具有持续衍生性,很难得出一个终极性的统计数据。但仍然有学者作出巨大努力，将商事自治规则归纳为惯例型自治规范、契约型自治规范以及行规型自治规范三种基本样态及其细分形式。①

2. 理论。(1)商事自治规则的理论划分。第一，如前探讨，根据创设主体地位，商事自治规则可以划分为纯粹的商事自治规则、转化的商事自治规则以及混合的商事自治规则三类。纯粹的商事自治规则源于民族国家的兴起，中世纪商事自治规则呈现从国际法到国内法的发展趋势。在这种法律进程中，商事自治规则在各国日益统一。其中，"二战"前后，在商法学家们积极倡导下，商人与贸易组织等民间机构生成或创设出统一商事规则，即纯粹的商事自治规则，具有规则统一的自然性与自发性。转化的商事自治规则最先源于一国立法机关、政府、超国家机构或外交会议等官方所创制或认可的商事统一法规则，后因官方机构变动或政策调整而丧失创制角色，但这种官方规则却在民间得到广泛认同，并为民间所利用或借鉴，从而转化为一种纯粹的民间商事自治规则。其实，这种"为我所用"的规则移用方法在实践中普遍存在，如当下商家自行印制的会员优惠券可能就是受到官方铸币的启发而进行的商业操作。混合的商事自治规则既有自然形成，也有组织制定，呈现混合特征，通常在国际商事仲裁实践中发展出来。②

第二，根据统一法属地范围，商事自治规则有国际性与区域性之分。一般来说，任何一种商事自治规则的自发生成均从小的范围开始，后来能否扩张，扩张到多大规模的适用范围，往往取决于有权者

① 杨立新教授认为商业行规是商业经营行业的行为规范，对商事主体从事商业活动起到指导和约束作用；刘建民教授提出了"行规行约"，认为"行规行约"是以行业习惯、惯例为基础，通过行业公约、行业协会章程等形式体现的行为规范；黎军教授提出"行业自治规范"的概念，认为"行业自治规范"是行业协会自治制定的调整其组织结构及行业事务的规范，主要包括协会章程、行规行约和行业标准三类；董淳锷教授提出"行规型商事自治规范"的概念，认为"行规型商事自治规范"主要涵盖行业协会商会等自治组织所制定的组织章程、行业规范(规则)、行业公约、行业标准等；周林彬教授认为，商法理论中，商业行规属于商事自治规范，是由商业行业组织制定，或者在长期商业实践中自发形成的，用于调整因商业活动而产生的各种关系的社会规范，性质上与交易习惯、公司章程这类商事自治规范相同，是商法规范重要组成部分。参见董淳锷：《商事自治规范司法适用的类型研究》，载《中山大学学报(社会科学版)》2011年第6期。

② 闻刚：《论国际商事自治规则的若干法律问题》，载《河南省政法管理干部学院学报》2008年第6期。

规则推销与接受者有效认同的共同作用。如果规则在全世界范围内均得以遵守,且为贸易界所接受,则可认为这些规则具有国际适用性,否则,仅具有区域性,也即,这些规则在有关区域之外没有法律地位,也没有法律约束力。因此,在任何情况下,它们仅具有有限的国际性或区域性,因为这些规则只是在特定行业的商人之间适用,除非某些规则已经发展成为更为普遍采用的惯例或习惯或已成为一般法律原则。如《国际货物买卖合同公约》只适用于国际货物买卖,并不涉及国内货物买卖;又如,自治规则中涉及有关公共利益或弱势群体的公共政策问题时,如果没有政府参与,那么单方面调整上述问题则会更加困难。①

(2)商事自治规则的区分适用。与一般法律适用案件比,法官在以商事自治规则为基础的法的适用中特别应该认真对待商事规则的“自治”问题。

第一种,法定规则与约定规则。以法的强制性和任意性为标准,对商事自治规则的司法适用有法定与约定两种。所谓法定适用,是指法律明确规定法官可以强制适用商事自治规则来调整当事人之间的商事法律关系。这种通过法律指引而被引入审判程序的商事自治规则可以作为审判的补充依据,也可以作为合同解释的参照标准;而约定适用则是在法官主导下,由当事人商定选择商事自治规则作为依据的裁判方式。这种商定选择有时表现为当事人直接将彼此合意形塑为一份契约型自治规范,有时表现为当事人间接援引某些惯例型自治规范或者行规型自治规范作为合同条款。从现状看,我国公权干预正从管制性向服务性转型,商事自治逐步增强,从而使得约定适用有了更多余地。

商事自治规则区分适用主要归因于商法内部同构着强制性规范与任意性规范。其中,商法任意性规范对应着约定适用,旨在进行概括赋权;而对于法定适用,立法者则需要尽量明确而详尽地列举适用的具体情形。强制性规范对应着法定适用,具有商法适用的例外性,主要原因如下:其一,法律漏洞的不可避免性。在商事自治规则

① 李广辉:《国际商事自治规则法律问题探究》,载《太平洋学报》2008年第1期。

与立法不发生冲突的前提下,法官面对法律漏洞不得不选择商事自治规则裁判案件。如日本《商法典》第1条规定:“关于商业,本法无规定的,适用商业习惯法,无商业习惯法时,适用民法。”其二,契约的不完全性。基于契约当事人的有限理性,人们不可能就未来所有情形作出完美约定,但又必须维持商事契约关系。在这种商业悖论下,某些商事自治规则就自然而然地充当了人们有限契约的“默示条款”。如《联合国国际货物销售合同公约》第9条规定:“(1)双方当事人业已同意的任何惯例和他们之间确立的任何习惯做法,对双方当事人均有约束力。(2)除非另有协议,双方当事人应视为已默示地同意对他们的合同或合同的订立适用双方当事人已知道或理应知道的惯例,而这种惯例,在国际贸易上,已为有关特定贸易所涉同类合同的当事人所广泛知道并为他们所经常遵守。”该规定阐明,即便在原合同中当事人未明确约定采用交易习惯,司法实践中法官亦可根据法律,将交易习惯作为合同执行的补充依据,有效地弥补当事人理性认知的局限。此外,此举亦有助于降低交易成本。鉴于商事效率的原则,立法通常直接赋予商事自律规范以强制性的适用效力。诸如各国公司法、合伙企业法以及商会、行业协会法规均明确指出,公司章程、合伙协议和行业规章对商界人士及其组织内部成员具有法律上的约束作用。在立法的指导下,法官在审理案件时得以直接引用商事自律规则。①

第二种,直接适用与间接适用。在商事审判中,商事自治规则的司法适用可分为直接与间接两种路径。直接适用,即在审判过程中,法官直接将商事自治规则作为案件审理的依据,与事实证据相辅相成。在这一过程中,商事自治规则视同成文法,无论是契约型、惯例型还是行规型的自治规则,均可能被法官采纳为判案的基础。相对而言,间接适用则表现为法官在商事审判中,将商事自治规则作为法律规定的参考,仅作为说理的辅助或参考意见,在合同解释中作为辅助性的依据。换句话说,在间接适用中,商事自治规则对审判结果

---

① 董淳锷:《商事自治规范司法适用的类型研究》,载《中山大学学报(社会科学版)》2011年第6期。

的影响是辅助性的，并不构成判案的直接法律依据，甚至在判决文书中鲜有明确的文字表述。从立法层面来看，被赋予间接适用地位的商事自治规则主要是惯例型和行规型。例如，《联合国国际货物销售合同公约》第 8 条规定，在判定当事人的意图或一个理性人的理解时，应适当考虑所有相关情况，包括谈判过程、当事人的习惯做法、惯例以及后续行为。

我国司法机关在商事法律实践中对商事自治规则的间接适用日益重视。许多地方法院纷纷出台内部指导意见，明确商事自治规则在审判中的辅助功能。

第三种，主动适用与被动适用。在商事个案的审理过程中，法官的主动性是判断商事自治规则司法适用的关键，其适用方式可分为主动与被动两种情形。所谓主动适用，即在商事审判中，即便当事人未明确要求，法官也会出于补充法律空白、澄清案件事实的需要，主动将商事自治规则纳入审判考量之中；相对地，被动适用则指当事人为证明案件事实，请求法官将商事自治规则作为证据或判决依据的情形。由此可见，当事人提请适用与法官依职权适用，两者的界限鲜明。

综上所述，这两种适用方式的内在联系不容忽视。在审理商事案件时，法官首先应当审查当事人是否遵循惯例、行业规范及契约进行交易。若当事人确实依照商事自治规则行事，且未违反法律的强制性规定，则这些自治规则应当得到优先和直接的应用。其次，在当事人未按商事自治规范进行交易的情况下，法官并非必须直接适用商事制定法。此时，法官需探究案件是否具备法定适用商事自治规范的情形：若有，即使当事人未提出适用请求，法官亦可根据职权主动适用商事自治规范。

当然，法官主动适用属于直接的还是间接的，仍然存在区分；若不存在法定适用情形，法官只能径行以商事制定法作出审判。[①]

3. 评价。商事自治规则能够带来交易便捷，在局域范围内共识

---

① 董淳锷：《商事自治规范司法适用的类型研究》，载《中山大学学报（社会科学版）》2011 年第 6 期。

程度高，但其缺陷也不可忽视。我们只有正视其缺陷，才能更有效地利用其优点。商事自治规则的主要缺陷在于其自身所存在的诸多缺陷和客观上的限制，导致其所可能发挥的空间效力极为有限。这类规则很难成为实现商法统一的主要法律渊源。特别是在民族国家出现以后，商事立法权已不可避免地纳入国家控制。

缺陷一，商事自治规则的碎片性。所谓碎片性，是指事物或信息所呈现的零散、孤单分布状态。在区块链时代，去中心化必然导致规则碎片性问题。这种规则碎片性能为人们带来更多的自由与便捷，但也会导致人们共识分散、理解片面等。无论是惯例型自治规则、契约型自治规则还是行规型自治规则，均存在局域性、相对性以及专业槽问题，有待于在规范层面上的碎片整合，如借由外规内化而确立一种规范标准，以便确立这些商事自治规则的规范性。值得注意的是，碎片性与碎片化在向度上截然不同，后者是把一个整体规范分割成许多小的、零散的规则部分或片段，是一个化整为零的过程。这种情况可能发生在某种制定法废止后，其在局部地区或者时间段降维为一种自治规则仍然存续。如地方性法规《深圳经济特区商事条例》已于 2013 年废止，但其中关于商人、商事行为的规定早已成为很多地方人们的商业交易做法。这种已废止的交易做法当下能否作为法官判案依据，或者作为事实证据，仍然需要司法认定。总之，商事自治规则的去体系性与一般性使其难以适应复杂多变的商事活动需求。

缺陷二，商事自治规则的封闭性。商事自治规则在适用范围上存在局限性，难以全面覆盖各类商事交易。无论惯例、契约还是行规，它们只能在某些专业、行业为内部人员所知悉，很难推动规则的普及与传播。这种封闭性在局域内可能会带来交易的自由与便捷，但当跨越原有领地而进入更为开放的贸易领域，既有封闭性的商事自治规则便成为交易的枷锁。

缺陷三，商事自治规则的边缘性。商事自治规则主要依赖于当事人的自觉履行，在没有得到国家强制力支持下可能会陷入边缘境地，难以保证执行效果。首先，商事自治规则的形成具有偶然性。这种偶然性既表现为商人交易中因集体无意识而自发产生规则的偶然性,也表现为规则形成后能被一定区域商人普遍接受的偶然性。实践中,商人社会从来没有也不可能真正地通过所谓的“自发默契”来实现商事自治。商事自治规则的自给自足是根本不可能的。其次,即便商事规则产生并被商人普遍接受,但能否得到国家支持,仍然待定。我们知道,商事自治并不意味着商人能够自行处理所有商事交易,从而实现交易自足。实际上,很多商事自治是在大的市场经济环境下由诸多要素合力实现的。有些商事行为即便有国家尽力支持也未必能够达到预期成就,何况仅凭部分商人的单方努力,这无异于天方夜谭。这也正是一个国家为何奋力加入诸如世界贸易组织、国际货币基金组织以及世界银行等世界经济贸易组织的市场动因。最后,商事自治规则的区域性决定其不可能像制定法那样形成普遍的、体系化的规范网络,更不可能与制定法相提并论进而形成具有竞争性的二元规范结构。也许,商事自治规则定位为一种制定法的有效辅助工具更为恰当。①

(二)商事习惯

有学者认为,商法几乎可视为习惯或者习惯法。② 该判断有三个要点:一是将商法等同于习惯或者习惯法。二是并未区分习惯与习惯法,即将习惯等同于习惯法。三是认为商事习惯构成商法的核心内容。我国《民法典》并未就商事习惯与民事习惯作出区分,而是笼统地以习惯表达。正如有学者统计,《民法典》一共 19 次使用“习惯”,其中“习惯”出现 3 次,“风俗习惯”和“当地习惯”各出现 1 次,而“交易习惯”出现达 14 次之多,并据此认为交易习惯即商事习惯。③ 这种判断在逻辑上是不周延的,但在事实上却内含着商事习惯构成商法的核心内容,进而清晰地厘清了习惯、习惯法与商法间的关系。

1. 界定。传统上,商法形成一般都经历了漫长的商事习惯演化

---

① 宋阳:《自治性商事规则法源地位否定论》,载《当代法学》2018 年第 3 期。

② 王涌:《私权的分析与建构:民法的分析法学基础》,北京大学出版社 2020 年版,第 297 页。

③ 李建伟:《法源意义上的习惯与习惯法合一论——以商事习惯与商事习惯法为视角的研究》,载《政治与法律》2021 年第 11 期。

过程。但在现代社会发展过程中,人们早已无暇顾及本已存在的民俗、习惯等法律本土资源,转而求助于通过法律移植而快速建构一国的商事制定法系统。这种制定法系统带来两个消极后果:一是规范认同度低,出现水土不服症候;二是所移植法律本身强调民间习惯的法律价值,一般均有“有法依法律,无法从习惯,无习惯依法理”之规定。但实践中,为了法律移植而弱化了商事习惯。因而,所移植法律指涉的“习惯”因被现实抛弃,必然陷于“援引落空”之境地。因此,一国商法形成必须在生成性的商事习惯法与制定法两个方面齐头并进。正如有学者所言,法律有制定法与习惯法两种形式,且具有同等价值;习惯法是在法律共同体中法律成员践行其主流法律信念而形成的,并且这种信念最终得到了司法的有效确认。①

但商事习惯法之前仍然存在一种未经有权机关认可的商事习惯。一般来说,商事习惯是指人们在长期商事实践基础上形成的,在某一商事领域、行业或某流转关系中普遍采用的、法律未作规定的通常做法。根据我国法律,商事习惯可从宏观、微观两个层面观察:(1)宏观层面,商事习惯即商人长期积累下来的商事交易经验。这种商事交易经验在商事行业内广为人知并被商人普遍遵守,对所有从事商事行业的商人均具有约束力。因此,他们在订立商事合同时知道或应当知道该商事习惯存在。这是一种商业惯例。(2)微观层面,商事习惯即发生在特定当事人之间的固定做法。该特定当事人之间长期、反复、持续进行某种交易,进而形成某种固定的方式方法,以至在彼此之间产生约束力。由此来看,不管宏观层面还是微观层面,商事习惯均指商人之间在某一地域、领域或行业长期从事商事交易所知悉或者应当知悉的惯常做法。很多情况下,这种惯常做法并未固化为文本形式,但被套用在特定的关系网络里,从而凝聚为一种商人自觉遵守的行为规范,因而具有良好的民意基础。特别是在社会转型中,制定法基于政治考量可能会发生某些立改废,而商事习惯则因社会恒定的交易刚需而会不断地得到民众支持,从而一如既

---

① [德]卡尔·拉伦茨:《德国民法通论》,王晓晔等译,法律出版社2003年版,第12页。

往地调整着商人的商事交易。

从历史看,商事习惯与有官府背书的地方“官法”是不同的:一是商事习惯不仅跨越某个地方,甚至超越国界,具有世界性;二是商事习惯并非由官府的专业法官适用,而由商人推选出来的“公允人”掌控;三是商事习惯的程序比较简单,而且不拘泥于形式;四是商事习惯强调按公平、合理的原则来处理案件。[①] 施米托夫将商事习惯称为旧商人习惯法,指“事实上支配那些往返于商业交易所在的文明世界的各港口、集市之间的国际商人团体普遍适用的一整套国际习惯法规则”[②],其特点是:发展不成体系,缺乏计划性,从习惯性做法发展为惯例,再到法律。[③] 随着欧洲中央集权国家的兴起,欧洲各国都采取不同的方式把商法纳入国内法的范畴,使商法成为国内法的一部分,从而使商法丧失了它原有的跨国性或国际性,即施米托夫所描述国际贸易法或国际商法从国际法到国内法的转变。[④]

有学者从具体法律关系上考察,认为交易习惯是指在某一地域、某一行业、某一类交易关系中,在不违反法律、行政法规强制性规定与公序良俗的前提下,人们反复使用、普遍接纳或者当事人之间经常使用所形成的做法,具有如下特点:其一,交易习惯是人们长期、客观存在的做法或规范,经由长期反复实践而形成。故当事人主张适用时,必须举证其存在;法官依职权主动适用时,须予以充分解释。其二,交易习惯为交易双方当事人知道或应当知道。一个交易惯例,既指一个特定交易或特定地区的习惯,又指对一个文句或短语的含义在特定交易或特定地区都普遍知晓这样一种情形。[⑤] 其三,交易习惯有的具有一般性,有的具有特殊性。交易习惯的一般性不仅指在地域上通行于全国,而且指根据一般人的通常理解予以认可;交易习惯的特殊性,一方面指具有地域性,不同地区可能存在不同的交易习

① 沈达明、冯大同编著:《国际贸易法新论》,法律出版社 1989 年版,第 2~3 页。

② [英]施米托夫:《国际贸易法文选》,赵秀文选译,中国大百科全书出版社 1993 年版,第 226 页。

③ [英]施米托夫:《国际贸易法文选》,赵秀文选译,中国大百科全书出版社 1993 年版,第 247 页。

④ 赵秀文:《论商人习惯法及其适用》,载《法学家》1999 年第 6 期。

⑤ 崔建远主编:《合同法》(第 5 版),法律出版社 2010 年版,第 365 页。

惯,另一方面指具有行业或特定交易的特殊性。其四,交易习惯具有合法性,即交易习惯不得违反法律、行政法规强制性规定,不违反公序良俗,否则,即使当事人自愿适用,也不得据以解释合同、填补漏洞。①

2. 商事习惯的法律性质。《美国统一商法典》从行业惯例角度对商事习惯的法律性质给予明确阐释。其第 1~205 条第 2 款规定,行业惯例是指商事交易中的任何做法,只要其在某一地区、行业或贸易中经常被遵守,以至有理由相信在现行交易中也会被遵守。这种惯例的存在及其适用范围应作为事实问题加以证明,如果能够证明这种惯例已载入成文的贸易规范或类似的书面文件中,该规范或文件应由法院解释。行业惯例的本质含义在于其普遍性和可预见性。它是指在特定的地区、行业或贸易中,某种做法或方法因长期被遵守而形成了行业内的共识和预期。这种惯例不仅仅是习惯性的做法,更是行业内成员共同遵守的行为准则,对于规范商事交易行为、减少不确定性具有重要意义。在司法实践中,行业惯例的认定和应用具有一定的复杂性。首先,需要证明这种惯例在行业内确实存在且被广泛接受;其次,要确定其适用范围和条件;最后,法院会根据具体情况判断这种惯例是否应当采纳。由于行业惯例可能涉及复杂的商业背景和多方利益,因此其认定过程需要严谨的法律分析和充分的证据支持。

基于以上,商事习惯的法律性质主要存在事实习惯说、习惯法说、兼具事实习惯与习惯法说三种看法。

事实习惯说认为,习惯是一种由当事人所熟知或践行的经常表意方式,具有事实属性。② 一般来说,商事习惯主要是在空间范围较小、人际关系互动紧密的小城市或村庄内形成的,通常具有分散、复杂、不成文等特点。法官不可能、也没有必要对其熟知。因此,在个案中,这种商事习惯只能借由利害关系人举证加以证明。

习惯法说认为,商事习惯是商人在长期商事活动中惯行的,并为

① 米新丽:《关于交易习惯的几点思考》,载《政法论丛》2016 年第 2 期。

② 余延满:《合同法原论》,武汉大学出版社 1999 年版,第 247 页。

其内心所接受的通常做法。它像法律一样有效规范着人们的商事行为。[①]

兼具说认为,我国《民法典》第 140、321 条等所指涉的商事习惯,[②]既可能为事实习惯,也可能为习惯法;具体指涉,则依解释前提差异作出不同区分。如某种事实已被确定,则商事习惯应作事实习惯理解;而在解释合同目的上,商事习惯当作权衡合同的一种标准,因而应被视为习惯法。[③]

兼具说建立在商事习惯与商事习惯法的区分基础之上。有学者认为,商事习惯法是指商人在商事活动中惯常运用,并为国家所认可的法律规范,英美法称 Common Law。[④] 该说认为,商事习惯法由商事运用与国家认可两个承续要素构成,即商事运用是商事习惯法的实体构成要件,国家认可则为程序构成要件。有学者认为,商事习惯法由五要件构成:其一,有商事习惯存在;其二,商人承认商事习惯的法律效力;其三,法律存在漏洞;其四,不违背公序良俗;其五,国家认可。[⑤] 有学者直接对商事习惯与商事习惯法作出区分,认为习惯是一种由当事人援用的事实,因而,当事人负担举证责任;而习惯法是一种法律规范,法院依"法官掌法"原则径行适用。[⑥]

基于以上区分,笔者认为,商事习惯与商事习惯法在实体上是相通的,均具有不成文性,但商事习惯形成于商人们的惯常商事活动之中,不仅具有规范性指引与示范之功能,而且还能够实现个案正义,是商法的一种非正式渊源。[⑦] 商事习惯一经国家的程序认可,便被赋予习惯法地位,从而转化为商法的一种正式渊源。

---

① 罗筱琦、陈界融:《交易习惯法研究》,载《法学家》2003 年第 5 期。

② 《民法典》在第 140、321、480、484、509、510、515、558、599、622、680、814、888、891 条提及交易习惯。

③ 白晓东:《论交易习惯的功能与解释——"交易习惯"作为"情理"因素的解读》,载《科技和产业》2011 年第 11 期。

④ 林诚二:《民法总则》(上册),法律出版社 2008 年版,第 21 页。

⑤ 王云五:《云五社会科学大辞典法律学》(第 6 册),台北,台湾商务印书馆 1971 年版,第 302 页。

⑥ 杨仁寿:《法学方法论》(第 2 版),中国政法大学出版社 2013 年版,第 270、271 页。

⑦ 胡利明:《论民族商事习惯的属性特征》,载《西安电子科技大学学报(社会科学版)》2017 年第 3 期。

3. 商事习惯的制度演进。从制度演进看，商事习惯大致经历了从商事做法到商事惯例，再到商事习俗的发展过程，呈现出商事习惯三个次第生成阶段。

(1)商事做法。商事习惯最初是以个体商事活动方式出现的，如一些地方商人在具体商事交易中惯常采用货到付款的现货交易方式，赊欠则视为违约；而另外一些地方商人则惯常采用赊欠买卖、年末交割的信用交易方式，很少实行现货交易方式。应该说，两种交易方式无对错、优劣之分，但可能成为商事习惯形成的初始选择，进而反复、固定、连续这种做法，以至发展为对这种商事做法的路径依赖。由此来看，这种商事习惯最初来自某种松散的买卖契约的内部做法，后来发展为一种小范围特别订立乃至履行契约的共识做法。

(2)商事惯例。有些契约交易方式最初尽管是松散的、局部的，但因其便捷、有效，或者契合着某种风俗习惯，很快就会发展到更多人的认同。[①] 实践中，这些人认同有两种类型：一是建构认同，如基于对商事行为认同而成立社团或协会。在建构认同类型中，商事行为习惯通常会被确立为社团或协会章程，从而成为具有特种身份、职业成员的行为惯例。二是吸收认同，如商事行为被既有社团或协会吸纳。在吸收认同类型中，商事行为习惯通常会成为某些群体所普遍接受的通例。总之，无论哪种认同类型，商事行为习惯一旦被社团、协会、群体认同，便会对人们行为起到统一指导与约束作用，进而形成惯例。由此来看，商事惯例是指商人在长期商业活动中逐渐形成的一些通用的，并被人们普遍认同的通例。这种普遍认同既指更广泛的一般人的认同，从而成为普通惯例，也指更专业的特种身份、特种职业的成员认同，从而形成特殊惯例。

(3)商事习俗。商事习俗，本是对商事习惯与风俗的统称。为区分商事习惯的不同阶段，本书所指商事习俗含有商事习惯风俗化之意。其中，风俗特指个人或集体在长期商业活动中因某个带有标志

① 文义上，认同与认可具有积极评价之意，但也具有严格区别。认可一般是指纵向的积极评价，如法律对习惯的认可，属于有权评价；认同一般是指横向的积极评价，如模仿他人行为或态度，属于无权评价，但可因模仿而形成同化现象；未经立法认可的商事习惯就是商人之间普遍习得的结果。

性、普遍性的大事件而相沿积久而逐渐形成的各种各样的风气习俗,可谓因地制宜,即“百里不同风,千里不同俗”,如徽商、晋商等。这些被风俗化的商事习惯绝非偶然性的商业举动,而主要包括商人经营方式以及基于这些经营方式所形成的商事观念与准则。从类型化上看,有些观念准则具有强制性,有些观念准则具有选择性。强制性商事习俗是指,习俗区域外的人进入该商事习俗区必须遵从属地习俗,否则就会导致对习俗区规则的违反,进而破坏双方的商事关系。如徽商到晋商地从事商事活动,在不违反法律前提下,必须遵从晋商习俗;反之亦然。选择性商事习俗是指,习俗区域外的人进入该商事习俗区可以遵循,也可以不遵循该地商事习俗。如北方商人常采用斗酒方式表达商业诚意,当南方人与北方人做生意时,可以遵循北方人斗酒习惯,也可以按照南方人喝茶习惯,或者采用彼此跨越接受的握手拥抱方式来表达诚意。值得注意的是,不管强制性商事习俗还是选择性商事习俗,在民间虽然具有高度共识性,存在极大的商事约束力,甚至在商事纠纷上还被赋予优势证明力,但都没有得到法律认可,更不可能成为一种制定法的成文规范。

总之,作为一种事实现象,商事习惯的形成极其复杂,我们若过分追求法律功效,就会异化其法律性质;而一味地坚守其法律性质,则会降低其法律功效,从而导致理论研究与司法适用步履维艰。也许一种可行路径是,我们正视商事习惯的事实性与不自足性,进而保持其开放性。唯有如此,我们才能在践行商事个案正义中寻求其法律性质及其法律功效。

(三)商事法律

商事法律,又称商事制定法,或商事成文法,[①]指国家机关依照一定的程序制定和颁布的,表现为条文形式的商事法律文件。这种商事法律文件包括商事主体法与商事行为法两类。除规定个人从事商事活动外,商事主体法无一例外地表现为商事组织法,即商事企业

---

① 以实体内容与程序形式,法律可作制定法与成文法区分。据此,制定法主要基于有权机关的立法制定与认可;成文法则指立法机关作出的立法文本。一般法律规范是形式与内容的统一,但像习惯法之类,只有法律形式,没有法律内容。习惯法内容更多依赖于制定法对某种具体习惯的指引。

法，主要包括公司法、合作社法、合伙企业法以及个人独资企业法；商事行为法是商法重要分支，旨在规范商事行为，主要包括证券法、保险法、票据法等。我国实行民商合一立法体制，一般商事行为由《民法典》之合同编规范。

1. 商事法律的层级。我国现行立法体例可以概括为一元、二级和多层次。一元是指我国为单一制国家，具有一个统一的、一体化的立法体系。但在立法权限配置方面，既有中央立法，也有地方立法（二级）。无论中央立法，还是地方立法，都有若干立法层次和级别（多层次）。商法的制定法自不例外。首先，在法律方面，有全国人大制定和修改的基本法律，如含有商事规范的《民法典》，但更多的则是全国人大常委会制定和修改的一般法律，如公司法、证券法、保险法、票据法等。其次，有国务院制定的海量行政法规。再次，有省级所在地人大及其常委会以及国务院批准的较大的市人大及其常委会等所通过的地方性法规。当然，还有民族自治地区根据自治权所制定的自治条例和单行条例。最后，有国务院部委发布的部门规章，以及省级政府所在地的市政府与国务院批准的较大的市政府所制定的政府规章。商法的制定法渊源在诸多层级的立法中均存在。①

2. 商事法律的类型。以不同分类标准，商事法律可作不同类型划分，主要存在以下类型：

一是依表现形式，商法分为形式商法和实质商法。形式商法是指民商分立国家所制定的以成文法典或其他成文法律的形式存在的商法，具有明确的法律条文和规定等成文法内容，便于操作与执行，如法、德、日等除商法典外，还有公司法、保险法、票据法等各种商事单行法；实质商法主要是指在民商合一国家，它们没有形式上的商法典，但有规范商事关系的商事法律规范。这些商事法律规范主要存在于一国的宪法、民法、经济法等法律之中，除此之外，还有各种商事单行法。

二是依范围不同，商法分为广义商法和狭义商法。这是对商法

---

① 朱羿锟：《商法学——原理 · 图解 · 实例》（第 3 版），北京大学出版社 2012 年版，第 21～22 页。

所作出的二次划分,即对实质商法的分类。前者泛指调整商事关系的法律规范的总称,包括国际商法与国内商法;后者仅指国内商法中的私法部分。

三是依法系不同,商法主要分为英美法系商法和大陆法系商法。英美法系商法大多表现为判例法与习惯法,还有一些单行商事制定法,如《美国统一商法典》;大陆法系商法主要表现为商事普通法、商事特别法和商事习惯法三种。其中,商事普通法是调整商事基本关系的一般规则的总称,主要包括商法原则、商主体、商行为、商业登记、商业账簿以及商行为的一般制度等。商法在民商分立国家表现为商法典,在民商合一的国家则多表现为民法中的特别规则或单行法,均对各种类型的商事法律关系具有普遍的约束力。商事特别法,又称商事部门法,是指调整某一特定范围的商事关系的商法规范的总称,如公司法、证券法、保险法、票据法等都属于商事特别法。商事习惯法是指惯行商事交易之规范,依商事之中心力,承认其为法的规范而强行之不成文法。换言之,商事习惯法是一种在一定条件下变成商事法律规则的商事惯例。①

3. 商事法律的顺位。商事法律的顺位是指某一商事法律在商法体系中的相对位置。这种位置是基于某种标准进行排序后得出的。对此,纯粹法学代表人物梅克尔和凯尔森提出了富有见地的法律位阶理论。梅克尔认为,法律规范并非“人人平等”,而是一个有等级秩序的纵向体系。其中,较高规范创造或决定较低规范,又为更高规范所创造或决定,以此类推,从而形成一个不同层级的规范等级体系。凯尔森同样指出,法律秩序是一个由不同层级的规范所建构的等级体系,其中,较低规范效力是由较高规范所决定的。②

可见,在法律位阶中,梅克尔—凯尔森位阶理论提出两种优先原则:效力优先和适用优先。效力优先是指在下位法与上位法抵触的情况下,上位法的效力优于下位法;而适用优先是在下位法符合上位

---

① [法]雅克·盖斯旦、吉勒·古博:《法国民法总论》,陈鹏、谢汉琪等译,法律出版社2004年版,第475页。

② [奥]凯尔森:《法与国家的一般理论》,沈宗灵译,中国大百科全书出版社1996年版,第141、142页。

法的情况下，下位法的适用优先于上位法。如地方性法规的位阶低于法律、行政法规，在彼此冲突条件下，上位法效力优先；在"符合条件"下，下位法适用优先。

基于优先法理，在商事制定法内部，当上位法和下位法发生冲突时，应遵循以下五种规则作相应处理：(1)上位法优于下位法。这是处理法律冲突的基本原则，意味着不同机关制定的法律中，效力等级较高的法律（如宪法、法律）与效力等级较低的法律（如行政法规、地方性法规）发生冲突时，应优先适用上位法的规定。(2)特别法优于一般法。当同一机关制定的法律中，特别法与一般法规定不一致时，应适用特别法的规定。(3)新法优于旧法。当同一机关制定的法律中，新的规定与旧的规定不一致时，应适用新的规定。(4)法规备案审查和监督机制。如果发现法律冲突，可以通过法规备案审查机制纠正违宪和违法的法规和规章，或通过监督机关对被监督机关行使监督权，如上级政府对下级政府的监督。(5)裁决机制。对于无法自行解决的法律冲突，可以通过有权机关进行裁决。如当商法之间对同一事项新的一般规定与旧的特别规定不一致时，则由其制定机关的上一级裁决。①

综上，商事自治规则与商事习惯的主要区别在于其来源和法律效力。商事自治规则通常是指当事人在商事活动中自行约定的现行规则，这些规则可以涉及仲裁机构、仲裁程序、仲裁地点等内容。在国际商事仲裁中，商事自治规则能够保护当事人的合法权益，提高仲裁效率。商事自治规则的效力源于当事人的自由意志，体现了意思自治原则，具有法律约束力；而商事习惯则是商人在长期商事活动中反复实践并被广泛接受的行为规范，虽然在实际交易中被广泛遵循，但并不具有法律上的强制力，而更多作为一种交易指南，以助力商人遵循商事规范，达成商事交易。需要说明的是，商事自治规则与商事习惯均为商人在商业活动中形成的民间商业共识，往往约束范围局限在某个地方、特定人群之内，故而称为"私法"。与"私法"对

---

① 朱羿锟：《商法学——原理·图解·实例》（第3版），北京大学出版社2012年版，第22页。

应的是制定法，因为有政府机关背书，所以称为“官法”。它是由立法机关制定的成文法文本，是商人从事商业活动必须遵循的法律底线。

三、商法模式论

商法模式论，是指学界如何看待民商分立与民商合一，进而如何对作为文本的商法进行法律编纂问题。自商法法典化以来，大陆法系存在民商合一与民商分立两种立法体例，且两种立法体例呈现不同发展样态。应该说，这是一种客观事实。但惊讶的是，我国学界在面对这一客观事实时呈现出极大的认知分歧。如有的基于国情视野，认为我国已经有一部具有民商合一性质的《民法典》，可谓“盖棺定论”，民商合一已为主流，且为进一步发展的趋势，因此，争议没有任何学术意义；有的基于国际视野，认为市场经济需要商法独立发展，民商分立必成主流，且一定为进一步发展的趋势；有人基于发展视角，认为虽然当下民商合一是一种权宜做法，但随着社会发展与商法的独立性增强，民商分立不可阻挡；有人从国际视野与民商内在差异分析，认为当下民商分立确实是一种主流形式，但最终必将趋于民商合一；当然，还有人跳出立法体例的二元论樊篱，尝试探寻民商分立与民商合一之外的“第三条道路”，且坚信其必将成为未来发展样态。笔者认为，学界对民商立法体例争论的内在原因极为隐蔽，也许归因于学者的专业立场，也许基于学者的理性判断，也许兼而有之，不得而知。[①] 争论各方没有输赢，但这些争议却激荡了整个学术市场。幸运的是，我们在这种充满自由气氛的学术市场里清晰发现了民商立法体例的历史演进，以及在这种历史逻辑下人们如何探索民商立法与商业事实间的相洽关系。

（一）民商分立

1. 民商分立的缘起。作为一种立法体例，民商分立最早可溯源到以独立形态出现的欧洲中世纪商法。中世纪的商法独立性并非凭空产生，而主要是为了调整地中海沿岸商人商业贸易，产生诸如汇票规则、保险契约、海商救济等各种商事习惯，并据此建立自治法庭裁

---

① 李建伟：《民商合一立法体例的中国模式》，载《社会科学研究》2018年第3期。

判商事纠纷案件。由此来看,中世纪商法与罗马法、教会法并没有直接联系,而只是为了适应商业贸易发展而在商人之间独立发展起来的,并在此过程中形成一套专业商事概念以及在此基础上所构建的商法体系。中世纪商法一经产生,便自治自立,与普通私法平行发展。

中世纪末期,欧洲诸国中央集权加强,之前在各国商人之间普遍适用的、具有国际性的商事习惯、商事规范逐步转化为每个国家的国内法,从而开启了近代商事立法的先河。可以说,近代商事立法进程是相随商法国家化转型进程的。在这种转型中,民商遭遇直至民商分立已成历史成例。如法国一方面率先颁布《商事条例》(1673 年)和《海事条例》(1681 年),商事关系由商法调整;但另一方面,民事关系则由民法调整。其中,南部成文法地区实行罗马《优士丁尼法典》,北部地区则实行习惯法。当时,法国民商分立格局初见端倪。

大陆法系民商分立的标志事件当推 19 世纪初的法国法典化运动,最终促成《法国民法典》和《法国商法典》的诞生。这种标志性事件是在 1789 年法国大革命推翻封建专制、建立统一资产阶级共和国背景下发生的。一个统一的资产阶级必然需要相应的法律统一。除法典编纂所具备的政治与经济条件成熟外,西方法治一直内存一股法典化的驱动力,[①]于是,在拿破仑强力推进下,“法国民法典”于 1800 年开始启动,1804 年便获得通过;巧合的是,《法国商法典》也于 1807 年被快速颁布。具有历史意义的是,两部法典的诞生标志着民商分立体例正式确立。德国紧随其后,也发动了影响巨大的法典化运动。不同的是,德国在政治统一、建立帝国之前,先取得“商法统一”德国。具言之,德国各邦在统一帝国之前共同制定了德国《普通票据法》(1848 年)和德国《普通商法典》(1861 年),统称德国旧商法典,并在各邦施行,直至 1900 年新商法典施行后旧商法典才被废止;而《德国民法典》则是德意志帝国统一之后的产物,当然也是德意志帝国统一的一面旗帜。借由民法典,德国统一各邦私法以及帝国国

① [美]艾伦·沃森:《民法法系的演变及形成》,李静冰、姚新华译,中国政法大学出版社 1992 年版,第 10 页。

民的生活准则,进而强化了帝国的政治统一。为此,德国民商分立体例正式形成。除法、德两国外,实行民商分立体例的尚有意大利、日本、荷兰等40多个国家。从某种意义上说,当年大陆法系民商分立样态几乎成为私法构造的一个显著特征。

由此可见,大陆法系法典化运动引发私法体系中的民法典与商法典自成体系,分别调整社会经济关系中的民事关系与商事关系。这种二元化私法体系既是民商分立的结果,也是民商分立的表现,形成一种较为固定的民商分立体例,主要具有以下四个特点:一是民法典与商法典并存。从域外立法来看,既有民法典先于商法典而立法的,如法国;也有商法典先于民法典而立法的,如德国。但欧洲中世纪末期正值从封建主义到资本主义的转型,商业贸易亟待商法保驾护航,商法法典化率先于民法立法更符合商业需求。二是民法典与商法典各自独立。民商分立,意味着民法与商法属两个并存的独立的部门法,在民法典以外另行制定商法典,彼此互不隶属。三是分类管辖。民事案件由普通法院管辖,商事案件有些国家由商事法院管辖。四是调整范围不同。民法典主要调整人身关系与财产关系,而商法典主要调整财产流转关系。

2. 民商分立的缘由。民商缘何分立?这是私法学者必须直面而又必须作出回应的一个法律问题。从一般意义看,民商分立既有外在的商业贸易因素,也有内在的私法分化因素,更有商法疏漏因素。

其一,商业贸易缘由。民商分立可从形式与内容两个方面考察。民法典与商法典的制订乃至颁布仅为一种外在形式。实际上,近代各国制订、颁布法典化之前,民商分立早已客观存在。特别是自罗马法以来,各国并未制定民法典,但人们的财产与人身关系一直受民法调整。当然,作为一种法律称呼,民法被泛称为私法,并明确与公法区分。此时私法不仅指民法规范,还包括正在日益发展的商事规范;这种商事规范大多是在商人阶层为其商事利益而借由自治规则形式建立起来的,进而出现民商分立。值得质疑的是,像法国这些国家的商法典早于民法典颁布,但在很长时间里人们重视民法规范远超过商法规范。也许基于这样一种事实:除特定时期内人们所倚重的个人生活与商业发展外,学科专业积累是获得人们信赖乃至尊重的重要因素。换言之,一个没有专业积累的学科很难得到同人乃至世人的高度尊重。民法与商法均是私法的重要组成部分,其中,民法规范立于《法学阶梯》基础之上,并借学术评价与规范注释而取得了长足发展,但商法规范在法典化运动之前几乎不为世人所知。

其二,私法分化缘由。除社会经济发展需要私人领域分别规范的条件外,商法规范与民法规范之间的特殊差别构成民商分立的决定因素。近代资本主义商业发展有赖于对平等主体间财产关系和人身关系的一体保护,而非仅为保护特殊阶层利益。这与源于罗马私法的民法规范具有内在的传承性。但是,近代民法与近代商法发生重大分化。商法尽管属于私法,应该对私人关系进行平等保护,但实际上却是一部商人阶层的特权法,并在很多方面突破罗马私法规范,如在物权、债权等民事规范基础上发展出诸如有限责任、票据背书、海事赔偿等新型制度,并且成为商法规范的重要内容。

其三,商法疏漏缘由。将商法作为特权规范的认知,仅是一种对民商分立的形式化考察。实际上,民商分立的深层原因在于商法特权规范之下所存在的国家对商业贸易的巨大需求。

综上,中世纪商法保护商人特权。而对这种特权保护的具体实施就是商业贸易中的严格特许主义。作为一种私法,商法放弃平等原则而保护特权,就必然会背离私法而自立门户,这与民法一直秉持的私法精神背道而驰,于是同宗私法的平权民法与特权商法各自分立便成为一种自然的历史现象。本来,罗马法中的商法规范与民法规范融而为一,也即,商法规范就是民法规范,民事也通行商法规范。但站在这些规范背后的资本主义,必须取得商业贸易的鼎力支持,而商业贸易鼎力支持的筹码就是国家以特许保护姿态发起一场近代法典化运动,从而呈现商法典与民法典分庭抗礼局面。在当时局势下,因为国家对商业贸易实行特许保护,商人成为这一重商政策的受惠者和执行者,①商法也仅适用于商人阶层,而不能惠及一般社会成员。由此来看,这种商业特许政策为商法规范法典化扫清了制度障

① [美]艾伦·沃森:《民法法系的演变及形成》,李静冰、姚新华译,中国政法大学出版社 1992 年版,第 205 页。

碍。当然,近代资本主义伟大之处在于,法典化运动并非跛脚前行,而是在提振商法典的同时,民法规范也迈向了法典化,并在私法专业化上获得了极大提升。为此,民法典以新姿态昂首走上历史舞台,取代了优士丁尼《民法大全》颁布以来的法规。[①] 这种新姿态就是对民法专业化的另类表达。具言之,在近代民法典诞生之前,很多国家已经存在商事条例、海事条例等商事法规,民法、商法均处于孕育发展之中,并不存在民商分立问题。但随着民法规范法典化推进,民法典纷纷剥离商事规范,而留下"一个最令人吃惊的疏漏"。而深究这种"疏漏",至少以下两点值得注意:一则法国大革命中的资产阶级对商人团体抱有严重的敌视态度。立法者不能容忍在民法典中存在商人特权制度,如剔除商人阶层及其商业贸易所需要的法人制度;二则民法典没有将商人与商事行为作民法问题看待,并且认为,商法有其独特的法律传统,其与罗马法没有明显的关联性——商法与民法并不同宗。换言之,优士丁尼《法学阶梯》中没有商法,法国法理论里也没有商法。不仅《法国民法典》如此,《德国民法典》同样疏漏商法。令人欣慰的是,也许因为这种"美丽的疏漏"给日后商法典制订留下十分有利的机会,所以促成与民法典的分立。

(二)民商合一

从罗马私法产生到法典化之前,民法被泛称为私法,不仅指民法规范,还包括商事规范。换言之,罗马私法包含古代商法规范,呈现两法合体、民商不分状态,古代商法并不具有独立性。但中世纪商人法勃兴,开启了近代商法时代。与古代商法迥然不同的是,近代商法无论从商法理论、商法理念,还是商事立法、司法实践中,均拥有一块自治区域,获得了独立的法律地位,也即近代商法转向独立。基于此,所谓民商合一,主要指涉 19 世纪 50 年代欧洲在近代商法获得独立的基础上相对于民商分立现象而出现的概念。此时,既有民商分立体例风靡盛行,又有民商合一思潮澎湃激荡。而民商合一思潮泛起的本质就是质疑私法内部是否需要对民法、商法作出区分,如果作

---

① [美]艾伦·沃森:《民法法系的演变及形成》,李静冰、姚新华译,中国政法大学出版社 1992 年版,第 205 页。

一体对待，私法是否需要统一。在私法统一论下，商法是否需要法典化的问题愈加受到学术挑战。这种学术争论传导到一些国家立法层面，便出现民商合一立法体例现象。例如，加拿大《魁北克民法典》在债编规定了融资租赁、保险、保证等商事内容，从而搁置了在民法典外另行制订商法典的想法；1881 年，瑞士决定采取债法典形式而不选择商法典模式。这与其联邦立法权限授予的时间进程密切相关。但从内容看，瑞士《债法典》既有民事规范，又有商事规范，仍然具有商法典属性；荷兰从 1934 年起实行民商实质合一，规定商法典一体适用于所有的人（包括商人、非商人）、所有的行为。1942 年的意大利《民法典》覆盖民法与商法的所有内容。从意识形态阵营看，纯粹社会主义国家仅保留民法典（甚至没有民法典），而决然放弃商事立法。为此，像民商分立有其特定社会背景一样，民商合一也有其存续土壤，大致有民、商当事者视角与第三者之上帝视角三个方面，分析如下：

1. 民法价值共识问题。民商合一首先归功于民法价值共识。这种价值共识主要是指民法以其悠久的罗马私法渊源在私法体系中的基础地位坚如磐石，并以其私法自治精神赢得世人普遍认同。简言之，罗马法几乎可以与民法画等号，并对中世纪之后的法典化产生深远影响。这些影响主要体现在以下三点：一是确立了私法原则。罗马法强调法律的普适性和平等性，并据此制定了一系列关于物权、债权、婚姻继承等方面的法律原则，为后世民事立法奠定了重要基石。如法国民法典和德国民法典深受罗马法影响。直到 20 世纪，罗马法在经过教会法、习惯法、神圣罗马帝国的法律和新德意志帝国的法律的修改之后，仍在一些尚未颁布民法典的日耳曼国家有效。① 二是对欧洲法律体系的影响。欧洲中世纪法律体系在很大程度上是在罗马法的基础上发展起来的。在欧洲法典化运动中，很多国家民法直接继受了罗马法的诸多概念与原理，如物权、债权、契约、权利主体等，并通过法律规范形式表现出来。三是对现代资本主义法律的影响。罗马法所确立的很多概念和原则，如法人制度、物权理论等，在

① ［意］彼德罗·彭梵得：《罗马法教科书》，黄风译，中国政法大学出版社 1992 年版，第 3 页。

现代资本主义法律体系中得到广泛传承,并在现代经济活动中发挥着重要作用,促进了现代市场经济的发展。总之,民法借由罗马法的价值共识扩展到人们社会生活的方方面面。而这种扩展结果可能会在理论与立法上凝聚成一股“私法帝国”的优势力量,于是,民法扩展商法自然而然地变成现实。

2. 商法形式更迭问题。民商合一不仅因民法共识价值向商法扩展,也在很大程度上归于商法形式难以包容其强大的商事精神,即从具有特权的商人到一般商事权利的商事主体并不意味着商人全部消失,而只是借由更迭商法形式来稀释作为商事载体的商人的资格垄断权。商法形式更迭主要表现为:

(1)商法法典化捉襟见肘。商法典的陈旧表达难以适应社会经济关系的快速发展。在所有社会关系中,商业发展是最为快捷的。作为一种稳定性的规范文本,商法典很难通过自身修补来满足经济关系需要。为弥补商法典的滞后弊端,公司法、证券法、保险法、票据法等商事单行法以及分散的商事法规破土而出。至此,既有的商法典必然要么疲于因时修改,要么悬置高阁而成为具文,彻底丧失与民法典分庭抗礼的力量。如 1807 年的《法国商法典》主要满足从封建主义社会到资本主义社会转型期商业发展需要,旋即落后于工业革命的推进。为此,一个有趣的现象就是,面对工业革命所带来的商业发展,商法典显得无动于衷,而更多求助于法典以外的商事单行立法。[①] 又如 20 世纪以来,商法主要通过对公司、证券、保险、票据、提单、租赁、商标等单行立法来顺应商业经济的快速发展。像法、德、日等民商分立国家的商事单行法均在商法典之外独立存在。德国较为典型,有股份公司法、有限责任公司法、合作社法等商事单行法。而这些商事单行法在很大程度上抽空了商法典的内容,商法典愈加徒有虚名。由此来看,在民商分立国家,商法尽管在形式上占据私法半壁江山,但其地位以及对社会关系的规范力度日渐减弱。从某种意义上说,我们所宣称的商法越来越主要指涉那些商事单行法,商法典恐怕早已失去了往日辉煌。

---

① 《外国民法论文选》(第 2 辑),中国人民大学法律系 1986 年编印,第 28 页。

(2)商人特殊地位式微。随着资本主义商业经济的深度发展,民事主体商人化越加普遍。此时,对曾经作为特殊阶层的商人进行特定保护失去意义。为此,商人自中世纪以来所享有的特权逐渐丧失,商法独立地位便随之动摇,典型的是法国商法典、西班牙商法典不再采用主体标准。值得注意的是,这种商人特殊地位式微现象进一步强化了人们对民商合一的信念。宏观上,传统商法向现代商法迭变,也即,商法从中世纪封建商人法进化到资本主义商品经济条件下的近代商法,具有一定的进步性;微观上,在向现代商法转型中,传统商法趋于破产。中世纪以来商人法有赖于商人的独立存在,并以商人规则、惯例作为核心内容。如果商人不再享有这些特殊地位,就与民事主体无异。具有迷惑性的是,德国商法采用主体标准。依主体标准,商人居于商法核心地位。同一行为,商人为之,适用商法;非商人为之,适用民法或其他法律。商人地位似乎不降反升。但实际是,德国商法借由主体标准实现了商人地位的明升暗降:其一,商人外延扩大。德国商法所规范的商人不限于自然人,还包括合伙组织、公司法人(包括人合公司与资合公司),其主体范围大大超出中世纪商人法和法国商法中的职业自然人商人范围。其二,主体标准移用。德国商法试图通过主体标准来充实商人内容,以期达到巩固商人独立地位之目的。但这种充实与巩固的结果是,传统商人资格被移用到一般民事主体。如果从权重衡量上看,传统商人特殊地位因为一般民事主体的加入而趋于式微或不复存在。不仅如此,民法平等原则反而逆向地适用所有商事活动之中,通过法典所建构的民商分立体例不断受到挑战。

(3)民商法对向流动。所谓民商法对向流动,即民法趋向商事化的同时,商法也正在民事化,从而使民商关系相互渗透。在这种渗透中,民法规范吸收了大量商事规则与惯例,从而将调整范围延展到商事领域;与此同时,商人也因商法吸收民事平等原则而丧失其特殊垄断地位。当下民商法关系因法律适用更是融合得难分彼此。如民法在商法没有规定下的填补功能强化了人们对商法民事化的认知,[1]以

---

① [美]格伦顿、戈登、奥萨魁:《比较法律传统》,米健等译,中国政法大学出版社1993年版,第72页。

至于人们一直坚持的民商历史鸿沟日渐模糊。需要分析的是,民商法对向流动而彼此界限变得愈加不清,也许其根本原因在于当下民商关系正在走向融合。这种融合主要表现为商事交易主体的非特定化以及交易范围扩大化。特别在区块链交易背景下,去中心化使人们自由参与数字货币投资或投机,商事主体日益普遍化;与此同时,商事交易范围也随之扩展到工农业生产、证券现货交易与期货交易等领域。而这些受民法还是商法调整,尚难定论。

总之,商法法典化捉襟见肘与商人特殊地位式微仅表示商法形式的更迭。实际上,民商法对向流动的结果是,作为一种商业精神,商人气质、商人理念早已从少数"商业开拓者"那里弥漫到整个社会,即从之前那种的特权商人扩散到普通民众。当代私法已经无法回避民商法对向流动乃至彼此同化的洪流。

3. 学术支持问题。作为第三方,民商合一得以存在不仅因民法共识扩展与商法形式限缩,也与学术对民商分立批判不无关联。一般来说,民商分立存在动静两层含义:动态意义上的民商分立主要指涉法律运行机制,强调民法和商法既相互独立又相互依存,二者共同实现对经济关系的调整;而静态意义上的民商分立,则指私法体系由民法典与商法典同构而成。学术界对民商分立体例的批判既有静态方面的,如学界认为,民商分立的形成,受历史因素、法律传统与现实需要等诸多方面影响,具有一定的客观性,学术评价余地不大;也有动态方面的,如民商分立对社会现实所起的具体作用,学术界很容易进行利弊分析。而学术利弊分析的结果就是否定民商分立,主张民商合流。从 19 世纪 50 年代开始,法国、德国出现了很多批判民商分立、力挺民商合一的学术大家;意大利、瑞士与荷兰等国甚至因为学术推进而在立法上实现了民商合一;中东与拉美国家最终选择民商合一;苏联以及原东欧社会主义国家本来就不承认私法,因而也不存在民法典之外制定商法典的问题。总之,私法体系似乎存在商法典与民法典同构统一的发展趋势。①

---

① [美]艾伦·沃森:《民法法系的演变及形成》,李静冰、姚新华译,中国政法大学出版社 1992 年版,第 206 页。

（三）民商折中——商事通则的新思路

如前探讨，无论基于民商合一还是民商分立，商法存续样态均具有一定的局限性。我国已故商法学家王保树教授曾提出商事通则新思路。在王教授看来，我国没有商法典，商法应采用单行法模式。但商事单行法并不足以调整所有的商事关系，因此，在单行法之上尚需一种具有一般法性质的商事通则。在形式意义民商分立的国家，商法通则内容一般规定于商法典之中，主要内容有商事主体资格、商事行为、商事代理、商事账簿、商事登记的一般规定和特别商行为等。从文义考察，商事通则至少可以拆解为"商事""通""则"三个部分。其中，"商事"代表商事通则区别于"民事"的社会属性；"通"，含有了解、穿过、疏通等意，异于"同"，即既不同于商事事实，也不同于它所指涉的规则或法律，而是连接事实与法律，法律与法律间的媒介；而"则"表示商事通则具有区别于一般规范的法律属性。因此，作为一种创新思路，商事通则被定位为：

1. 商事：特别法和一般法之辨。在大陆法系，民法与商法属于私法的两个法律部门，但商事通则并不取代民法在私法领域中的一般法地位。所谓民事一般法，是指民法对一般人、一般事、一般时间，在全国普遍适用的私法，并为社会生活提供基本的法律框架。如作为一般法，民法典旨在保护民事主体合法权益，调整民事关系，适用于所有民事主体和民事活动。与之对应的特别法则是针对特定人、特定事、特定时间有效的私法。如作为一部民事特别法，受商事通则指导的证券法专门规范证券发行和交易，旨在保护投资者合法权益，维护社会经济秩序和社会公益，促进市场经济发展这一特定情形。由于商法调整商事关系具有特殊性，民商关系构成一般法与特别法的关系。我国有学者否认这种判断，认为民商关系被视为一般法与特别法的关系只为近代商法研究所得出的结论；实际上，现代商法与民法泾渭分明，商法调整市场交易关系，而民法仅调整家庭关系。[①] 这种认知有一定合理性。但需要进一步论证的是，如民商关系不是一

① 徐学鹿：《什么是现代商法——创新中国市场经济商法理论与实践的思索》，中国法制出版社 1999 年版，第 213 页。

般法与特别法的关系,商法必须在诸如诚信原则、法人等所有问题上实现规范自足。而这种商法自足势必带来立法资源的极大浪费。因此,商事通则仅调整商事领域带有共性的商事关系,而无意替代民法调整私法领域带有共性的私法关系。民商关系涉及的是整个民法与商法的关联。至于商事的一般性规则,仅限于商法领域内部,而非超出其范围。换言之,商事通则不会对民商关系造成改变,更不会使民商之间的界限变得模糊。

2. 通:商事通则非商法典、非单行法。"通"非"同"也。在商法体系中,商事通则与商法典及商事单行法各不相同。首先,商事通则并非商法典的等同物。它并非商法典中的总则部分,因为在当前的讨论语境中,我们是在缺乏商法典的基础上进行探讨的。即便商法典存在,其总则也无法满足商业账簿、商事登记等商法总则所要求的内容。它亦非与民法通则并行的立法结构,因为民法通则本身仅为不完整的民法典,且其制定仅为应急之策。因此,商事通则既不是商法典,也不是商法典的变体。

其次,商事通则亦不可以与商事单行法相提并论。商事通则涉及的是商法中那些不属于公司、证券、保险、票据、破产等特定单行法律的一般性问题。商事单行法律只针对商事领域的某一种特定商事关系进行规范,例如公司法仅针对公司人格的塑造及公司内外关系的调整;而商事通则对商事关系的调整虽然具有局部性,但其影响范围可以覆盖整个商事领域,具备商事调整的普遍性,因而对商事单行法起到统率或补充的作用。换言之,商事通则是商事单行法的一般规则。

3. 则:商事通则非民商分立,也非民商合一。商事通则是一种特殊规则,既区别于民商分立下的商事规则,也区别于民商合一下的商事规则。大陆法系私法编纂有两种体制:一是民商分立,在民法典之外另行制定商法典,两者并行;一是民商合一,在民法典之外不制定商法典,商事法律规范或编入民法典,即"民法典+商法规范"模式,或制定商事单行法,即"民法典+商事单行法"模式。很显然,商事通则是为克服这两种模式弊端应运而生的。商事通则之所以区别于民商分立下的商事规则,是因为它并不以自身调整商事体系自居,而能够正视现行有效的商事单行法,并支持其发挥法律效力,故而,商事调整不可能被定位为民商分立下的商法典;商事通则也拒绝了仅在个别领域调整商事关系的商事单行法角色而丧失自身的商事一般性规则的特性,因而也非民商合一下的商事规则。换言之,商事通则之"则",既注意到民商分立下调整商事关系"机制的僵化性与范围的一般性"矛盾,也注意到民商合一下单行法调整"范围的片面性与机制的灵活性"悖论。为此,民商分合争辩从以下三点分析:

(1)争辩起始。民商分合争辩最早发生在19世纪末的欧陆国家,后来演化成全世界范围内的法学论战话题。这种争议虽然由来已久,但对中国在内的发展中国家的民商立法仍然具有现实意义。应该说,这些理论争论远远落后于民商立法实践。在民商立法实践中,民法商事化与商法民事化早已成为普遍现象。学界所进行的"分合"研究只会助力立法科学化,而无碍于这种普遍现象的发生。现代商法规范形式具有多样性,如可以将商事规范写入传统商法典,也可以在此之外进行商事单行立法。但如何科学立法则是一个需要谨慎对待的理论话题。基于此,学界普遍认为,我们既不能模仿传统的民商分立,也不能抄袭传统的民商合一,但如果据此否认商法地位或以民代商,均不可取。① 我们需要在对传统商事立法重新认知的基础上推陈出新。

(2)民商分合具有相对性。民商分立或合一并非以消灭对方为目的的偏害共生,或商法寄附于民法,彼此形成利害关系,而是旨在实现私法框架下的民商互利共生。换言之,立法体例只是一种实现民商规范价值的工具理性,无论民商分立还是合一均不应该妨碍商法规范的有效存续。民商分立并不意味着民法典与商法典并存对立,毫无关联;民商合一,也不等于民法对商法彻底否定或替代。二者分合仅具有相对性。为此,现代民商分立已经尝试放弃制定一部商事百科全书式的传统法典,而转向通过商事单行法形式塑造商事规范;而放弃传统民商分立体例并不意味着促进人们追求传统民商合一。本来,传统民商合一是通过民法包含商法而实现法典的统一

① 郭锋:《民商分立与民商合一的理论评析》,载《中国法学》1996年第5期。

与自足。但近年来，商业贸易的快速发展催生了大量商事单行法，民法已经难以完全包容商法的存在，民商法再也无法同居异爨。为此，人们既不能从民商合一理论，也不能从民商分立理论中发现至关重要的原理；人们只能根据本国体制另辟蹊径。①

(3)民商法同属私法，但彼此仍保持其独立性。民法商法化与商法民法化的对向流动仅表明二者调整经济关系的功能日渐趋同，但并非各自丧失独立性直至融为一体。当下虽然存在民法商事化现象，但商事化后的民法理论更为坚实，民法适应力与包容性更强，因而更不可能异化为商法。当然，商法是随商业发展应运而生的，但这并不意味着我们必须要制定一部独立于民法典之外的商法典。既有民商分立经验表明，商法典无论内在构造，还是外在地位(在私法体系中)，均不能与民法典分庭抗礼。反而，商法规范正有向民法逃遁之趋势。为阻却这种逃遁趋势，商法规范需要保持与民法的相对界分。一种常规策略就是，商法规范不应该借壳商法典来展现自己，而应该实行商事单行法形式。就当下来说，我们在构建现代私法体系时，如果实行民商合一体例，就要承认商事单行法的独立存在；如果实行民商分立，我们未必非要制定一部独立的商法典不可。也许商事通则就是在这种二元假设中诞生的。

总之，作为一种新思路，商事通则是一种有着丰富理论基础与地方立法经验的区别乃至超越于民商合一、民商分立的折中模式。② 在商事通则模式下，我国私法体系应当以民法作为基本私法，以商事单行法作为商法主干，以存在于其他法律形式中的众多商事规范作为商法辅助。据此，商法由商法通则、商事单行法与商事规范群等同构而成。其中，商法对后三者具有统摄效力，后三者可在前者统摄下保持必要的变动性、创新性。而这种变动与创新正好可以满足当下区块链快速发展的商业需要，也即商事通则主导下的商法模式也许可与去中心化建立起有效关联性：一是有效克服商人法下的商人特权的固有属性，以消解商人中心主义。基于商法是渗透着公法因素的

① 《外国民法论文选》(第2辑)，中国人民大学法律系1986年编印，第39页。

② 王保树：《商事通则：超越民商合一与民商分立》，载《法学研究》2005年第1期。

私法，随着商人中心主义的消解，公权从管制走向服务。二是民商合一，而非民商不分。这种和而不同更利于私法领域的平权化。但这种纯粹合一化的平权理念可能导致商法向民法逃遁，法律存在逆向发展之虞。三是为克服民商合一弊端，也许三分化是一种走向去中心化时代的不二选择，也即，在民商合一前提下，强化商法的技术性、维持经济发展的制度价值。如此，既坚持了去中心化的平权理念，又发展了去中心化的商业经济。而这正是去中心化时代法治所应该具有的制度价值。

第二节 商法体例

如前，学界对民商分合作出了极富见地的探索，并尝试建构一种超越之前的商事通则模式。然而，这些研究必须基于以下两个基本事实：一是作为历史概念，民商分合仅具有形式意义，旨在表达19世纪初欧陆国家私法法典化运动中所选择的两种立法体例，也即，民法典之外是否存在一部独立的商法典；二是民商合一、民商分立的前提是民商之间有共同点，也存在差异点。二者之间“同中有异”。[①] 然而，如何实现民商之间的“求同存异”？有学者考察西方法典，发现民商法编纂存在系统论与实用论两种路径。[②] 根据系统论，我们可以从民商法的整体角度进行逻辑安排，如法、德商法中的“从人到行为”，或者“从行为到人”的立法直线体例；而依实用论，我们可以着重商法核心内核，依次向外延伸进行商法典编纂，如美国商法以买卖为核心，以票据、担保为辅助的立法环状体例。

一、民商分立体例

从立法层面而论，所谓民商分立，是指民事、商事分别立法，民法典之外另行制定商法典，两部法典独立存续的立法体例。进一步细

---

① 李建伟：《民商合一立法体例的中国模式》，载《社会科学研究》2018年第3期。
② 王保树：《商法总论》，清华大学出版社2007年版，第34~35页。

化，大陆法系商法典内部仍然存在主观主义立法与客观主义立法等不同编纂结构。

（一）主观主义立法

主观主义立法，也称为商人法立法。它强调商人的核心地位，即在商法典中首先规定商法，然后以此推导出商行为，并在此基础上形成商法典的结构。这种立法方法以1900年德国《商法典》最为典型。在这种编纂结构下，商人的概念居于核心地位，而不是依据商行为的客观性来确定商人。按立法逻辑，同一私法行为，商人为之，适用商法；非商人为之，适用民法。

从文本结构看，德国《商法典》有商事、商事公司及隐名合伙、商行为、海商等四编，呈现从“人到行为”射线型立法样态。

（二）客观主义立法

客观主义的立法，又称商行为主义的立法。这种立法体例强调商行为的客观性质，在商法典中规定何为商行为，然后依此推导出何为商人，并在此基础上形成商法典的结构。在这种体例下，商行为作为商法典的核心与基础概念。1807年的《法国商法典》率先创立客观主义立法体例，但现行的法国《商法典》不再坚持这一体系。值得说明的是，当下仍然坚持客观主义立法体系的是1885年的西班牙《商法典》。

从形式看，法国商法典由通则、海商、破产、商事法院等四编构成。该商法典是一种从“行为到人”反射型立法样态。

（三）折中主义立法

折中主义立法注意到主观主义立法与客观主义立法的优点，但也注意到两种立法方法各自存在的缺陷。客观主义立法关注行为的客观性质，但仅按照客观性质来确定商行为，容易使行为的界限模糊；主观主义立法强调商人概念的核心与基础地位，对商行为采取列举的方式，但市场经济瞬息万变且纷繁复杂，容易挂一漏万。折中主义正是在克服上述两种体例缺陷的需求下产生的。然而，折中主义并非主观主义立法与客观主义立法的简单相加，而是对客观主义立法体例的改革。折中主义以客观主义立法体例为基础，同时强调商行为与商人在商法典编纂中的地位,既注意到商行为的客观性质,又注意到商人的本质和商行为的基本形式,即在形式上以商行为主义为主而兼顾商人主义,在实质性内容上却更多地体现出商人主义立场。折中主义的典型是现行的法国《商法典》,日本《商法典》也被学者归为折中主义之列。1998 年的德国《商法典》修改版作了有史以来最大一次改革,彻底从原来的商人法主义转向以商人与商行为为基础的新的商法体系。

从时代发展看,折中主义是一种很有前途的商事立法体例。它既能揭示商行为的一般性质,又用列举弥补一般揭示之不足。同时,对商行为客观性质的揭示也弥补了列举商行为可能出现的遗漏。这样,有利于统一把握商法的适用和提高商法适用的效率。①

二、民商合一体例

从立法实践看,民商合一,是指民事、商事作统一立法,民法典之外不另行制定商法典。该体例代表国家为瑞士与意大利。作为最早采用民商合一体例国家,瑞士民事立法是建立在宪制基础之上的。按照瑞士宪制安排,早期联邦议会仅有民法典的立法权,而无商法典的立法权。为此,立法者为了满足现实生活的迫切需要,便率先制定《瑞士联邦债法》,而关于日常商事规范条文只能携带其中。出于法典化要求,其债法后来又被编入瑞士《民法典》之中;直到 1874 年,联邦议会被赋予商法立法权,但基于初始选择,瑞士公民早已习惯民法典下的社会生活,故而普遍认为另行制定商法典实在没有必要。由此来看,在联邦议会的迟到商事立法权与民众支持民法典的代议民主下,瑞士民商合一体例被意外地确定下来。如果说瑞士因为宪制限制而选择了民商合一,那么,意大利则是立法机关在权衡利弊后而最终作出民商合一的决定。整个决策过程可谓一波三折。意大利早在 1865 年就制定了民法典,1882 年又制定了商法典,从而形成初期的民商分立体例。但在 1942 年,因为一系列复杂因素,立法机关废除了商法典。其中,商法典规范为之后修订的民法典之劳动编、债编

① 王保树:《商法总论》,清华大学出版社 2007 年版,第 40~41 页。

等所吸收。从此,意大利私法体例从民商分立转型为民商合一体例。[①]

由此来看,民商合一立法体例具有“有商法,但无商法典”的特点。形式上,该体例基于私法原理,以民法商法化作依据,将民商作统一立法,如瑞士、意大利、瑞典、蒙古国等国或商品经济不发达的国家或地区;内容上,该体例从规范性质规范商事关系,着眼于规范的性质、构成和作用、理念的统一。

三、美国商事立法体例

从某种意义上说,商法体例与其所生成的经济条件相辅相成。如在早期的简单商品经济时代,商事活动大多限于商人范围,商人经营方式与手段也十分有限。因此,国家可以通过法典化运动制定商法典或商事单行法进行有效调整。但随着商业贸易的快速发展,市场经济变得异常复杂,商人已经丧失对商业经营的垄断权。与之对应的是,商法已经从近代商法走向现代商法。在这种法律演进中,现代商法早已放弃商人特殊规范,而向所有从事商事活动的人开放。[②]其中,具有代表性的现代商法当数《美国统一商法典》。该法典诞生于20世纪50年代,在内容上,较为完整地确立了现代商事交易中普通法与特别法间的关系;[③]而在文义上,法典名称又极为清晰地表达了美国现代商法的立法体例。

首先,“美国”。从法律思想上看,“统一商法典”意义上的美国始终凝聚着契约自由、公正平等和权利神圣等法律价值。在“美国”价值引导下,人们普遍接受契约约束,具有契约精神。但这种契约又不是那种单纯维护一方利益的“武器化”契约,而是那种能够兼顾各方利益,非常平和、灵活的柔性契约。例如,依一般商法理论,契约要义在于对要约拘束力的尊重。这种尊重表现在要约到达受要约人后,在受要约人承诺前,对要约人原则上没有拘束力;要约人在受要约人承诺之前均可撤销或更改要约。换言之,只要受要约人尚未承

---

① 王鑫、徐琛:《对民商合一与民商分立的探讨》,载《西部学刊》2019年第13期。

② 郭富青:《论现代商法的基点、形式与我国商法的体系化建构》,载《学术论坛》2019年第1期。

③ 徐学鹿、梁鹏:《商法总论》(修订版),中国人民大学出版社2009年版,第211页。

诺,即使要约人在要约中规定了有效期限,其仍可随时撤销而不受其约束。显然,这是一种极端的契约自由原则,但对受要约人缺乏妥善保障。为此,《美国统一商法典》作出了平衡性修正;依其第 2 篇第 207 条,如果受要约人在承诺中附加了某些条款,承诺仍可有效;这些附加条款构成合同内容。这显然与其他英美普通法的镜像原则截然不同,即承诺反照要约内容,否则不是承诺,而是反要约。①

其次,“统一”。从法理讲,美国 50 个州均为主权国家,除划归联邦政府权力外,各州保有其余权力。其中,私法立法权就保留在各州。正是因为各州拥有强大的剩余独立权,才引出了在主权意志下对某些独立权进行“统一”的话题。美国商法典“统一”就是美国各州部分独立权统一的范例。美国内战结束后,其商业贸易得到迅速发展,州际交易大量增加,跨州公司纷纷涌现。然而,各州法律千差万别,且仅具有州内效力,严重阻碍了州际商贸的正常开展。为此,全国法律统一势在必行。其中,从事法律统一工作的美国律师协会、统一州法全国委员会以及美国法学院联合会作出了系统的专业努力,旨在促使统一各州法律的法典被采用,主要包括 19 世纪末到 20 世纪中叶的《统一流通票据法》《统一仓库收据法》《统一买卖法》《统一股票交易法》《统一提单法》《统一合伙法》《统一附条件买卖法》《统一信托收据法》《模范公司法》以及 1952 年影响最大的《统一商法典》。这些商事法律的统一使有关规则变得更加系统明晰,更加便利各州采用。②

当然,从调整范围看,《美国统一商法典》之“统一”仍然具有局限性,如法典并没有统一调整美国商业的所有领域。实际上,美国商业法还包括公司法或合伙法等商业组织法以及侵权法两个部分。③另外,该商法典调整对象仅涉及动产,而不包括不动产。④

最后,“商法典”。这是从法律文本角度解析《美国统一商法

---

① 张恒立:《美国〈统一商法典〉立法之特色》,载《江西社会科学》1998 年第 9 期。

② 罗肇鸿、王怀宁主编:《资本主义大辞典》,人民出版社 1995 年版,第 793 页。

③ 许之森、徐开墅:《美国〈统一商法典〉》,载《现代外国哲学社会科学文摘》1983 年第 9 期。

④ 动产是指除不动产以外的所有财产,包括但不限于电器、汽车、船舶等有形动产,以及银行存款、托收款项、托收票据、证券、股票及债券等无形动产。

典》。之所以被称为商法典,这是因为,该法具备了作为法典的基本编纂架构:其一,法典制定。该商法典是一部由美国法学会与统一州法全国委员会于1952年联合制定成文法,系统展示了英美法系的商事原则,被美国各州议会采纳。这在以判例法与习惯法为主体的英美法系是极其少见的。其二,法典结构。全文共10编406条,包括总则、分则(买卖、商业票据、银行存款和收款、信用证、大宗转让、仓单、提单和其他所有权凭证、投资证券、担保交易、账债和动产契据的买卖)、附则(生效日期和废除效力)三大部分。其三,法典体例。该商法典采用民商合一体例,自成一格。从适用对象看,该商法典既适用于以商人为一方的交易,也适用于一般消费者交易。① 当然,该商法典并未穷尽所有商事交易。那些没有指涉的问题,则归美国普通法、衡平法调整。就此来说,该商法典并非一部包罗万象的独立法典。②

总之,形式上,《美国统一商法典》采用"大三+小三"的法律编纂模式,即由"总则+分则+附则"构成法典的"大三"逻辑;由分则项下的"买卖+票据+担保"形成法典的"小三"架构。内容上,"大三"逻辑统摄着"小三"架构,体现出现代商法典所必要的"交易+效率+安全"三元价值。基于三元价值的外溢效应,《美国统一商法典》已经从美国国内法,经由国际经济贸易而走向国际贸易规则,具有了较强的开放性和广泛的适用性。③

四、我国相对民商合一体例

从体系看,我国商法初步形成体系,但尚未在结构安排上固化为一种立法体例。在商法体系中,被视为第三条路径的"商法通则"模式仍在论证,作为法律要素的商法价值、原则、规范等仍未定型,我国商法立法体例正在探索中。为此,只能勉强称这种进程中的商法立法为相对民商合一体例,或称为有条件的民商合一体例,或称为不完全的民商合一。该体例形式上只有民法典,没有商法典,商法规范以

---

① 洪德:《美国统一商法典简介》,载《国外法学》1986年第1期。
② 邹瑜、顾明总主编:《法学大辞典》,中国政法大学出版社1991年版,第12页。
③ 张恒立:《美国〈统一商法典〉立法之特色》,载《江西社会科学》1998年第9期。

单行法形式存在,保持单行法的相对独立性,也即,“民法典+相对独立的商事单行法”模式。[①] 由此看出,该立法体例采取民商一元化,将商法具有共同性的一般规范纳入民法典,不宜纳入民法典的商事规范则以单行法律的形式存在。换言之,该体例将私法的一般性规范以民法典的形式系统地作出规定,而将极富特殊性的商事规范以单行法的形式规范于民法典之外。

总之,我国商法体系化过程中形成了一种较为特殊的相对民商合一体例。而民法典的颁布打破了民商各自为政的互动格局,商法面临再体系化问题。换言之,在既有民法典下,我国私法体系需要作出一个可预期的体例安排。笔者认为,我们可以先行制定一部商事通则,以解统率商事单行法的燃眉之急,待条件成熟尝试制定商法典。当然,商法典的制定并非商法体系化的终结。因为相对民商合一体例不仅涉及民法典与商法通则乃至商法典的统合关系,还涉及整个商法与市场经济的相洽关系。这是商法体系化所要解决的根本问题。[②]

第三节 商法地位

我们通常通过“地位”来认知物理现象或者社会现象。所谓地位,有物理意义上的,通常指人或物是什么,其居于什么地方;也有社会意义上的,一般表现为人或团体是什么,其在社会关系乃至组织架构里所处的位置或所呈现的形象。商法地位是指商法是什么,商法在法律体系中所占有的位置。其中,商法是什么,属于商法的绝对地位,一般表述为商法性质、商法属性等;而商法在整个法律体系中因比较所呈现的相对位置,则通常是在与民法、经济法、行政法等法相比较中呈现的。

---

① 杨继:《商法通则统一立法的必要性和可行性》,载《法学》2006年第4期。

② 夏小雄:《商法体系化与商法典立法的关系思辨》,载《河北法学》2022年第10期。

一、绝对地位(商法性质)

商法的绝对地位,也即商法性质,是指商法具有其内在规定性,在法律体系中居于独立法域。商法是一门渗透着公法因素的私法,在内涵上具有私商法的营利性与公商法的营业性,并以平等主体间的商事关系为独特调整对象。

(一)商法是一门渗透着公法的私法

1. 公私法划分三个标准:法律关系三要素。大陆法系将公法和私法作为法律的基本分类。从理论发展史看,这种分类经历了从宏观到微观的演进过程。其中,早期限于对法律体系的宏观划分,旨在宣扬不同立法理念、完善不同制度设计以及建立不同司法体系,发展出不同审判规则。后来,随着公私法理论研究深入,学界逐步从宏观上的法律体系研究到微观上的法律规范分析。为此,我们可以具体法律关系三要素确立法律体系中的公法与私法的划分标准,以便透过法律体系观察商法细节。

第一种,主体说,或权力说。该说认为,在法律体系中,公法主体至少有一方是国家或国家授权者,而私法主体双方均为法律地位平等的私人或私人团体。如果从法律关系角度看,主体说又可检视出具体法律关系中的主体性质或法律规范性质,并以此界分公法与私法。当然,国家或国家授权者也会存在于私法体系中,如我国《民法典》出现“国家”一词达 87 次;出现“政府”一词 15 次。国家或国家授权者更会参与到具体私法关系之中,如国家一方参与的招投标活动在法律上主要归属于私法领域,而非公法范围,因此应确定为民商纠纷案件。在婚姻法、继承法等私法中,私人主体可能拥有管制权,甚至具有强行性;这些私人主体参与到具体法律关系尽管作为民商案件,但当事人间的非平等关系足以显示出对一般私人平等关系的否定。据此看出,主体说仅为一种权宜认知标准,存在诸多例外情况需要具体识别。

第二种,意思说。该说认为,在法律体系中,那些规范权力者支配与服从者服从的意思的法律被视为公法;反之,那些规范对等者的意思的法律则为私法。在具体法律关系中,公法当事人关系并非出于意思自治而是出于法律规定,如行政主体与行政相对人之间,具有非对称性。当然,该划分标准仍然是相对的,如私法中的父母子女间的服从关系;公法中的对等关系,如A市政府与B市政府之间的财产纠纷。

第三种,利益说。该说认为,在法律体系中,以规范国家利益或社会公共利益为目的的法律为公法,以规范私人利益为目的的法律为私法。① 利益说还可在具体法律关系中得以识别。如因危害国家主权、领土完整与安全而产生的法律关系,具有明确的公法性;而私人之间因买卖消费品而发生的法律关系,则具有明确的私法性。当然,很多情况下,公私利益往往交织在一起,法律甚至同时规范两种利益。这为区分带来极大困难。

综上,依上述任何一个标准划分公私法,均存在例外可能性。为此,笔者认为,公私法划分是一种综合要素参与的结果,故而可称之为综合要素判断标准说。依据该说,凡规范双方或一方为国家或公共团体,借由权力支配方式实现社会公共利益之法者为公法,即公法=国家公主体+权力+公共利益,如宪法、刑法、诉讼法等。在实践中,这些公法所规范的法律关系构成公法关系;而规范私人或私人团体间的相互关系,借由平等权利关系实现私益之法者则为私法,即私法=私人主体+权利+私人利益,如民法、公司法、证券法、票据法等。在实践中,这些私法所规范的法律关系则构成私法关系。所以,公私法划分必须在主体、客体与内容等方面进行综合评价而得厘清,否则就会陷入盲人摸象之困境。如仅以主体划分,而无视权力与权利区分,难以解释国家机关工作人员市场公平购物之法律性质;仅以权力划分,而无视公主体与私主体区分,难以解释企业高管对内部员工的管理权性质;而即便以主体划分,又通过权力方式,但无视公益与私益之区分,同样难以解释国家机关工作人员通过行使权力实现个人私利(土地使用权买卖、证券交易等)之法律性质。

2. 公法在商法中的意义:从守夜人到服务人。起初,商法是以中

① 我国《民法典》第132条规定:"民事主体不得滥用民事权利损害国家利益、社会公共利益或者他人合法权益。"本书姑且对国家利益、社会公共利益不作区分。

世纪商人法形式出现的。商人法只是当时意大利、法国、德国等自治城市的商人们自行创造的用以调整彼此商事交易的一种惯例、习惯，具有意思自治、契约自由等私法属性，因而与公权无涉。

后来，随着商事关系复杂化，商人依靠惯例、习惯难以避免某些商事交易所产生的不可避免的巨大危害。为此，一种类似公权的强制力参与了对商事交易的有效干预。这种强制力干预是伴随着商人法扩展而相机产生的。特别是到13世纪，商人法逐渐从地方走向世界，直至成为跨国交易的商事规范。但这种跨国商人法并不具有公法性。此时，商人法虽然在商会内部的商人之间以及商人与非商人之间具有强制力，甚至可以通过商人裁判庭裁决纠纷。从法律性质看，这种强制力是一种权力，但权力本身并不必然推导出公法的存在。实际上，这种强制力仅为一种商人自律方式，即私主体强制力，而并不依赖公主体强制力即国家强制力保障。因此，根据上述公私法划分综合说，商人法仍然不具有公法性。

从15世纪开始，随着民族国家以及国家主权观念的出现，不管是自治城市下的局域商人法，还是具有国际规范性的商人法，均为主权国家的法律体系所吸收。这种吸收方式主要表现为西方国家通过商事立法将之前的商事习惯法确认为成文法。此时商法已具有国家的强制力，并且成为主权国家利益的一部分，也即，商法内含着国家公主体、权力以及公共利益等要素，具备一定的公法性，但尚不明显。

21世纪之后，商法的公法性正式显露头角。随着社会经济的快速发展，市场经济呈现从单纯市场调节向国家调控方向发展。之前的资本主义的自由竞争逐步为市场垄断所取代。商法体系中出现大量涉及经济活动方面的刑法、社会法等公法规范，公权干预政策不断强化。这样，以意思自治为核心的商法渗透着大量国家强制性规范，商法呈现出明显的公法性。

商法公法性主要基于以下原因：一是国家政权统一需要。商人自律天然缺乏国家强制力，难以保障经济秩序之稳定。为此，将商人自律纳入国家职权就成为国家政权统一的需要；二是对商事交易的不信任。如18世纪初，英国股票风潮导致小股东大量破产，社会对股份公司信用产生质疑，而作为救世主——国家干预在一定程度上保护了小股东利益,从而维护了社会经济秩序;三是对“公益与私益”的误解。人们通常认为,商法只维护商人个人利益,只有公法追求公益。为此,公法渗透商法便成为人们的一种“美好愿景”。而商法在“美好愿景”下渗入了公法元素。

从公法对商法的影响看,作为“美好愿景”的公法元素渗入商法,其干预功能并非一成不变,而经历着从消极守夜人到积极服务人的角色转型。公法早期渗透商法,扮演着秩序守夜人角色。在守夜人角色下,商法呈现公法性,但并不改变其私法属性,而只是在商法中增加了某些公法条款,如商业登记制度、商业账簿制度;公司组织形式、公司章程绝对必要记载事项等规定;破产重整、和解与清算等规定;证券发行条件、券商承销报告义务等规定;票据种类、票据抗辩等规定;保险责任准备金、保险代理人、保险监督管理等规定。[①] 这些公法渗透商法现象中,公权行为大多具有依私人申请的行政行为属性,显然弱于行政法中的依职权行为,其旨在通过工具理性实现商法秩序之目标;但当下数字化时代,商法领域中的“公权力去中心化”趋势已经势不可当,并深刻形塑着公权服务人角色。如在商事组织与商事交易中,去中心化正在增强个人自主权及对数据的控制,以保护个人隐私、激发私人创新;个人积极参与政策制定,提高公权服务商事交易的效率。

3. 私法是商法的核心意义:纯粹私法与不纯粹私法。如前探讨,早期商人法是一种纯粹私法。中世纪欧洲商人法是一种较为古老的商业习惯法。这种习惯法最先产生于意大利、法国、德国等自治城邦之中,是那些商人阶层在商业贸易中发展起来的一种商人习惯或惯例。这些习惯或惯例普遍适用于欧洲各国以及东西方贸易,从而成为国际性规范;并且仅适用于商人之间交易,行业性明显;甚至还成立专门商事法庭,具有一定的强制性。但这种规范的国际性、行业性以及强制性因为没有国家权力背书,并不具有公法性;但后来,随着市场经济发展的复杂化与民族国家兴起,市场经济秩序成为

---

① 戚新明:《论商法的公法性》,载中国法院网 2007 年 11 月 9 日,https://www.chinacourt.org/article/detail/2007/11/id/274889.shtml。

民族国家的一部分,国家权力有能力也有必要对复杂市场经济秩序进行法律干预,之前作为一种纯粹私法的商法因公权干预而变成不纯粹私法。

(二)商法内涵:私商法的营利性与公商法的营业性

1. 国家商法(国内法)。一般来讲,商法是关于一国商事法律规范之总和。基于商法是渗透着公法因素之私法而论,国家商法可分为私商法与公商法。

(1)私商法(个人之间)。所谓私商法,"为规定个人间之关系,而特关于商之法规者也,即在诸国以商法之名称而发布之法规之大多数属之"。[①] 而私商法之典型则为营利法。[②] 所谓营利法,乃揭示企业营利性之规范。这种营利性是一种企业组织为求得投资溢价并将其分配于成员的法律属性。就商事营利性理论讲,民法学者与商法学者有不同看法:民法学者认为,营利性,是指企业组织谋求利益并将其分配给成员的行为属性;[③]商法学者认为,营利性是企业组织为求得投资溢价并将其分配于成员的商法属性。[④] 企业组织仅本身追求溢价,不将溢价分配给组织成员或无法将其分配与成员(在无成员情形下),而只是用作组织发展经费,则不是营利。[⑤] 由此来看,营利性包括两个层面:一方面,企业组织借由经营,谋求投资溢

---

① [日]松波仁一郎:《日本商法论》,秦瑞玠、郑钊译述,中国政法大学出版社2005年版,第7页。

② "营利"、"盈利"和"赢利"具有不同的法律意义。虽然三者均有"获得利润"之意,但法律内涵迥异。首先,"营利"是从主观动机上讲的,含企图取得之意,与利他动机相对,至于结果如何在所不问;其次,"盈利"和"赢利"既可作动词,也可作名词使用,表示"现实利润"之意,是从客观结果意义上讲的。其中,盈利表示量上的利润获得,与"亏"对应。如《证券法》第15条第2项:"最近三年平均可分配利润足以支付公司债券一年的利息";而赢利则表示质上的利润获得,与"输"对应。它并不考虑量的多少,只在乎输赢较量后的胜利。如《深圳证券交易所股票上市规则》(2024年修订)第三节财务类强制退市规定上市公司出现"最近一个会计年度经审计的利润总额、净利润、扣除非经常性损益后的净利润三者孰低为负值,且扣除后的营业收入低于3亿元"的,证券交易所对其股票交易实施退市风险警示。

③ 江平主编:《法人制度论》,中国政法大学出版社1994年版,第53页。

④ [德]迪特尔·梅迪库斯:《德国民法总论》,邵建东译,法律出版社2000年版,第830页。

⑤ 梁慧星:《民法总论》(第2版),法律出版社2001年版,第146页。

价;另一方面,企业组织取得溢价向成员强制分配,以使得成员收益最大化(分配比例或者额度可以约定,但必须分配)。但是,也有学者只强调后者对划定营利的主要作用。如德国学者梅迪库斯就认为,社团组织求得投资溢价只是一个手段,社团组织成员利益最大化才是核心。[①] 基于一致性理念,我国台湾地区学者史尚宽先生同样认为,求得投资溢价并非营利性法人之目的,而是为其社员受益的目的。[②] 由此来看,传统商人仅为投资人求得投资最大溢价的手段,利益相关人并不在考虑之列;但是,现代商人不仅为了投资人的投资溢价考虑,还要关照社员服务,甚至延及相关社群。

(2)公商法(国家与个人之间)。所谓公商法者,"为规定国家与个人之关系,而特为关于商之规定者也。例如营业法,为国家对个人之营业之际而为规定者,而其规定则以国家之权力而遂行。使个人无潜逃之途者也,故属于公商法。印纸法、商业会议所法、取引所法等,亦然。以其多为商事之行政法规,故有时虽有称公商法为商事行政法者,然不惟行政法。即为宪法之规定而有特保障营业之自由者,则其规定亦属于公商法。且创设商务官厅之法令及其官制等,亦入于公商法,故属于此者极多。惟既曰特关于商,斯于诸凡之事务为共通者,得除外之而已"。[③] 其中,公商法之典型为营业法。所谓营业法,乃揭示企业营业方式之规范。由此来看,营业法是关于调整营业的法律规范。

在德国商法理论中,营业的概念分为主观与客观两种解读:主观上,营业指的是以营利为目的的连续、有计划、同质的活动。各国商法普遍使用"营业"一词,而营业自由被视为资本主义社会的基本原则。在中世纪,受行会制度限制,营业并不自由。法国大革命后,1791 年便以法律形式确立了营业自由原则,此后资本主义国家纷纷在宪法中予以规定。营业自由涵盖开业、停业、交易等多方面,但现

---

① [德]迪特尔·梅迪库斯:《德国民法总论》,邵建东译,法律出版社 2000 年版,第 830 页。

② 史尚宽:《民法总论》,中国政法大学出版社 2000 年版,第 143~144 页。

③ [日]松波仁一郎:《日本商法论》,秦瑞玠、郑钊译述,中国政法大学出版社 2005 年版,第 7 页。

代国家中，这一自由并不绝对。客观上，营业主要指营业财产，即用于营业活动的有组织的财产集合，以及在营业过程中形成的各种有价值的事实关系（如牌照等）的总体。这与企业的关联性极大。企业财产基本等同于客观意义的营业，从而构成营业组织，即实际上的商事主体和财产所有权的统一体，它既是营利目的实现的资本保障和组织手段，又是商事主体获得商事人格的物质基础，因此成为商法规范的对象。

2. 国际商法（国家之间）。"所谓国际商法者，为规定国家与国家之关系，而特关于商之法规者也，与其谓无国际法，不如谓有国际法。惟须知国际法之为法者，与国法为法，其间关于形式及制裁有差，足矣。从而于此曰法，曰法规定者，与前所以称关于公商法及私商法者，其同义可知。国际商法之最大者"，如国家之间通商条约及国际所应遵守之商惯习等；"时或有以关系于国际之法，入于国际商法之中者，于此意义而说之之时"，则国家与外国私人间之领事规则为国际商法；又"时或有以在外国多生活用之法，入于国际商法之中者"，也即，不同国家私人之间，如海商法，票据法等，也为国际商法。[1] 也即，国际商法主要存在国家之间、国家与外国商人之间以及外国商人与外国商人之间三种形式。

（三）商法调整平等主体间的商事关系

从文义理解，平等主要指涉诸事物初始就处于同一台阶、同一类型，即初始平等，或称先天平等。如甲事物与乙事物属于同一类型，平等仅对这种同一类型进行确认；或诸事物初始处于不同位阶，后经使平、改正而达致同地位，即矫正平等，或称后天平等。如甲事物与乙事物属于两种不同类型，平等通过对彼此的修正从而调整为同一类型。该概念多用于人们在政治、经济、文化等方面所享有的均等待遇。"平等"在法学上的探讨也由来已久，各种相关文献可谓汗牛充栋，通常指"每个人与其他人所拥有的最广泛的基本自由体系

---

① ［日］松波仁一郎：《日本商法论》，秦瑞玠、郑钊译述，中国政法大学出版社 2005 年版，第 8 页。

相容的类似自由体系都应有一种平等的权利”。[①] 这里描述了平等与自由的类似关系，对初始平等与矫正平等一体看待。有学者基于一体论，将法学中的自由概念划分出三个层次：一是作为法律价值意义上的自由，体现为法律所追求和所实际建构出的社会自主状态；二是作为法律原则意义上的自由，体现为法律赋予主体依个人意志处分权利，而不会受到非法干预的自主性；三是作为法律规范意义上的自由，体现为宪法与法律赋予主体依个人意志享受或实现某种利益的自主权利。[②] 质言之，学界从法律价值、原则与规范三个层次揭示了自由范畴从抽象到具象的内在结构，极具说服力。作为一种类似范畴，这当然可延及人们对商法中“平等”概念的理解。但笔者认为，商事主体的复杂性与商事交易的技术性决定了平等概念应该作出初始平等与矫正平等区分，并在此基础上进行分层：一是商法所调整的商事关系具有平等性。这种平等是一种抽象意义上的所有商人所呈现的自主状态，具有商事人格平等性；二是平等商事关系形塑了商法在整个法律体系中的独立地位；三是平等性最终落地于具体商事法律关系之中。从演进逻辑看，商事关系从平等性、商法体系到商事法律关系的具化过程与公私法划分发展存在极大的关联性。

1. 商法调整的商事关系具有平等性。无论是早期商人法，还是法典化后的商事主体、商法规范市场主体——具有商事经营能力的商人，已经将其与仅具有一般权利能力的普通自然人区分开了，从而在事实上确认了某种不平等因素的客观存在。这种事实差异使法律很难将民商两类主体融为一体，而只能借由区别对待来实现民商主体从“异类不平等”到“同类平等”的法律正义。为此，所谓“同类平等”，即商法平等与民事平等，这凸显商事平等以及商法平等与民法平等的区别。

在商事平等理念下，商法旨在规范所有商人谋求资本增值的行为，也即对所有商人商事行为的营利性与经营性进行有效调整。如

---

① ［美］约翰·罗尔斯：《正义论》，何怀宏、何包钢、廖申白译，中国社会科学出版社1988年版，第56页。

② 杜承铭：《论作为法学范畴的自由》，载《法商研究（中南政法学院学报）》2000年第1期。

前探讨,在商事营利性驱动下,行为人谋求投资利益以上的利益,并分配给其成员;而这种营利性动机须通过商人持续不断的、反复的、固定的营业活动来实现。因此,商事平等只不过是基于商法规范,所有商人在商事营利驱动下而获得商事营业能力,即商事能力层面的平等待遇。这种平等待遇通常是以营业自由方式实现的。从某种意义上说,商人在商事平等上的最大公约数就是商事能力。

如何看待商法平等与民法平等?既然商人之间商事平等的最大公约数为商事能力,那么更上位一个层面的民事最大公约数,也即民商平等是什么呢?从发生论看,近代民法是建立在平等与互换两个基本假设之上的,并据此抽象出统一包括商事主体在内的"民事主体"概念。应该说,民事主体平等主要指涉民事权利能力平等。这是一种每个人基于自然出生而天然具有的资格。无论一般民事主体,还是商事主体,这种天然资格可以无差别互换,无一例外。此时,民商平等的最大公约数就抽象为民事权利能力。但自 19 世纪以来,现代民法从根基上动摇了建立近代民法所必需的两大基石——平等与互换,转而在价值取向上追求实质平等。这显然与现代商法所追求的以商事能力为保障的形式正义——安全、效率分道扬镳。

2. 平等商事关系形塑了商法在法律体系中的独立地位。所谓商法独立地位,意指商法在"拿来主义"下自立自为,即商法根据自身需要主动摄取外在的民法私法或行政法、经济法等公法中的诸如债权、物权、"三公"(公平、公正、公开)、诚信等法律规范,以为我所用。此时,商法摄养不仅不会丧失其独立性,反而会强化其自为能力。正如人们因为饥饿吃鱼肉,并不会因此异化为鱼肉。人们因摄养鱼肉而补充了能量,变得更强大。与之截然相反的,则是无视商法自立的"送来主义"。依"送来主义",商法将被动接受外在的民法私法或行政法、经济法等公法规范,异化为一种"受人供养的无行为能力人"。商法"送来主义"犹如人们食用转基因食物,自身可能异化,长此以往,人们便不是人们自己,从而丧失独立性。

基于"拿来主义",平等商事关系能否形塑商法独立地位,学界存在特殊说与独立说争议。特殊说认为,商法存在商主体、商行为、商业登记等诸多制度,但这些制度在整个私法体系中并不是统一存在的，而主要是从商业特殊性出发所作出的民事制度的商事表述，如民事主体下的商事主体，民事行为下的商事行为以及私法登记下的商事登记等。据此，民、商法关系应为一般法与特别法关系。依特殊说，尽管我们承认公司法、证券法、破产法、保险法与票据法等单行法为商法，但这些单行法仍然受民事主体平等、意思自治原则的约束。尤其在诸多商事疑难问题上，商法仍然需要沿着“回家的路”而“被动”求助民法找到私法的终极答案。[①] 特殊说据此得出，商事并不能脱离民法而独立存在的结论。

与特殊说对立的商法独立说认为，商法在整个法律体系中具有不可代替性，理由如下：其一，从文义上说，所谓独立，可从主、客观两个方面分析。主观意义上的独立，即商法具有不受其他法律支配的自洽体系；客观意义上的独立，则为商法规范不依附、不隶属其他法律，亦即，依规范自足。当然，商法独立并非民商之间不发生关联。本质上，商法独立是为了更有效地规范交易，而非去交易。因此，商法独立属于规范性而非解释性范畴，是建构性而非分析性的，是目的而非手段。从比较意义看，部门法划分是一个相对性问题，即使在商法内部的单行法之间也存在调整范围大小的比较与冲突，进而引发独立性问题。其二，从本体看，商法独立性是由相对独立存在的经济条件决定的，因此，建立在市场经济基础之上的商法必然与商业独立精神、效率价值取向相匹配。其三，从内部结构看，商法作为部门法，不仅具有独立的调整对象，还有特殊的效率、自由与外观原则以及诸如商事主体、商事行为、商事登记等规范制度。其四，从外部关系看，商法与行政法、劳动法等相似部门法相互独立，具有显著差异，但与民法、经济法的差异较小，同中有异，具有相对性。但这种相对性只是为商法“摄养”带来适用难度，而不会因此否定商法的独立性。[②] 其五，从实践看，商业贸易发展有赖于商法成为独立法域，以便维护交易安全与降低交易成本。如欧洲中世纪后期，商人组织商会，借鉴罗马法与商业习惯制定具有国际规范性的商人法，进而组建

① 许中缘：《论商事规范的独特性而非独立性》，载《法学》2016 年第 12 期。

② 苗延波：《论商法的独立性》，载《河南省政法管理干部学院学报》2008 年第 1 期。

商业自治法庭,以解决商事争议。可以说,商人法是商法独立性的典范。这种独立商人法不仅促进了欧洲中世纪的商法统一,还为随后而来的商法法典化奠定了基础。从我国现状看,我国商业经济发展确实需要一部独立的商法,否则,市场经济难以有效保障。[①] 笔者支持独立说。

3. 平等性是在商事法律关系中实现的。如前探讨,商事平等关系构成了商法调整对象,也形塑了商法作为法律体系独立法域的地位,并在具体商事法律关系中得到验证。质言之,商业发展乃社会所需,也是社会所趋,为此,商法应为这种所需所趋提供必要的规范支持。基于规范支持,商事法律关系须在实践层面融合商法认可的初始平等、商法调整过的矫正平等以及商事"同类平等"、商事"异类平等"四类具有平等性的商事关系。然而,大多数学者对商事法律关系中的平等界定并不周延,需要进一步厘清。

有人认为,商事关系是平等的商事主体之间基于营利动机,在持续营业之中建立的经济关系。[②] 这里的平等仅指在商事关系中处于商事"同类平等"下的初始平等,而忽略了处于商事"异类平等"下的矫正平等。这必然将那些具有纵向社会关系以及横向中的非商人社会关系排斥在外,如在特定经济条件下国家招投标关系、一般散户证券买卖关系。

有人认为,商事关系是商法所调整的由商人从事商事交易活动所形成的社会经济关系,具有主体资格商人性(至少一方为商人)、主观目的营利性以及客观行为交易性等法律特征。[③] 从商事平等性视角看,该界定应该包含商法所认可的初始平等、商法所调整的矫正平等以及商事"同类平等"三种情形,而将非商人社会关系排斥在商事法律关系之外。

有人认为,商事关系是商人因商行为而形成的法律关系,具有主体平等性和行为营利性特点。此外,至于商事关系是否仅为商人之

① 赵万一:《商法的独立性与商事审判的独立化》,载《法律科学》2012 年第 1 期。

② 王保树主编:《中国商事法》,人民法院出版社 1996 年版,第 4 页。

③ 冯果、卞翔平:《论私法的二元结构与商法的相对独立》,载中国法学会商法学研究会编:《中国商法年刊(创刊号)》,上海人民出版社 2002 年版,第 126 页。

间所形成的法律关系，视商法客观主义与主观主义的体例差异而有不同。① 该说并不认同非平等主体之间形成的社会关系，从而将商法所调整的矫正平等排除在外。

有人从主体类型化角度考察商事关系，得出商主体与商主体间的营利关系；商主体与监管者间的监管关系；商主体与消费者间的消费关系以及非商主体间的经济关系四类关系。这种分类均将商事营利性作为中心链接点，并同时认为，商事关系与商法调整的商事法律关系有别。② 据此，从商事平等性视角看，该界定较为周延地囊括商事法律关系的四种情形，具有一定的合理性。值得注意的是，该界定将商主体与监管者间的监管关系作为纵向商事关系，没有争议。但这种纵向商事关系发生在特定监管条件下，而不可能形成商事法律关系中的纵向关系。或者说，这种类型划分所指涉的监管关系并不属于具体商事法律关系中的"商法所调整的矫正平等"情形，需要进一步完善。

综上，商法的绝对地位表示商法属于公私法区分下的私法，主要调整商事平等关系，是法律体系中的独立法域，并在具体商事法律关系中得以实现。

二、相对地位（相关比较）

所谓商法相对地位，主要指涉一国商法与法律体系中其他法律在结构与功能上的区分。从法理看，商法相对地位是以商法绝对地位的建立为前提的，也即商法自身得到发展成熟后，必然呈现出其区别于其他法律的特殊性。一般认为，商法源于中世纪欧洲，直至近代法国、德国商法典的颁行才形成一个独立的成熟法律部门。中国商法始于清末商法，其是在中国近代工商业发展及对西方商法移植的合力下制定颁行的，堪称中国最早的商事立法。但随着清朝覆亡，相关立法并没有全部完成，已完成者也残缺不全，因而没有真正实行。1949 年之前，我国一直秉持民商合一体制，商法一直附身于民法之

---

① 赵旭东：《商法的困惑与思考》，载《政法论坛》2002 年第 1 期。

② 蒋大兴：《商事关系法律调整之研究——类型化路径与法体系分工》，载《中国法学》2005 年第 3 期。

下。而在1949年之后,我国受计划经济体制影响,直到1992年,中国转向市场经济,商事立法提上议事日程,商法地位在法律体系中逐步凸显。[①] 然而,商法相对地位提升并未平息学界关于商法能否成为独立的成熟法律部门之争,主要存在两种观点:一是否定论,如有民法学者断言,商法只能依附于民法而存在,它本身不可能构成单独的法学部门;[②]有经济法学者更进一步认为,本质上,商事关系只是一种经济关系,应由民法和经济法共同调整,因此,商法缺乏特定的专门调整对象。[③] 二是理性肯定论。如法理学者沈宗灵教授将商法与民法、经济法、行政法等并列为中国十大法律部门。应该说,这是一种客观的"他者"视角,值得尊重;[④]商法学家徐学鹿教授直接将商法界定为"市场经济基本法"。[⑤] 应该说,徐教授是站在当事人立场力挺商法,且其执着又不乏理性,已经超越了学科之争樊篱,令人钦佩。但无论如何,中国商法是在激烈论战中诞生为一门独立法律部门的。

(一)商法与民法之区分

商法与民法之区分并不意味着民商法同时产生,民法远远早于商法。罗马共和国时期出现大量的调整公民关系之私法;到帝国时期,罗马"世界国家"促进商业贸易发展,催生了众多的商事习惯。可以说,罗马私法协同商事习惯一起深刻影响了后世民法,进而在这种习惯规则与商人阶层的双重作用下诞生了与既有民法存在诸多理念差异的商法。除宏观差异外,民商法之间在规范基础及其功能上还存在诸多的微观区分。当然,这种规范区分仅指民法、商法作为同位规范,但处于不同法域所呈现的部门法差异,而不包括前述商法形式所指涉的不同位阶间的上位法与下位法之判定。

1. 规范结构:商法规范内部结构的变动与优化。(1)设立:民法没有相关规定,如商法关于商号、商业账簿和共同海损方面的规定。

---

① 官欣荣:《反思商法的法律地位——在制订〈商事通则〉的语境下展开》,载《法学杂志》2009年第12期。

② 王利明:《论中国民法典的制订》,载《政法论坛》1998年第5期。

③ 杨紫烜主编:《经济法》,北京大学出版社1999年版,第48页。

④ 沈宗灵主编:《法理学》,北京大学出版社1999年版,第394页。

⑤ 徐学鹿:《什么是现代商法——创新中国市场经济商法理论与实践的思索》,中国法制出版社2003年版,第5、6、43页。

(2)变更:民法有相关规定,但不适用,如商法关于商事时效与法定利息方面的规定。(3)终止(完善):民法有相关规定,但不具体,如商法关于公司的规定就是民法对法人制度的特殊化规定。换言之,它是为了实行企业法人制度而作出的更具体的规定;又如运输、仓库的有关规定,就是对民法中的合同规范的具体化、特殊化。①

2. 规范功能:民商法外部功能差异。所谓规范功能,主要是指民商法基于规范差异而产生出不同的法律适用情形:(1)民法的基础适用,即民法的一般适用和补充适用。其一,民法中最抽象或最一般的规范部分,如权利能力、行为能力、诚信原则等属于包括民商法在内的整个私法共用法。因此,商法在调整商事关系中均应无例外地将共用法适用于商事事项。其二,凡商法没有规定的,民法的规定均可补充适用。这种补充适用主要归因于民法属于整个私法体系的基础构造,而商法则属于私法体系的延伸部分。商法因商业贸易发展而产生的延伸性规范是对民法基础构造的一种叠加,即商法并不能脱离私法体系而独立发展,如风筝不能脱离风筝线而翱翔天空一样。商法规范延伸一旦缺失,民法基础构造随即跟进。为此,笔者并不认同那种视商法如火箭发射,其脱离发射台后可以独立在航行轨道运行的独立延伸论。(2)商法的延伸适用,即商法适用先于民法。原则上,商法在商事关系调整中应“自力更生”,如对于公司设立与经营所产生的法律关系,公司法的规定适用应先于民法法人制度的规定。(3)商法效力优先于民法。这一判断与前面两点适用有所不同。它不是因为民商法之间的一般与特殊关系,而是因为公法具有意思先定效力。商法与民法虽然同属于私法,但商法是一种渗透着公法因素的私法。商法中的公法因素,如公司法的程序规定、证券法的结算机构为证券交易提供存管与结算规定、破产法的管理人职责规定,均涉及诸如行政法、刑法与诉讼法等公法内容。这些公法规定效力无疑优先于民法。

3. 基于规范的结构功能关联性而作出的选择(2 个前提,4 种类型)。前述依次就规范结构与规范功能进行了独立性探讨,但理论

---

① 王保树:《商法总论》,清华大学出版社 2007 年版,第 27 页。

上,结构功能论主要指涉规范构造及其作用间的必然联系,认为一定的规范结构是该结构发挥作用的载体,规范作用能否充分有效发挥通常是以其相应的规范结构为前提的。该研究方法可以指导我们在作为结构的民商规范及功能意义上的民商活动间的互动关系中如何进行民商选择。①

(1)应然类型:应然状态的本质是各得其所,即民事归民事,商事归商事,规范与事实间呈现出一种理想自洽关系,这是民商规范所追求的法秩序。从法目的看,应然类型包括民事活动适用民法规范与商事活动适用商法规范两种。

(2)实然类型。然而,法律的有限理性与社会生活的纷繁复杂决定了应然类型仅作为一种理想状态存在。实际情况是,如何在法律的有限理性与社会生活的纷繁复杂之间作出规范选择才是法秩序建构的常态。为此,根据民商规范不同形式与民商活动不同样态的组合,存在以下四种实然类型。

一是民商法均规定,则各自相对选择。民商法均规定是指民商法规范分别对其调整对象作出确定的、具体的、无争议的规范。为此,民事对象适用民法,商法对象适用商法,各自进行自洽性选择。反之,规范不明确、不具体,就不具有法律适用的可能性,民商规范各自相对选择无从谈起。

二是民法规定,商法无规定,则无论民事活动还是商事活动,均绝对选择民法;商事活动不能因无商事规范依据而拒绝民事规范。

三是民法无规定,商法有规定,则在民事活动中,或者无法适用民事规范,或者进行类推;在商事活动中,直接适用商法规范。

四是民商法均无规定,则各自相对类推。民商法均无规定,民事活动进行民事规范类推,商事活动进行商事规范类推,而不得民事活

① 结构功能主义(Structural functionalism)是西方社会理论中的一个重要流派,该学派从结构与功能以及二者的联系出发,分析和探讨有关社会系统的一系列理论问题。作为一种方法论,结构功能主义认为:社会是由诸多相互依存的单元组成的统一系统,其内部存在结构上的分工,每个单元都各自发挥着特定的功能,它们相互依存又相互制约,维系着社会作为一个整合系统而存在。如果社会系统的一个部分发生变化,势必影响其他部分甚至整体系统。也就是说,在社会系统中,其结构表现为一种功能。[德]乌塔·格哈特:《帕森斯学术思想评传》,李康译,北京大学出版社2009年版,第103页。

动进行商事规范类推,商事活动进行民事规范类推。除非,民事活动不能进行民事规范类推,得次优类推商事规范;同样,商事活动不能进行商事规范类推,得次优类推民事规范。①

(二)商法与经济法之区分

19世纪末至20世纪初,垄断资本主义逐渐兴起,垄断取代了自由竞争,在资本主义经济中占据了主导地位。而第一次世界大战之后,经济危机席卷整个资本主义世界,各种限制竞争行为严重破坏了原有的自由竞争秩序。为了缓和日益尖锐的社会经济矛盾,稳定社会经济秩序,西方各国政府开始摒弃过去消极"守夜人"的角色定位,转而采取积极干预经济的政策。在此背景下,西方各国纷纷出台了大量与政府干预经济相适应的法律、法规,包括反垄断法、反限制竞争法以及弱者保护法等经济法律措施。

经济法出现后,商法作为一种具有公权干预不可避免性的不纯粹私法,与经济法在价值、原则及规范等方面的比较成为学术研究的必选课题。

1. 价值追求不同。价值追求的本质是主体对法律利益的需求。就此来说,商法重在保护作为个体的商事主体利益,从而维护商事交易秩序;而经济法则主要通过建立公平竞争市场为商事主体商事交易提供条件,从而维护社会整体利益。

2. 原则遵循不同。商法主要通过维持"私法自治原则"来实现交易自由;而经济法则秉持国家干预原则。值得注意的是,商法是一种渗透着公法因素的私法,具有公权干预的不可避免性,但这种干预往往是一种被动干预,如依申请的商事登记;破产法规定债权人只能通过破产程序行使权利,债权人不得个别追索债务,体现债权人公平清偿原则。由此来看,商法上的公权干预目的是对市场失灵的预防;而经济法上的公权干预目的是对市场失灵的拯救与治理。

3. 规范内容不同。这主要表现为商法与经济法分别归于不同的法律群,从而具有不同的法律属性,实行不同的调整方法:(1)法律群

---

① 郑景元:《合作社商人:农地三权分置的新实践》,载《清华大学学报(哲学社会科学版)》2020年第4期。

不同。在既有法律体系中，商法群成员主要由商主体、商行为、商事登记、商业账簿等构成的商法总则以及由公司法、证券法、破产法、票据法、保险法等构成的商法分则两个方面组成；经济法则主要由金融法、税法、消费者权益保护法、产品质量法、反不正当竞争法、反垄断法、贸易管制法等法律规范构成。[①] (2)法律属性不同。商法虽然兼具公法性，但本质上仍是以任意性规范为主的私法；而经济法总体上是一种借由执行强制性规范而实行公权干预的公法。(3)调整方法不同。商法主要遵循"意思自治原则"，实行商事主体间的自我调节机制，如采取融资租赁、委托经营、商业信托等私法方式；而经济法则依照"公权干预原则"，通过政府权力安排对社会经济进行调节，如采取税收、罚款、关停并转等公法方式。

笔者认为，民法是一种在权力无涉条件下的纯粹私法，而商法与经济法则在不同经济制度条件下会有不同的命运。如市场经济需要对市场主体作一体对待，公权力处于消极状态，即使国家出资公司，也必须与普通公司、合伙、独资乃至农民专业合作社一样，被抽象为商事主体，并同等参与市场竞争。从某种意义上讲，"市场经济无经济法"；但在计划经济下，公权力直接参与经济管制，或者间接以国家出资公司名义对社会公共经济实施管理，可谓"计划经济无商法"。由此看出，人们生活状态与权力运行存在一定相机关系，也即隐藏于民法、商法以及经济法中的公权力负担着对既有秩序进行法律矫正的正义使命，以期达到"法律上的平等"目标，本书表述为"三法图景"，即民法："弱—弱(公权力无涉)"；商法："强—强(公权力消极干预)"；经济法："强—弱(公权力积极干预)"。其中，"弱"，并非指主体体力、智慧或者经济缺陷，而指民法对民事主体自然状态的一般要求；而"强"，这是对主体自然出生之外的知识、资本(包括信息)、经营能力等方面的外在要求。当然，强、弱是在比较中产生的，仅为一种相对观念，并不具有绝对性。

① 因我国无商法典，也无经济法典，故此处仅从理论角度表述规范内容。

第三章　法后：商事法律

如前探讨，法中指涉的商事立法是商法编纂问题。商法编纂方法不同，就会出现诸如合一、分立抑或折中的不同体例类型。然而，不管哪种商法立法体例，都属于承载商法的文本形式。经过商事立法，我们需要认知作为编纂成果的商法内容是如何构成的，也即法后意义上的商事法律。依制度法论，法是一种由规则、法律原则与明确的价值标准所建构成的法律本体，即规范构成物。① 为此，我们可以将商事法律视为一个由商事价值、原则与规范组成的规范构成物。这个构成物是一个有别于先验的原始事实，而由立法建构后所呈现的具有经验性的制度事实。因此，商事法律就是商事立法的必然成果。

第一节　商法价值

一般来说，商法价值论主要包括商法价值的内涵、体系以及适用三个方面问题。其中，商法价值界定是商法价值论的逻辑前提；基于商法价值概

---

① ［英］麦考密克、［奥］魏因贝格尔：《制度法论》，周叶谦译，中国政法大学出版社 1994 年版，第 72 页。

念，商法价值内容及其趋向才能得以确立；这为商法价值适用提供了必要的法律依据。

一、商法价值的界定

（一）法律价值的内涵

“价值”一词因为使用的学科领域不同而有不同含义。如在社会学领域，价值可以被理解为一种根据社会共识与伦理道德来评价人们好坏、优劣的相对稳定的行为准则；在经济学领域，价值“具有精神或美学的特性，并具有使用性，可以用金钱及能够交换的物来衡量”①。人们对法律价值概念有不同认识，主要存在主观说、客观说与折中说三种代表性观点。

1. 主观说，又称兴趣说。在中文世界，价值主要表达人们内心世界对某种美好事物的憧憬，以及人们应做什么与想做什么的观念，如效率、安全、秩序等。② 有学者认为，价值是一种认知之外的东西。当我们判断某个东西具有“价值”的时候，我们其实已经在表达自己的情感，而非表达某种可靠的现实，也即，一切价值均源自人们恒久不变的兴趣。而这种兴趣就是一种本能、欲望等感性方面的东西，③侧重于主体的态度，而不能涵盖客体的状态与属性，因而也是存在缺陷的。从法律角度看，法律价值就是法对于主体所具有的意义，如法能够满足主体的世俗需求、法的神圣性能够满足主体的信仰追求与精神依托。

2. 客观说，又称属性说。该说认为，价值主要是指某个事物的具体有用性，表现为事物自身的存在及其属性。若某种事物是有用的，人们便认为该事物有价值。比如，面包可以吃，人们便认为面包是有价值的。就此来说，价值与有用同义，重在强调事物自身的存在与属性，却不能表明或包含主体的态度。从法律角度看，法律价值就

---

① ［英］戴维·M. 沃克：《牛津法律大辞典》，北京社会与科技发展研究所组织翻译，光明日报出版社 1988 年版，第 920 页。

② 周安平：《法律价值何以是与何以不是》，载《深圳大学学报（人文社会科学版）》2020 年第 3 期。

③ 王吉胜主编：《中西著名思想命题要览》，辽宁教育出版社 1996 年版，第 1126 页。

是法律主体可以利用法律认识、评价法律行为，从而实现法律主体愿景，也即，法律对法律主体有用。[①]

3. 折中说，又称主客观关系说。该说认为，价值是任何客体的存在、属性作用等对于主体的意义，即客体能够满足主体的需要。由此看，该说指涉的价值并非某种事物的固有属性，而是一种关系性存在。然而，主客观关系说用"关系"很难清晰阐释价值内涵，也不能对主观与客观作出主次区分，有待于进一步明确。从法律角度看，法律价值不仅体现了作为主体的人对作为客体的法之需要，也显示了作为客体的法对作为主体的人之满足，即人与法之间是一种需要与满足的对向关系。[②]

基于以上分析，笔者认为，价值是指主体所珍视的客体的存在状态、属性或作用。其中，主体对客体的存在状态、属性或作用的这种重视程度是以客体的存在、属性或作用对于主体的需要具有相洽性为基础的。[③] 从法律角度论法律价值，须把握两点：一是法律价值是建立在人与法，即主体与客体的关系基础上的；二是法律价值反映了法对人的需要的满足。这使其与法律作用、法律功能区分开来。法律价值对法律制定、实施具有指导意义，而法律作用则是法律的社会效果。法律价值具有应然性，而法律作用具有实然性；法律价值与法律功能都具有应然性和有益性特点，但法律价值相对于法律功能更具有一般性和终极性，是法律功能的指导与目的，而法律功能仅为法律价值得以实现的手段和途径。[④]

（二）商法价值的指涉

如前文所论，法律价值是指法律对主体需要的满足。人们对法律价值概念的深刻理解为商法价值研究提供了一个较为坚实的理论基础。然而，商法作为一门独立法域，法律价值与商法价值并非简单的种属关系。实际上，商法价值在法律价值论框架下添附了诸多特殊背景，需要具体分析。

---

① 谢鹏程：《基本法律价值》，山东人民出版社 2000 年版，第 6 页。

② 张文显：《法哲学范畴研究》（修订版），中国政法大学出版社 2001 年版，第 192 页。

③ 李步云主编：《法理学》，经济科学出版社 2001 年版，第 57 页。

④ 陶政：《商法价值研究》，西南政法大学 2008 年博士学位论文。

1. 主观说,可具化为商法价值理想说。该说认为,商法价值表达了人们内心世界对美好事物的憧憬。追溯20世纪80年代,我国计划经济体制显露出其局限性。为此,我国为寻求商业观念转变而向市场经济迈出了重要的一步。这一蜕变,为商业发展带来了前所未有的机遇。在商业政策引导下,个体经济、私营经济等非公有制经济形式逐渐崭露头角,个体户、私营经济、外资企业等市场主体纷纷涌现,成为推动商业发展的重要力量。人们在走出贫穷落后对富足繁荣商业的美好坚守,反映在商法价值上即表现为效益价值至上。① 当然,商法价值的效益至上论并不排除其他价值的存在,而是说,效益至上是商法的最高价值追求;在商法价值与其他价值比较中,效益价值居于优先地位。

2. 客观说,可具化为商法价值现实说。该说认为,我国商法在客观上具有推动社会变革的现实意义,主要表现为内外两个方面:其一,商法的观念价值,即商法制度能够有效推进中国法治观念的变革,如商事主体的平等与财产观念可以消解传统社会的特权思想与道德统治,从而建立现代社会的自由权利观念、财产信用意识等。②其二,商法的制度价值,即商法是市场经济赖以存在的法律制度基础。其中,公司法、合伙企业法等商事主体法从根本上改变了计划经济下市场主体缺位问题,而证券法、破产法等商事行为法则奠定了市场交易的规范基础。

由此看,客观说揭示了当下商法在权利意识、商业信用等观念确立与市场经济的独立人格、交易自由等制度建立中应当发挥的作用。当然,这些商法观念与制度价值并不直接教人们如何谋取投资溢价,而仅仅在于通过法律制度建构一种自身营利有机体,为人们赚取溢价进行法理解说与法律保护。③

3. 折中说,可具化为商法价值两重说。该说认为,商法内含着一种需求与满足的对应关系,这种关系体现在商法功用价值与商法评

---

① 赵万一:《商法基本问题研究》,法律出版社2002年版,第84~87页。

② 范健、王建文:《商法的价值、源流及本体》,中国人民大学出版社2004年版,第17~83页。

③ 王保树主编:《中国商事法》,人民法院出版社2001年版,第22页。

判价值两个方面。商法功用价值具有内在性，它指的是商法规范本身所具备的规范效用，如保护商事主体的合法权益、促进商事交易顺利进行等；而商法评判价值则具有外在性，它源于主体对商法功用的预期、评价以及认知所形成的价值追求，如追求效率、保障安全与维护秩序等。

笔者认为，商法价值是指商法对于主体需要的基本满足，反映的是主体需要与商法满足间的一种对向关系。在这种对向关系下，商法中的正义与秩序内容才能得以彰显，从而为建构商法价值体系，进行商法价值适用提供法理解说。

二、商法价值的体系

一般来说，价值体系是一个社会在某个时代所具有的信念、规范等价值观念的集中反映。这些价值体系指导着人们的行为决策，是理解各种社会价值体系的重要窗口。其中，在法律领域中，由一组既相互关联又相互支持的价值观念所组成的系统就形成法律价值体系。该体系内容通常由秩序与正义两大基本价值元素构造而成。在正义这一基本价值中，又包含安全、自由、平等、效率，彼此交互连接。作为一门独立的部门法，商法的价值体系自然不能脱离法律价值体系关于秩序与正义的基本要素，具有相对稳定性。但随着商业发展与制度变迁，商法价值体系必然会发生相应的取舍与调整，从而形成一组相关价值所组成的系统，以适应市场经济发展需要。为此，商法正义价值主要体现为效率与安全两个方面，其中效率居于商法价值的核心地位。但不管是效率还是安全，均有赖于商法秩序的存在。[①]当然，秩序在某种程度上也有安全之意，但这只反映社会生活形式而非实质；而安全却是一种实质价值，需要社会积极推进。[②] 基于此，正义与秩序构成商法价值体系的基本内容。

---

① 赵万一：《论民商法价值取向的异同及其对我国民商立法的影响》，载《法学论坛》2003 年第 6 期。

② ［美］E. 博登海默：《法理学：法律哲学与法律方法》，邓正来译，中国政法大学出版社 2004 年版，第 227 页。

(一)商法秩序

1. 秩序。秩序,在中国传统语境中解释为“秩,常也;秩序,常度也”,即指人或事物所处的位置及其应遵守的规则。而在现代解释中,秩序指的是人和事物存续过程中展现出的一致性、连续性和确定性等特征,它包含社会秩序和非社会秩序两大类。其中,社会秩序指的是社会中存在的组织制度、结构体系以及社会关系的稳定性、规则性和连续性。法律所追求的价值意义上的秩序,显然是指那些对人类有益的社会秩序。然而,何谓有益秩序,不同人有不同理解,如早期先贤柏拉图认为,所谓秩序,即是各守其分、各得其所;神学家奥古斯丁则认为,秩序就是各有所别、各有所得。[①] 近代以来,人们转而认为,那种公平竞争和人道生活状态才是一种有益秩序;而随着竞争日益加剧与人道危机频繁发生,现代人更倾向于将和平发展与幸福生活状态视为秩序的真谛。

由此来看,尽管社会在发展,秩序呈现方式也在变化,但秩序背后总是存在着一些恒常不变的属性,如社会关系的稳定性、结构的一致性、行为的规则性、进程的连续性、事件的可预测性以及人身财产的安全性。[②]

2. 法律秩序。如前所论,秩序是法律价值体系中的基本元素之一。在法律价值体系中,法律秩序是法律的基础价值,没有法律秩序,正义必将荡然无存。这主要归因于法律的本质与任务。从某种意义上说,一个国家建立必然意味着国家秩序的建立。同样,没有秩序的国家统治,也无从国家统治。很显然,在一片无序混乱之中,统治权力根本无法行使。秩序对于法律的统治目的来说,无疑具有优先地位。在秩序状态下,人们的社会生活才有可能受到法律的调整与维护,否则,就只有混乱,法律更无从谈起。因此,法律创立的首义便是追求秩序。有了秩序,法律方能发挥法律效用。[③] 正所谓“乱世无法治”,一语道破法律秩序的真义。

---

① 张文显:《法哲学范畴研究》(修订版),中国政法大学出版社 2001 年版,第 195 页。

② 张文显:《法哲学范畴研究》(修订版),中国政法大学出版社 2001 年版,第 197 页。

③ 葛洪义主编:《法理学》(第 3 版),中国政法大学出版社 2007 年版,第 42~43 页。

3. 商法秩序的界定。商法秩序属于法律秩序一种类型，居于商法基础价值地位。这种基础价值主要体现为商法秩序的交易平台属性，也即，商法秩序是一种为实现交易而提供可预期前提下的安全稳定、可满足感与可实现感的基础平台。为此，商法秩序可被分割为目标、制度以及实现三个预设阶段。

一是目标确定。一般来说，目标总是高于现实的，具有不可追及的期待性，否则就是一种可以实现的商法目的。通常，商法秩序是以安全稳定为价值目标的。商法价值目标一旦确立，便承担起引导商事交易之领路人角色，以防止期待落空。乱世无秩序自不待言，但有秩序，甚至有法律秩序，仍然会出现商法秩序失范问题，也即，商法秩序具有专属性。商法秩序要求我们不能以民事自由秩序代替商事交易秩序，更不能以公法管制秩序代替商法交易秩序。否则，在商事交易中，便会发生以道德评价替代商业信用、以“市长代替市场”等问题。

二是制度安排。商法交易目标确立后就需要进行相应的制度安排，以期获得交易的可满足感。而所谓制度安排，无非就是为执行某项特定的社会任务而作出的一种系统化规范与设计。[①] 如我国《市场主体登记管理条例》确立市场主体设立、变更和注销制度，保障市场主体的有序准入与退出；证券法制定证券市场的集中竞价、大宗交易与金融期货等交易规则，维护社会经济秩序；公司法、破产法等规定各种类型法律责任，以使商事秩序恢复到常规状态。

三是目标实现。基础平台意义上的实现，主要是指为了交易而提供各种行为方式。行为方式通常给人一种可实现感，但绝非具体现实。以是否存在人为作标准，商法秩序有生成与建构两种实现方式。所谓生成秩序，是指在商法体系内部人们自行认可的规范序列，而非人们有意安排；与之对应的建构秩序，则指在商法体系外部由意志创造者强行赋予的一种规范序列，因而属于人为创制的结果。一般来说，商法内的很多制度，如商号制度、登记制度、歇业制度等都

---

① ［美］哈罗德·J. 伯尔曼：《法律与革命——西方法律传统的形成》，高鸿钧等译，中国大百科全书出版社1993年版，第6页。

是在长期商事交易活动中形成的,具有生成性;但将商事制度上升为立法——商法自身却是人为的结果,因而具有建构性。[①] 从商事实践看,生成与建构是实现现代商法秩序不可或缺的两种方式。

总之,商法秩序价值在商法价值体系中处于基础地位,是实现商法效率价值和安全价值的基础环境,并为之服务。没有秩序,正义上的效率和安全便难以实现。因而,只有建立在秩序基础上的效益和公平才能持续长久。商法上的秩序价值实际上是整个法律体系中秩序价值在商法上的表现。简而言之,在整个法律体系内存在法律秩序,这种法律秩序在商法上就成为商法秩序。在商法秩序下,商人能降低商业成本,促进效益增长;也能防止侵害正当利益的行为,促进公平的实现。从某种意义上说,商法秩序并非商法的终极目标,而只提供商法运行的环境,在此环境下,商事主体努力追求利益的最大化。

(二)商法正义(效率、安全)

1. 效率。正义作为商法价值没有争议,但正义之下的次价值,如效率等是否能够成为法律价值,乃至商法价值,仍然存在分歧。如有学者认为,将效率作为法律价值存在诸多弊端,如法律沦为强者工具、强化重实体而轻程序的观念、催生司法不公等,故而主张“把效率还给经济,把正义还给法律”。[②] 笔者并不认同,这显然将商法外的效率与商法上效率作混同理解。一般来说,所谓商法外的效率,主要指经济活动效率,即单位时间里实际完成的工作量或某项工作获得成果与投入成本间的比值,具有实指性。作为一种商法具体价值,所谓商法上的效率,是由其营利动机驱动的。商事营利动机本身并不直接教人们如何投资赚钱,而仅仅在于通过法律制度建构一种自身营利的有机体,为人们谋求投资利益以上利益进行法理解说与法律保护。[③] 为此,在商事交易复杂多变,各种商机转瞬即逝的背景下,如

---

① [英]弗里德里希·冯·哈耶克:《法律、立法与自由》,邓正来、张守东、李静冰译,中国大百科全书出版社 2000 年版,第 55 页。

② 周安平:《法律价值何以是与何以不是》,载《深圳大学学报(人文社会科学版)》2020 年第 3 期。

③ 王保树主编:《中国商事法》(新编本),人民法院出版社 2001 年版,第 22 页。

果作为调整商业活动的商事程序与交易方式繁杂,必然影响交易效率,增加交易成本。鉴于此,本身并不创造经济利益的商法可以在简化交易程序、弱化交易方式等方面有所作为,如采取时效短期化、交易定型化与顺畅化等时空设定措施。

一是时间设定。为谋求快捷交易,商法通常采取短期时效主义,即将商事交易所生债权的时效期间予以缩短,以便快速确定行为效果。如我国《票据法》第 17 条专门规定了票据权利行使的短期时效制度(两年以内),票据权利人如果在一定的时间内不行使票据权利,票据债务人就可以依票据权利人超过票据时效而拒绝履行票据义务。该规定旨在通过对持票人行使票据权利的期限限制,督促持票人及时行使票据权利,保障票据在商业活动中的快速流通。票据时效期间届满,持票人不仅丧失了票据权利的诉权,而且其票据权利的请求权也将丧失。而一般的民事诉讼时效期间届满只发生诉权或胜诉权丧失的法律后果,其民事债权请求权仍然存在,债权人可以民事权利主张债务人履行债务。此外,关于票据诉讼,各国通例大多采用简易程序,以使纠纷能够速断速决。

二是交易效率的空间布局。这主要涉及交易的规范化和顺畅化两个方面。(1)交易规范化。交易规范化旨在通过确立效率结构,对交易形态、交易客体及交易方式进行明确界定。其一,交易形态规范化,意味着将交易形态标准化,确保任何组织或个人在任意时间进行商事交易时,均能享受一致的法律效果。如我国《民法典》合同编中关于货物标定卖价的规定,就是使交易当事人一方先行陈列各种定型的货物,标明价格,并以此作为"要约邀请",使方对此要约之货物及价格可以迅速作出是否购买的"要约"决定,以此促进交易敏捷进行。其二,交易客体定型化,包括交易客体商品化和交易客体证券化两种情况。在交易客体商品化情况下,作为有形物品的交易客体就会形成统一规格或标记,以便完成同质标的物的大宗交易。例如,商标法所规范的商标就是用以区分商品或服务来源的标识。人们凭借标识就可以轻易地进行商品识别与商品交易;而在交易客体证券化情况下,作为无形权利的交易客体就会促进资本流通。如公司法上股票交易规定、票据法上票据转让的规定、保险法上保单转让的规定、海商法上载货证券的规定等,均属于权利的证券化。这种被定型证券能够大大促进商事交易效率。其三,交易方式定型化,也即交易方式格式化。我国《民法典》第 496 条第 1 款规定:“格式条款是当事人为了重复使用而预先拟定,并在订立合同时未与对方协商的条款。”通常情况下,格式合同大多存在于商事垄断行业,其所从事的交易内容具有很大的重复性,交易双方又要求公平与便捷。如保险人对保单的拟定,就是为了便捷交易。在股票交易中,人们通过股票交易软件更能显著提升交易效率。(2)交易顺畅化。所谓交易顺畅化,是指人们在复杂的商事环境中只有排除内外因素阻隔才能作出正确的商业经营判断,从而保持交易效率,取得交易效果。此处的内外因素包括内在的去意志化与外在的去阻力化。其中,在内在阻隔下,人们进行商业经营判断总是考量交易目的、动机等主观因素,将主观过错作为交易构成要件之一。然而,商事交易效率总是与交易人主观观感相冲突的。换言之,随着商业的手段日益复杂、周期加快与范围扩大,人们必须正视主观观感对交易效率的阻却力问题。为此,商法对商事交易的条件进行了严格的规定,确保在商事活动中,无论债务人是否存在过错,都应对债权人承担相应责任。例如,公司法大多规定,若股份有限公司设立失败,发起人需对其设立过程中产生的债务和费用承担连带责任。除内在因素外,人们进行商业经营判断还受制于外部交易环境。为此,商法规定,商法的外在干预具有不可避免性,但必须“一切为我所用,切断一切外在干扰”,以实现商事交易效率。例如,我国《证券法》第 40 条禁止证券从业人员在任期或者法定限期内直接或间接买卖、持有股票证券。

总之,商事交易效率价值遵循效率优先理念。效率是商事行为的主要特征之一。市场机会转瞬即逝,要求商人建立迅速反应机制,在市场竞争中获得有利先机。在效率理念支配下,商法尽可能在时空两个方面尽力缩短交易时间、确立交易方式,从而保持交易效率。

2. 安全。安全是人们普遍需要的一种社会性状,因而具有价值性。正义的社会必须具备安全性。这种社会安全性状包含广义与狭义两种含义:狭义上的安全,又称静态意义上的利益安全,是指社会成员的人身、财产(包括自然环境、生态平衡等)得到近乎绝对意义上的保护。这种绝对保护也会形成对个人自由的某种限制,如法律规定人身、财产不可侵犯以及在侵犯后侵害人须承担侵害后果,体现了法律对狭义安全的追求,但也对自由进行相应限制。广义上的安全,又称动态意义上的行为安全,是指在狭义安全得以确定、个人正当自由得以界定的基础上对个人正当的行为自由与利益诉求的保护。需要区分的是,秩序本身也含有安全性质,但秩序安全仅为一种形式需求,无涉善恶评价;而正义中的安全(包括广义、狭义)则具有实质性内容,是一种正当性价值,存在善恶评价标准。

同样,商法上的安全价值实际上是整个法律安全价值在商法上的表现。商事交易追求效率,也须注意安全。如果仅有效率而缺失安全,那么当事人的利益与自由将无从保障。为此,商法为维护交易安全作出了很多制度性安排,主要有以下几种。一是采取强制主义。商法往往采用强制主义保护交易安全。所谓强制主义,是指商法以强行性规范形式对商事组织与行为进行规制。其中,在商事组织方面,如公司法关于公司设立实体要件与程序的规定;在商事行为方面,各种商事法律均规定,从事交易活动不得有欺诈行为,不得违反法律、行政法规以及公共利益或者公共政策。二是采取公示主义。所谓公示主义,是指若商事营业事关利害关系人,有关信息只有公示才能发生法律效力,如公司法要求公司合并或减资时应向债权人公告;公司募集公司债时,应将各事项予以公告;清算人就任后,应催告债权人申报债权。三是采取通知主义。所谓通知主义,是指商事交易的一方应将特定的交易事项告知另一方,否则可能会面临不利的后果。在票据法中,持票人应在拒绝证书或其他相关证明开具后的3日内,以书面形式通知其前手被拒绝的事由;其前手应当自收到通知之日起3日内通知其再前手,否则,可能因此承担损害赔偿责任。在海商法上,海上保险的投保人或被保险人自接到货物之日起一定时间内,如不将货物损害通知保险人或其代理人,视为无损害。依我国《民法典》有关瑕疵担保责任的规定,亦是告知或通知义务的体现。此外,还有商事外观主义、禁止诈欺或不正当行为主义等安全措施。①

① 施天涛:《商法学》,法律出版社2008年版,第27~31页。

总之,商法价值主要包括秩序与正义两个方面。在商法秩序存续下,正义价值下的安全与效益既相互依存又相互促进。从依存方面看,二者相辅相成。其中,安全是商事交易的基础,效率则是商业竞争力的关键;而从促进角度看,二者往往又存在一定张力。一般来说,效率越高,安全性就越差。

三、商法价值的适用

商法价值无论如何充斥着理念魔幻,都不能逃脱商事法律群的成员限制。可以肯定的是,由商事法律属性所决定,所有规范成员均具有规范约束力,并成为司法裁判依据。然而,商法价值的理念魔幻显然有别于诸如《红楼梦》之类的文学作品——有情节故事,但没有规范约束力;商法价值的理念魔幻显然也不同于法律原则与规范那么具体与明晰,很容易与司法实践"绝缘"。然而,正如学者警示,如果仅仅僵化地坚守实在法,而把诸如具有善良美德性的法律价值束之高阁,那么,这些麻木的"法律斗士"会比法律破坏者更糟糕。[①] 为此,何谓商法价值适用、如何适用以及产生何种效力诸问题需要进一步明晰。

(一)商法价值适用的界定

通说认为,广义的法律适用是指国家机关及其工作人员、社会团体和公民实现法律规范的活动。这种意义上的法律适用一般称为法的实施;狭义的法律适用特指司法机关及其人员通过法定方式把法律规范应用于具体案件的法律活动。商法适用实际上是整个商法体系中商法适用规则在商法上的表现。简而言之,在整个法律体系内存在法律适用,这种法律适用在商法上就成了商法适用。

何谓商法价值适用?笔者认为,既然承认商事法律是一个由商法价值、原则与规范所组成的有机体,那么,商法适用必然为商法价值适用留有余地。从价值判断看,狭义的商法价值适用——司法适用更富有专业性与代表性。为此,商法价值适用可被界定为司法机

---

① [美]理查德·A.波斯纳:《法理学问题》,苏力译,中国政法大学出版社2002年版,第291页。

关及其人员以法定方式将商法价值应用于具体案件之中的法律活动。应该说，商事法律价值的司法适用绝非简单的商法对商事事实的一般逻辑推理，而是在整个商法规范、原则适用过程中始终存在商法价值审视与判断的过程，并且这种商法价值判断逻辑几乎成为所有商法适用的难点。① 就此来说，商法价值适用的核心就是商法价值判断。

商法价值适用——商法价值判断是用商法价值判断方式解决事实层面与商法相关的价值问题，是商法价值在商法上的特殊适用。据此，商法价值适用包含以下要点：其一，商法适用有赖于商法价值指引。这主要表现为商法规范乃至商法原则须接受商法价值审视。只有符合商法价值判断的规范、原则才能实现规则对行动调整，从而成为商法适用之依据。其二，商法价值具有内在价值和外在价值之分，形成商法基础。商法内在价值是一种纯粹价值理性，是商法自身蕴含的，并致力于实现商法价值目标，如对效率与安全的追求；商法外在价值是一种工具理性，是商法为满足主体对秩序需要而被创制出来的基础设施。其三，商法价值适用过程是一个具化过程。一般来说，这个具化过程先从一般规范到特殊规范，再从一般价值判断到特殊价值判断。规范具化通常采用传统的司法三段论方法，将案件事实置于法律规范的逻辑涵摄之下，纯粹追求推理过程的形式理性；而价值具化，又称价值逻辑，是一种面向实践并为实践辩护的逻辑。这种辩护包含形式逻辑方法，但主要部分则是诸如伦理、审美、善恶等价值理性，因而具有显著的双重辩护性。正因如此，商法价值适用不仅好用，而且善用，并据此从背景走向台面。

（二）商法价值适用的条件

所谓商法价值适用条件，通常是指法官在商事个案审理中遇到两种以上商法价值冲突时，基于正当程序与商法共识而作出价值取舍所需要的主客观要件。有学者从司法价值考量，认为法律价值判断包含以下两方面：一是主观方面。法官主观上聚焦逻辑推理与价值理性双重观念。为此，法官审理个案遭遇法律价值冲突时，不应过

---

①　舒国滢：《逻辑何以解法律论证之困？》，载《中国政法大学学报》2018 年第 2 期。

于依赖法律文本之义，而应注意诸如平和秩序、良知、平等、公平等方面的法律价值导向，尽力作出既符合形式规则要求，又满足法律价值的判断。二是客观方面。客观上存在一套案件所依据的法律体系。既然存在一套法律体系，则该体系中的法律价值居于统摄指导地位。这为法官合理适用法律价值预设一个有效的方法论基准，从而最大限度地克服法律规则短板与法官个人价值偏见的负面影响。①

应该说，司法价值考量的主客观要件在商法上形成了商法价值的一般适用条件。此外，笔者认为，商法价值适用还需要以下两个主客观矫正要件：一是主观矫正要件。不同于一般司法价值考量，法官审理商法案件主观上更加理性。如法官遭遇商法价值冲突时，在规范层面，应遵循更严格的文本意义。而在价值层面，商法秩序主要集中于交易安全，而非一般的平和性社会环境；商法正义则应聚焦于商法的效率或安全价值，具有较为确定的利益判断基准。这显然不同于其他法律（如民法、经济法）所追求的诸如良知、平等、公平等伦理价值。可以说，这些伦理价值具有很大的模糊性与随意性。二是客观矫正要件。如本书商事立法章所述，商法渊源除规范外，还存在大量的商事习惯与商事自治规则。而这些规则与习惯保留了太多社会历史的发展痕迹。因此，在法律体系中，商法修订、商事立法最为频繁，商法体系注定存在客观变动性。这种变动性通常从商业事实变迁传导到商法体系的变动，进而引起商法价值来回切换。如在经济不景气的时候，公权干预强化，商法效率价值转向安全价值；反之，在经济繁荣时，公权干预减弱，商法安全价值则应让位于效率价值。②

（三）商法价值适用的效力

有学者承认法律上的抽象正义价值，而其他归于"实指"，仅具有影响力，根本谈不上取向力、引导力以及强制力。③ 但这种近乎哲学式的理论思辨很难抵挡法律包括商法实践的"活法活用"。故而，作

---

① 江必新：《司法审判中的价值考量》，载《法律适用》2020年第19期。

② 陈晓庆、张斌峰：《试论法律价值逻辑》，载《湖北大学学报（哲学社会科学版）》2019年第5期。

③ 周安平：《法律价值何以是与何以不是》，载《深圳大学学报（人文社会科学版）》2020年第3期。

为一种经验理性,商法价值早已普遍用于司法实践之中,不仅具有商法效力,而且因商法价值在商法体系居于统摄指导地位而具有最高位阶的适用效力。根据司法进程,商法价值适用效力可依次呈现为早期取向力、中间引导力以及后期强制力三种。

1. 取向力。取向力源于商法价值的内在冲突,如秩序价值下的有序与无序,正义价值下的效率与安全。司法机关在处理商法案件前一旦遇到商法价值冲突,必须确立价值立场以及据此作出明确的价值选择,从而发生取向力。由此来看,取向力包含以下要点:一是取向力并非商法价值体系自身所具有的法律之力,而是司法机关在裁判商事案件时所作出的司法之力,具有确定性与既判性。基于确定性,司法机关在个案中如果根据形式正义将导致司法不公,必须导入实质正义——商法价值作为裁判依据;基于既判性,司法机关一旦导入商法价值作为案件处理依据,该裁判不能因在形式正义中引入实质价值而予以否定。二是取向力虽为司法之力,但该力是因适用商法价值而产生的,具有商法价值关联性。这种关联性不仅发生在司法审理所运用的逻辑三段论之中,而且还体现在裁判结论以及对该结论进行妥当性验证方面。三是取向力是一种司法价值选择力。商法价值体系内部存在秩序、效率与安全等价值要素间的彼此张力与冲突,因此,司法机关处理个案不可能同时兼取不同路向的价值元素,而必须作出取舍。这种司法价值选择既可能发生在不同规范下,也可能发生在不同事实境况下。如在商法与民法区分情况下,民法实行公平优先,而商法则是效率优先。商法可能也会追求公平,但实现路径却与民法有所不同。一般来说,民法从公平理念出发构建民事制度,侧重个体公平,而较少考虑整体交易秩序。[①] 而商法强调交易安全,更多强调商事交易的整体秩序。所谓的商法公平价值也只是在商业社会"公平竞争"条件下去实现个体的"相对公平",[②]因此,司法价值选择要义在于追求整体效率优先,兼顾个体公平。[③] 另外,在不同事实境况下,司法审理商事案件仍然面临价值选择。笔者

① 郑彧:《民法逻辑、商法思维与法律适用》,载《法学评论》2018 年第 4 期。
② 郑彧:《民法逻辑、商法思维与法律适用》,载《法学评论》2018 年第 4 期。
③ 杨峰:《商法思维的逻辑结构与司法适用》,载《中国法学》2020 年第 6 期。

认为,商业发展具有周期发展性,商法对商法价值规范也应区别对待。例如,在商业萧条阶段,应“安全第一,效率附之”;而在商业繁荣阶段,则应“效率第一,安全附之”。

2. 引导力。引导力源于商法价值在商法价值体系中的指导地位。司法机关作出明确的商事价值选择后,就必须依该价值选项统摄整个商法规范,并据此开展商事案件审理,从而发生商法价值的引导力。该引导力包含以下要点:其一,引导力发生在商法价值取向力之后,也即在开展商事案件审理过程中,司法机关用选定的具体商法价值选择、阐释、补充商法原则与规范,以保证价值引导的权威性。其二,选定的具体商法价值具有精确性。所谓精确性,是指商事价值选项必须存在于商事价值群之内,并且是唯一选择。为此,商法价值体系是由秩序与正义(效率、安全)组成的价值群。因此,价值选项必须在价值群内是唯一选择,要么为秩序下的效率,要么为秩序下的安全,而不得兼收并蓄。坚持价值选项的精确性,是确定商事价值引导力的必要保证。其三,价值泛化论无法取得价值引导力。所谓价值泛化论,是指超出商法价值体系,如将商法理念、思维、精神、目的,甚至连商法原则也包括进去的泛化价值论,则明显超出价值选项范畴。[①] 这不仅破坏了商法价值体系的内在逻辑,而且也颠覆了商法价值的最高位阶引导力。其结果是,在商法价值适用中,法官要么无所适从,要么任性“造法”。[②]

3. 强制力。强制力源于商法价值的法律属性。当商法价值、原则与规范中的任何部分遭到破坏时,司法机关就可依法采取相应强制措施进行制裁,确保司法的权威和有效。商法价值的强制力主要体现在对违法行为的制裁上,如对于商事违法行为,可以通过私法赔偿等方式来维护受害者的合法权益。由此来看,强制力包含以下要点:一是商法价值被违反。法官适用商法价值裁判案件具有场景性。一旦这种场景被破坏,即有商法价值被违反之虞,如案件赖以支持的

---

① 王建文:《中国商事司法实践中的法律适用:困境与出路》,载《现代法学》2010年第5期。

② [德]伯恩·魏德士:《法理学》,丁小春、吴越译,法律出版社2003年版,第391、392页。

商法没有明确规范或规范存在漏洞;商法有明文规定但过于概括,从而产生歧义;因商法价值、原则与规范的关系不一致而无视商法价值等情形。二是法官适用商法价值。如果商法适用背离商法价值的约束和指引,商法规范有可能因任意解释而沦为贪欲和强权的玩偶,从而导致法治的破坏。这是因为,同样的商法规范可以因被赋予的政策指向和功利目标不同而服务于不同的社会目的。因此,商法价值适用并非创设一种新的商法秩序,而仍然是商法体系内受程序约束的自由裁判。法官依商法价值作自由裁量必须严格限制。三是商法价值产生确定性。相对于商法规范与原则,商法价值更为稳定,更具有决定意义。为保证商法的权威,商法价值适用的确定力应成为不可逾越的界限,任何对之的违反都应加以毫不迟疑的否定。唯有如此,商法价值适用方具有确定力。这种确定力既是对因价值擅断而可能导致的枉法裁判担忧的一种积极回应,也是对过往形式逻辑审判方法崇拜的一种自我反省。①

总之,商法价值中的秩序与正义关系是一种表里关系,既依存,也冲突。在价值依存下,离开正义价值,秩序变得毫无意义;而离开秩序价值,正义价值则无从彰显。在价值冲突下,商法适用需要作出价值取舍。当然,这种价值取舍并非任意为之,而必须受到司法价值考量上的主客观条件限制。商法价值适用符合主客观条件即产生相应的取向力、引导力以及强制力等法律效力。

第二节 商法原则

在所有部门法中,没有一部法律的原则像商法原则那样富有争议性。从现有的文献梳理情况来看,有一原则说、②二原则说、③三原

① 江必新:《司法审判中的价值考量》,载《法律适用》2020 年第 19 期。

② 如宁金成提出的单一“营利性原则”。参见宁金成:《〈商事通则〉的立法体系与基本原则》,载《国家检察官学院学报》2008 年第 1 期。

③ 如李玉泉、何绍军提出保障交易简捷原则、维护交易安全原则两项基本原则,又如傅鼎生提出商人自治原则、营利性原则两项基本原则。参见李玉泉、何绍军主编:《中国商事法》(修订版),武汉大学出版社 1996 年版,第 11 ~ 14 页。傅鼎生:《论商法的基本原则》,载《政治与法律》1997 年第 5 期。

则说、[1]四原则说、[2]五原则说、[3]六原则说、[4]七原则说、[5]八原则说[6]甚至九原则说,[7]可谓众说纷纭,莫衷一是,有进一步厘清之必要。

根据对主体行为及其条件之覆盖面的宽窄和适用范围大小,商法原则分为基本原则与一般原则。其中,商法基本原则是整个商法体系或某类商事法所共同适用的、体现商法基本价值的原则,对于整个商法体系的解释与应用具有决定性影响。由此来看,此处“基本”,要么指涉商法体系,代表商法体系的整体,如商事通则关于商事交易的规定;要么指涉某类商事法,但这类商事法是构成整个商法体系不可或缺的支柱,如商事主体法与商事行为法。而商法一般原则是适用于某类商事法律部门中特定情形的原则,通常为某项商法规则的制定和解释提供一个大致框架。由此来看,此处“一般”,可能会因时空变化而发生局部变化,但不会影响整个商法体系的性质,如

---

① 如徐学鹿提出交易自由原则、交易诚信原则、交易公平原则三项基本原则。参见徐学鹿:《论现代商法的基本原则》,载《法学杂志》2003年第1期;如李建伟谨慎提出营利性原则、商事主体法定原则与外观主义原则三项商法基本原则。参见李建伟:《民法典背景下再论商法基本原则的判断标准与厘定》,载《荆楚法学》2022年第1期。

② 如张辉、叶林、施天涛提出外观规则、自治性规则、营利性规则、加重责任规则四项基本原则。参见张辉、叶林:《论商法的体系化》,载《国家检察官学院学报》2004年第5期;施天涛:《商法学》(第5版),法律出版社2018年版,第14~23页。

③ 如范健、王建文提出企业法定原则、企业维持原则、保障交易简便原则、迅捷原则、维护交易安全原则;又如赵旭东提出商事主体法定原则、确认和保护营利原则、促进交易便捷原则、维护交易公平原则、保护交易安全原则。参见范健、王建文:《商法学》(第4版),法律出版社2015年版,第8~11页;赵旭东主编:《商法学》(第3版),高等教育出版社2015年版,第9~11页。

④ 如赵万一提出效益原则、维护交易公平原则、强化商事组织原则、维持交易安全原则、交易诚信原则、充分尊重交易习惯和交易规则原则六项基本原则。参见赵万一:《商法基本问题研究》(第2版),法律出版社2013年版,第64~81页。

⑤ 如李玉泉、何绍军提出依法自由行使权利原则、意思自治原则、诚实信用原则、公共利益原则、公序良俗原则、保障交易简捷原则、维护交易安全原则七项基本原则。参见李玉泉、何绍军主编:《中国商事法》(修订版),武汉大学出版社1996年版,第14~17页。

⑥ 如赵中孚、邢海宝提出依法自由行使权利原则,商事主体意思自治原则,诚实信用原则,合法原则、尊重公共利益,公序良俗原则,鼓励交易原则,保障交易便捷原则,维护交易安全原则八项基本原则。参见赵中孚主编:《商法总论》(第4版),中国人民大学出版社2009年版,第25~34页。

⑦ 如周林彬、任先行提出利润最大化原则、诚实信用原则、磋商调节原则、互惠原则、简便敏捷原则、安全原则、经营自主原则、强化企业组织原则、社会责任原则九项基本原则。参见周林彬、任先行编著:《比较商法导论》,北京大学出版社2000年版,第82~98页。

商事既成事实尊重原则，也可能转变为尊重当下的商事行为决定原则；商事登记中的审核原则转变为注册原则等。

为此，笔者认为，以下几种为商法一般原则：第一，公示原则，指企业应依照商法的规定，公开交易中公众所必须知道的重要事项，如公司登记、上市公司信息、公司债券募集办法与船舶登记的公示、公告等。第二，要式原则，即商事交易的形式必须严格遵循法律规定，交易各方不得随意更改。第三，严格责任原则，指的是商事交易中产生的风险损害后果，法律明确要求商事主体必须承担。这种规定，源于商事交易固有的风险属性。风险与不可抗力紧密相连，其发生的概率及造成的损失程度往往与当事人所从事行业的先进程度成正比。正如俗语所说："欲求厚利，须承巨险。"此外，商事主体通过转移风险的方式，能将风险分散至社会层面。在司法实践中，这种严格责任主要体现在票据法规定的发票人、承兑人、背书人对持票人的连带责任，以及产品质量法中商品的生产者、运输者、仓储保管者及销售者对消费者所受损害承担的无过错责任等方面。第四，既成事实尊重原则。就公司而言，如果公司设立有瑕疵，出于尊重既定事实关系之考虑，须维持此关系现状，而不得判定其无效。第五，交易快速、便捷原则。第六，组织法与行为法相结合原则。一般来说，组织法通常以强制性规范规制，而行为法则更多呈现为任意性规范。除上述列举，随着商法学科发展，还会出现若干指涉商法制度或商法部门法的一般原则。

然而，与一般原则不同的是，商法基本原则具有整体涵盖性。为此，商法基本原则包括：(1)商事主体法定原则，表现为对商事主体法的整体覆盖；(2)商事交易外观原则，构成商事行为法的支柱；(3)商事交易自由原则，涵盖整个商法体系。

一、商事主体法定原则

商事主体法定原则，又称为市场主体准入原则，是指商事主体的设立、变更和终止必须严格遵守法定的条件和程序，而不能任意设定。该界定须解释以下两个追问：一是为何商事主体需要"法定"？笔者认为，这主要是由内外原因共同决定的。内在要求上，商事交易需要一个稳定而又明确的商事安全环境。只有交易安全，才能最大限度取得交易效率；外在要求上，历史经验表明，商事主体法定有利于通过有序的市场准入来促进市场竞争。反之，若商事主体被任意设定与准入，就会诱使政府机关、司法机关乃至军队等公权主体参与经商，出现“既当运动员又当裁判员”乱局，从而恶化营商环境。二是“法定”所依何“法”？也即“法”的范围问题。笔者认为，“法定”所依之“法”应具有统一性、全局性与稳定性特点。据此，只有那些遵循宪法原则的法律、行政法规才是“法定”之“法”的应有之义，而不包括在其阶位之下的行政规章、地方性法规等。为落实“法定”，商事主体法定原则要在类型、实体与程序三个方面作出进一步强行安排。

（一）类型法定

商事主体类型法定，是指商法对于商事主体的类型作出明文规定，商事主体变动只能依据法定类型进行，禁止任何人任意设定非典型商事主体。该界定包含以下要点：其一，此处“商法”可以指商事一般法，也可以指商事单行法，还可以指非商法。例如，我国《市场主体登记管理条例》第2条将自然人、法人及非法人组织；公司、非公司企业法人及其分支机构；个人独资企业、合伙企业及其分支机构；农民专业合作社（联合社）及其分支机构；个体工商户；外国公司分支机构列为居于商事通则地位的一级类型法定。《公司法》第2条将有限责任公司与股份有限公司；《合伙企业法》第2条将普通合伙企业与有限合伙企业列为居于商事单行法地位的二级类型法定。至于《市场主体登记管理条例》第2条第6项“法律、行政法规规定的其他市场主体”属于类型法定的概括条款，可视为三级类型法定。这为主体类型的规范创新留下余地。其二，此处“变动”是指商事主体的设立、变更或终止，属于法定范围内的“自治”范畴。其三，此处“禁止任何人任意设定”，既包括投资者不得任意设立法定范围的商事主体，也不得自行设立法定类型之外的非典型或所谓“过渡型”的商事主体，如“无限公司、两合公司、股份两合公司、股份合作制公司等”。由此来看，投资人设立或变更商事主体的“自治权”仅限于法定类型之内；超出法定类型，则禁止市场准入。

（二）实体法定

该法定原则尚有其他称呼，如内容法定、商事能力法定、实质性标准法定等，是指商法对构成商事主体的成员、物、组织以及章程等要件加以强行法规范，禁止任何人创设非规范性构成的商事主体。按照域外商法规定，成立同类商事主体应该具有同质性的成员出资形式、资本制度（包括利润分配、注册资本、税收标准）、组织关系（名称、管理结构、住所）以及组织章程等人格性要件（容后探讨）。换言之，出资人设立商事主体必须完成上述实体要件，而不得在不具备或不完全具备实体要件下任意设立、变更商事主体。从某种意义上讲，实体法定能够确保商事主体整齐划一，强化交易相对人的交易预期，从而维护商事安全秩序。

（三）程序法定

它是指商法对设立商事主体作出明确规定，出资人欲设立商事主体必须严格按照法定步骤进行，如依我国《市场主体登记管理条例》第 16 条规定，申请人办理市场主体登记，应当提交申请书、自然人身份证明、出资合作协议等材料，登记机关应当对申请材料进行形式审查，作出登记或不登记决定；一旦作出登记，须颁发执照，在信息公示系统发布公告等（容后探讨）。出资人在设立商事主体时，必须遵循这些法定程序，否则将导致商事主体设立不能或设立失败的法律后果。值得提及的是，学界大多从狭义将具有全局性的程序法定减缩为终端性的公示法定，主要表现为登记机关采用公告、备查、通知等方式对商事主体登记事项公示，以便第三人知悉。① 笔者认为，公示法定能够突出重点、删繁就简至为重要，但作为一项重要的商法基本原则，有关程序性规范均是塑造商事主体不可或缺的部分，主张程序法定更具有周延性。

总之，商事主体法定原则是商法的一项基本原则，体现了商法对商事交易的期待性和安定性追求。借由类型法定、实体法定与程序法定，商法为商事主体的人格塑造和市场交易提供了明确的法律共识和保障。

---

① 林敏：《商法基本原则研究》，载《中国人民大学学报》2000 年第 4 期。

二、商事交易外观原则

商事交易外观原则是商法的一项基本原则。[①] 该原则称为“基本”,一是由外观本身的法律意义所决定的。在商法中,外观主义是若干商事制度制定与解说的法理基础,并在司法实践中法官得以主动适用,从而贯穿于商事“常规法”体系始终。二是通过与民法中的外观主义相比较而呈现的。由于外观主义对当事人主观意志与法律效果作出有效割裂,因而被民法视为主客观相统一的“矫正法”,特别在民事司法实践中法官只能例外式地被动适用。鉴于此,作为一项基本原则,商事交易外观原则需要在内涵、构造及功能等方面进一步明晰化。

(一)商事交易外观原则的内涵

大陆法系商法领域曾掀起多起至今仍未平息的商事交易外观原则认知浪潮。在商事交易外观原则被定型化之前,人们围绕“外观”提出了多种称呼,如外观法理、权利外观或外观主义,但均表示以交易当事人行为外观为准,而认定其行为效果。[②] 在利益冲突的真实权利人与外部人之间,该方法要求对外部人因信赖交易外观而为的效力予以认可,而真实权利人由此产生的损失仅能求助于内部解决。[③] 当然,从外观方法到外观原则再到商事外观基本原则并非一蹴而就,而是经历了一个持续的制度提炼过程。

(1)商事外观交易原则的渊源。该渊源包括外观事实渊源与外观制度渊源两个方面。一是事实渊源。外观事实源自日耳曼法的“占有”(gewere)概念,其意为占有移转(占有行为外观),后指行为状态(对物的事实支配状态),从而获得推定物权防御力。[④] 据此,日耳曼法将占有区分为委托与脱离两种方式。基于所有人意思交给他

---

① 吴光荣:《论外观主义在民商事审判中的运用》,载《法学家》2023 年第 3 期。

② 张国键:《商事法论》(修订 19 版),台北,三民书局 1980 年版,第 45 页。

③ 张勇健:《商事审判中适用外观主义原则的范围探讨　与最高人民法院〈关于适用《中华人民共和国公司法》若干问题的规定(三)〉相关条文对照》,载《法律适用》2011 年第 8 期。

④ 刘得宽:《民法诸问题与新展望》,台北,三民书局 1980 年版,第 307~308 页。

人占有方式,如借贷、寄存等,被称为委托占有;而非基于所有人的意思对其所有物的占有方式,如持有被盗物、遗失物,则被称为脱离占有。其中,委托占有适用善意取得,形成外观事实的最初形态。[①] 二是制度渊源。作为制度形式,交易外观源于早期日耳曼法的“以手护手”制度。根据“以手护手”制度,前手是后手的权利保护对象。动产占有人基于自己意思将自己动产交与相对人,相对人即依契约而取得对该动产的占有;当契约完成后,相对人负有返还义务。若相对人在该动产占有期间又将其交与第三人,或被第三人侵夺,原占有人不得向第三人主张返还,而只能向相对人请求损害赔偿。由此来看,“以手护手”制度是以占有为基础建立起来的,可谓“你给我信赖,我做出对得起你信赖的事情”。但该制度限制了原占有人的请求范围,从而忽略了第三人的善意,无视交易安全。为此,作为一种法律进化,善意取得制度应运而生。[②]

(2)作为善意取得的解释论。21 世纪初,德国法学家、外观理论奠基人莫瑞茨·维斯派彻(Moritz Wellspacher)在对善意取得制度批判的基础上提出了外观理论。该论认为即使转让人对其占有物实际上没有处分权,其仍可基于占有人资格而转让他人之物,以使受让人取得受让之物的所有权。[③] 该论所涉“基于占有人资格而转让”即为外观事实,扩展了“占有”的权利表现形式,也即,当外观事实借助他人协助而形成时,协助者应当承担不利后果。这显然颠覆了人们之前对“不知情的(善意)”的主观认知。在外观论看来,相对人足以信赖外观事实,“善意”即存在。据此,外观在“协助—外观—信赖”逻辑链条下将主观善意标准化了。基于可逆性,该链条反过来,“信赖—外观—协助”同样可以得出协助者承担责任之结论。为此,外观论成为阐释善意取得制度的有力依据。[④]

(3)作为商事部门法——票据法的一般规则。维斯派彻外观论

---

① 丁南:《论民商法上的外观主义》,载《法商研究》1997 年第 5 期。

② 李秀清:《日耳曼法研究》,商务印书馆 2005 年版,第 232 页。

③ 高金松:《空白票据新论》,台北,五南图书出版公司 1986 年版,第 57、61 页。

④ 当下作为善意取得解释论的外观主义基本上同义于公示主义,其他解释学说包括时效取得说、法律特别规定说、占有效力说、法律赋权说等。参见史尚宽:《物权法论》,中国政法大学出版社 2000 年版,第 559 页。

一经提出,便引起德国商法界的极大关注。随后,德国学者赫尔波特·麦伊尔(Herbert Meyer)的与因论以及亚柯比(Jacobi)的意思表示理论又将该论扩展到票据法中,正式提出商事外观主义。①

(4)提升为商事交易外观原则。将外观法理从部门法规则升格为现代商事交易原则的当属风险责任论。② 该论由德国学者卡纳里斯(Canaris)首倡,认为在商事表见代理(外观代理)关系中,表见行为后果由本人负担。③ 这并非出于本人过失,而是信赖本人从交易中获利而必须负担的风险责任。据此,将风险责任引入外观主义,其在商法领域便找寻到自洽发展空间,并恢复了自身理论架构的平衡。风险系商主体在追求营利目的而作出决策过程中必然持续呈现的状态,其并非站在营利的对立面,反而只有在风险之中才可以发现营利的机会,所以风险责任是契合商法体系逻辑的归责原则,其使外观主义真正成为与民法有实质性区别的商法上的普遍原则。④ 应该说,卡纳里斯的风险责任理论将外观主义提升到商事交易外观原则高度。

在英美法系,与外观原则异曲同工的是禁反言法理,通俗表述为言行一致,不得违反先前的言论。自欧洲中世纪以来,英美契约法一直将约因作为契约成立要件。但随着自由经济向垄断发展,约因说不仅受到理论批判与司法挑战,还受到来自成文法的限制。于是,作为"约因替代","禁反言"论呼之欲出。该论认为,在大多情况下,契约责任往往是因一方受益或因一方信赖对方而致损失而强行产生的,因此,人们履行契约义务并非出于自愿。为此,依"禁反言",当事人的外在表示也许是真实的,但肯定是无偿的,因而,原则上不具有法律拘束力。但依禁反言论,当这种意思表示害及对方时,法院基于

---

① 叶林、石旭雯:《外观主义的商法意义——从内在体系的视角出发》,载《河南大学学报(社会科学版)》2008年第3期。

② [德]C. W. 卡纳里斯:《德国商法》,杨继译,法律出版社2006年版,第147页。

③ 此处涉及"表见商人"一词,它是指通过可以归责的行为而引起商人外在表象的人。如放弃营业后未在商事登记簿登记或商号灭失后未及时申报商事登记的人。参见杜景林:《〈德国商法典〉中的商人》,载《德国研究》2011年第1期。

④ 李井杓:《韩国商法上的表见责任制度之研究》,载王保树主编:《商事法论集》(第3卷),法律出版社1999年版,第450页。

公平原则，当允诺禁反言代使当事人受其自身意思表示之约束。①

总之，商事交易外观原则大致经历了起源期的委托占有与以手护手法则、发展期的外观法理以及成熟期的商事风险责任论，从而将外观法理上升到作为商事交易基本原则的高度。然而，随着区块链时代的到来，既有理论与制度可能存在重构之虞。沿着这种趋向，我们发现，截至目前，无论基于善意还是基于信赖，外观论始终受制于当事人的意志因素，具有相对性。但随着数字时代下智能合约的发展，商事交易自动生效与自动履行方式（决策即执行）已经开始推广。这种“意志、执行一体化”技术所提供的高效率与低成本的缔约流程彻底颠覆了传统信赖基础，使外观主义逐步从相对走向绝对。

（二）商事交易外观原则的构造

商事交易外观原则的适用场景通常存在两种相互冲突的利益结构：一是相对人的信赖利益，其属于整体利益；一是真实法律关系中的当事人利益，其属于个人利益。进行利益衡量，法律必会选取整体利益而舍弃个人利益，从而保障交易安全。这种利益结构最终决定商事交易外观原则的构造，即该原则得以适用所应具备的要件，主要包括外观事实、本人与因以及相对人信赖三个要件，可归纳为主客观两个方面：一是客观上存在外观事实；二是主观上涉及本人与相对人两方当事人，或者本人、处分人（使外观与实际不符的行为人）与交易相对人三方当事人。② 外观何以生效，则取决于人们对不同当事人的强调，如强调本人与因、相对人信赖，或者处分人的处分权限。③

1. 外观事实。外观事实是外观原则得以适用的前提。外观有显性与隐性之分。显性外观是显然的、可见的，而隐性外观则是虚幻

---

① 陈融：《论“约因论”在英美法系的衰落》，载《现代法学》2007 年第 4 期。

② 外观主义在民商法上有三种典型表现形态（A、B、C 分别代表本人、处分人与相对人）：A · B · C 型（如动产所有权的善意取得，表见代理）、AB · C 型（如民法中的心中保留制度，公司法中的禁反言法理）、A · BC 型（适用于取得时效之场合）。票据法上只存在 A · B · C 型及 AB · C 型，而不存在 A · BC 型。参见高金松：《空白票据新论》，台北，五南图书出版公司 1986 年版，第 66 页。

③ 丁南：《论民商法上的外观主义》，载《法商研究》1997 年第 5 期。

的、迷惑人的。[1]

外观事实具有客观性、虚假性以及法律性;事实存在自然事实与社会事实之分。而外观事实属于后者。既然是一种事实,人们无论存在何种认识差异,社会事实并不随之改变,即人们对外观认识常是一致的。正是因为人们对社会认知具有一致性,法律方能对其作出积极或消极评价。

从类型化看,外观事实有权利外观事实与意思外观事实之分。权利外观事实是具有社会普遍认知的交易行为或行为依据,如法律规定、法律文书等;意思外观事实是当事人之间的交易行为或行为凭证,如电子邮件、合同等。上述外观事实既可以是明示的,也可以是默示的;可以是作为的,也可以是不作为的;还可表现为一定的事实状态,如歇业状态。但无论哪种行为,外观事实原则上仅发生在交易领域,非交易场合无外观适用余地,如婚姻、继承、侵权等。[2]

2. 本人与因。所谓本人与因,是指本人对外观事实形成所给予的原因力。法律依本人原因力而归责本人负担不利益理所当然,并且彰显了法律在第三人与本人之间进行利益取舍的衡平思想。

需要进一步分析的是,本人负担不利益需要一定的原因力。此外,该原因力还要具有正当性,也即本人与因是一种具有正当性的原因力。为此,学界对“本人与因”进行了深入探讨:(1)本人协助论。该论认为,依一般法观念,如果一个人依赖某种外观事实而行为,且该“依赖”又具有某种权利或能够形成某种法律关系,那么这种信赖就会获得法律保护。为此,当外观事实在本人协助下完成时,则协助者当然负担不利后果;(2)本人与因论。该论对本人协助论进行了有效补充,认为权利外观包括但不限于占有与登记行为,也即所有权利表现形式均可称为权利推定基础,从而成为权利外观。[3] (3)本人风险责任论。该论认为,被代理人之所以承担外观代理后果,是因为外观假象在其所控风险范围之内。谁受益谁担险,合情合理。此论是

① [法]雅克·盖斯旦、吉勒·古博:《法国民法总论》,陈鹏、谢汉琪等译,法律出版社2004年版,第777页。

② 崔建远:《论外观主义的运用边界》,载《清华法学》2019年第5期。

③ 刘胜军:《论商事外观主义》,载《河北法学》2016年第8期。

在与因论和协助论基础上发展起来的，因此，弱化后的本人与因基本可以置换本人风险责任。① 反过来，本人风险责任论被视为弱化本人与因论。到此为止，外观归责聚焦于本人与因。

3. 相对人信赖。相对人信赖是指具体交易相对人因善意而信赖外观事实。何种善意纳入商事交易外观原则范畴，需要进一步厘清。理论上讲，相对人对外观事实产生信赖并不必然导致外观责任，而只有信赖者对外观事实虚假性不知情方可产生本人外观责任，否则就会因知情（不具有善意）而使本人脱责。善意是一种相对人不知的客观状态。这种不知状态可能因为错误，也可能因为过错。错误多因个人能力造成不利预期而致，与主观意志无关；而过错通常因个人态度即故意或过失而致。笔者认为，错误之能力问题为人类认知局限性问题，法律不予以评价；而故意之态度问题，基于"法律不保护恶人"法理，外观法理不予评价。另外，有些过失也不纳入商事交易外观原则范畴，如信赖方尽到必要注意义务即可避免误信发生，否则，信赖方可能会因误信而发生不良后果。据此，注意义务就成为过失判断的外在标准，从而决定是否适用外观原则。

理论上，注意义务有以下三种标准：一是理性人。这种人一般情况下是没有较高道德水准与专业能力要求的普通人，也即民法上的完全民事行为能力人。若普通人在一般情况下能注意到却没有注意到，则可判定有过失。二是道德人。这种人是有着待人如己的较高道德水准的忠实之人。若行为人证明自己在主观上已经尽到如同处理自己事务一样的注意义务，则无过失；反之，则有过失。三是专业人。这种人是具有良善管理能力的专业之人。值得注意的是，理性人标准是一种基础标准，也即，不管是道德人还是专业人，首先应是一个理性人；至于道德人，其需要在理性人基础上进行道德叠加；而专业人则较为复杂，一方面需要叠加理性人元素，另一方面又与道德人形成分别评价关系，即道德人未必属于专业人；反之亦然。如我国《公司法》第 180 条规定董事、监事、高级管理人员对公司负有忠实义务与勤勉义务；《证券法》第 10 条规定保荐人应当"诚实守信与尽

① 石旭雯：《外观主义在商事裁判中的适用》，载《福建江夏学院学报》2013 年第 6 期。

责”。总之,信赖方未尽必要注意义务,须负担过失风险。然而,信赖方负担风险则因过失轻重不同而有区分。在重大过失情况下,行为人能够预见自己的行为可能产生不良后果,但因疏忽大意而没有预见,或已经预见但轻信能够避免,最终未能采取措施防止不良后果的发生。这种过失通常涉及行为人对应有的注意义务的严重违反。在一般过失情况下,行为人在行为时未能尽到应有的注意义务,导致程度较轻的不良后果发生。在轻过失情况下,行为人在行为时虽未尽到高级注意义务,但已尽到一般人应有的注意义务,只因轻微疏忽而导致程度最轻的不良后果发生。

依注意过失论,信赖方的交易身份不同,应尽注意义务自然不同,从而因误信会发生不同后果。若信赖方为商人,则应尽专业人的注意义务;若信赖方为非商人,仅需尽到道德人的注意义务即可。至于未尽注意义务而生过失仍然存在轻重区分。如在当今信息时代,作为商人的行为人可以便捷地查阅公司经营范围,但怠于查阅,当存在未尽专业人注意义务之过失,因而不能援引外观原则;若作为消费者的行为人进行生活购物,仅需尽到普通人注意义务即可,而不能苛求其识别营业外观,因而可主张外观免责。①

(三)商事交易外观原则的功能

商事交易外观原则实际上是一项在特定场合权衡实际权利人与外部第三人之间利益冲突所应遵循的原则,要求对于外部人依据交易外观而作出的商事行为效力予以认可与保护;实际权利人由此产生的损失,只能在内部关系中予以解决。由此来看,商事交易外观原则能够对因外观事实而引起的损害结果采取诸如赋予权利、科以义务以及负担责任等各种法律措施,具有恢复正常商事交易关系之法律功能。

1. 使本人负担责任——从行为效力到结果责任。

外观原则以交易行为的外在表象为准,认定本人(包括行为人,下同)承担责任,即便该解释对其不利也不得推翻。

---

① 石旭雯:《商事外观主义的法律构成》,载《河北法学》2009 年第 5 期。

(1)科以[1]本人行为效力。本人权利或意思外观表象构成某种法律关系的外观,导致第三人对该法律关系产生信赖。为此,法律应科以本人外观行为相应的法律效力。

第一,外观原则使无效的法律行为强制生效。无效的法律行为,是指法律上当然无效并确定不发生效力的法律行为,主要包括违反法律强制规定与社会公共利益、以合法形式掩盖非法、当事人虚伪通谋、行为人不适格等行为。但第三人有合理理由相信行为人有代表权、代理权或处分权,并据此实施法律行为的,可通过信赖规则使上述无效法律行为强制生效。

第二,外观原则使缺乏强制执行力的合同具有强制执行的效力。合同强制执行力主要取决于合同本身的合法有效性。如果合同缺乏强制执行力,通常是因为合同存在内容违法或违背公序良俗等法定无效情形。在个案中,如隐名出资问题,依外观主义,隐名股东很难阻止显名股东的债权人通过强制执行显名股东的名下股权。当然,这并不意味着缺乏强制执行力的合同总是能够被强制执行,而是强调在特定情况下对第三人合理信赖的保护。同样,在英美法系,缺乏对价的合同是不能被强制执行的。但依禁反言规则,若一方允诺使对方产生信赖并据此行事而受到损失,法律则支持合同具有强制执行力。

(2)科以本人法律责任。从法律效果看,外观原则旨在追索本人(包括行为人)造成外观事实的法律责任,即便本人并无过错。由此看,外观原则是一种民事过错责任体系之外的例外原则。民事责任原则重在协调社会生活中的利益失衡问题,并将个人责任限定在自由意志范围之内,因而适用过错归责。作为一种例外,外观原则主要协调商事交易中的利益失衡问题,且交易超出个人意志范畴,而只能通过本人与因行为加以归责认定。然而,与因行为并非出于本人过错归责,而是过错归责的一个特例。

2. 对相对人赋予权利——从权利选择到权利取得

(1)赋予相对人选择权。在商事纠纷中,外观原则对于利益冲突

---

① 此处使用“科以”一词,主要指涉该法律效力对本人或行为人产生不利益。

的双方当事人具有着截然不同的法律意义。如前探讨,外观原则使本人负担责任,但会对相对人赋予权利。当然,相对人权利既非某项民事权利,也非某项商事权利,而是一种有待确定的选择权——相对人既可主张外观有效而要求对方承担责任,也可通过探求真意,主张行为无效。如在表见代理中,相对人可主张表见代理成立,也可基于真实意思表示来认定代理的效力。当然,因两种主张不同,举证责任分配也不同。一般来说,相对人主张表见代理仅需负担较轻的外观证据,而主张真实交易关系,则须按照"谁主张,谁举证"法则,负担较重的举证责任。此时,相对人可基于利益衡量行使选择权。

(2)赋予相对人依法定方式取得外观选择权。该赋权主要包含以下要点:一是赋权源于本人权利。本人在商事交易中存在法定商事权利与意定商事权利两种类型。法定商事权利源于宪法与法律的规定,由国家通过立法程序确立并保障,包括但不限于人身权利、财产权利以及其他合法权益,具有强制性;意定商事权利则基于当事人的意思自治而设立,主要来源于合同、协议等法律行为,其内容和范围由当事人自行约定。总之,法定权利是法律直接赋予的,不依赖于个人意志;而意定权利则更多地体现了当事人的自由意志选择。二是相对人只能依法定方式行使选择权,即仅对权利外观行使与主要采取诉求方式。所谓仅对权利外观行使,是指在商事交易中,相对人不必探求真意,而只需要向本人或行为人表意行为行使权利。如从无权处分方受让没有瑕疵的所有权,相对人取得针对被代理人的债权。外观原则重在信赖保护与交易安全,因此,相对人行使外观权利途径包括但不限于诉讼方式,还可以通过协商、调解等其他方式来解决纠纷。三是相对人依法定方式取得的选择权具有排斥性。所谓排斥性,是指相对人获得选择权,要么是法定的,要么是意定的,不得兼而有之。在商事交易中,本人或行为人的真实意志被虚伪表象掩盖,法律为了保护交易安全,通常视外观权利为合法权利。为此,相对人取得这种"合法权利"并非出于意志,而是依据法定的外观。当然,在放弃外观诉求下,相对人基于探求真意也可以提出对本人或行为人的欺诈、胁迫或乘人之危等行为的抗辩。

3. 法官有衡平职权——从商事推定到商事裁判

依商事交易外观原则，法官被赋予商事推定与裁判职权。其中，商事推定是商事裁判的前提，而商事裁判则形成商事推定的结果。

（1）实行商事推定。所谓商事推定，是指依商法规定，法官从已知事实推导出未知事实所产生的结果。本质上，这种推定是一种从商事交易中提炼出来的“经验法则”，并最终以法律文本的形式加以确定化，具有法律强制性，因而很少存在法官自由裁量之余地。[①] 这种被固化了的法律文本再运用于商事案件之中，便发生“法律推定”与“事实推定”问题。法律推定是在事实清楚的基础上对法律后果所进行的一种推定行为，是对事实推定的升级。如果从结果确定性上看，有些法律推定是可以被推翻的，而有些法律推定则不能被推翻，具有终极性。其中，可被推翻的推定是指推定事实存在后，允许当事人提供证据进行反驳。如法院认定商事登记情形，如果相关当事人提供商事登记瑕疵的相关证据，则该可推翻的推定即会推动法院修正程序。终极推定则是指法院一旦作出法律推定即成终局，不得再行反驳。

不管如何，商事推定最终都是为了实现商事裁判的正当性。所谓商事裁判，是指法官依据外观原则，借由商事推定方法审判商事案件的司法行为。据此，外观原则就成为商事事实认定的标准，而商事事实则是外观原则适用的对象。而在商事事实与外观原则之间的往返过程就形成商事推定。其中，商事事实有外观事实与推定事实之分。外观事实作为已知事实，通常包括登记事实、文义事实或合同证书等；而推定事实是在已知事实基础上所表现出来的主体资格、具体权利等。这两种事实在商法中均具有强制性，法官不得通过自由心证变动。然而，在商事事实假设基础上，法律推定旨在对法律后果进行升级推定，从而形成外观法理。应该说，基于商事交易安全与社会公共利益考量，外观法理则通过举证责任重新配置而有被推翻的可

① 郭富青：《商事立法拟制的类型化研究与价值评判》，载《国家检察官学院学报》2012 年第 6 期。

能性。如当事人一方主张推定事实存在,如权利,必须举证外观事实存在,而无须直接举证推定事实即权利存在。一旦进入商事推定环节,原当事人的外观事实举证负担即行解除,而转由对方承受。该方当事人欲解除负担,则须举证推定事实不存在。①

(2)作为商事裁判准则。近代商法的效率价值通过赋予商人自治以及商事纠纷的便捷裁判,显著提高了交易效率,促进了商业繁荣。如在中世纪商人法时代,那些被戏称为“泥足”“潮汐”的法院均遵循以公正良知为基础的审判效率。② 作为一种准则,商事便捷裁判一直延续至今。

在商事便捷裁判准则支配下,法官只能接受外观原则。根据外观原则,法官审理案件仅需要考量外观事实、相对人的合理信赖以及本人与因三个方面审理要素。为此,在具体商事纠纷中,法官依据外观原则需要做到以下几点:其一,分析外观与事实不一致;其二,排除对本人的“探求真意”,审查相对人的“合理信赖”;其三,判断本人与因。由此看,法官裁判案件“以推定事实为根据”,依外观原则为准则能够最大限度地简化因排除“探求真意”所带来的简约与便捷,有效实现从商事推定到商事裁判。

简言之,商事交易外观原则基于外观事实,得从本人(有时包括行为人)、相对人以及法官三个方面发挥效能:一是对本人归责;二是对相对人赋予选择权;三是对法官赋予基于商事推定的裁判权。

三、商事交易自由原则

商事交易自由原则,又称商事主体行为自由原则,即商事主体从事交易行为应该遵循自由法则。其中,商事主体行为的核心意义在于商事交易性,其实践表达就是经济竞争。竞者,尽力也;争者,争夺也。因而,竞争,乃尽力争夺也。本质上,这种争夺有共向与对向两种,但无论哪种,只是交易对象多寡与范围大小有异而已。已故商法

---

① 叶林、石旭雯:《外观主义的商法意义——从内在体系的视角出发》,载《河南大学学报(社会科学版)》2008 年第 3 期。

② [美]哈罗德 · J. 伯尔曼:《法律与革命——西方法律传统的形成》,高鸿钧等译,中国大百科全书出版社 1993 年版,第 422、423 页。

学者徐学鹿教授曾言,所谓商事交易自由原则,是指商事主体之间通过分散决策,自愿进行利益交换,以实现社会资源优化配置的基本法则。[①] 据此,商事交易自由原则至少须把握以下三点:

首先,商事交易自由原则是一项由赋权与限权所组合的完美闭合法则,具有法律规定性。这主要体现在《美国统一商法典》《国际商事合同通则》等商事法律文件中。

一是对交易自由的赋权。此赋权包括合同自主订立与变更两个方面。其一,合同自主订立。如《国际商事合同通则》第 101 条规定"当事人有权自由订立合同并确定合同的内容"。据此,商事交易主体可根据市场规律自主选择交易对象,确定交易时间、地点、内容与交易方式等合同要素,并由此奠定了充满市场竞争的国际经济秩序,具有开放性。[②] 其二,合同自主变更。如《国际商事合同通则》第 15 条明确当事人可以排除对通则的适用,或减损、改变其条款效力,除通则另有规定的除外。类似地,《美国统一商法典》第 1~102 条第 3 款也规定法典条款效力可以通过当事人协议加以改变,并且该改变得到了国际私法协会充分认可。据此,国际商法文件对当事人自主变更合同之赋权不仅充分表明了现代商法的私法性质,而且还赋予了商人通过协议改变商法任意规范的权利。值得说明的是,商法规范大多属于任意性规范,这必然为商人自由交易提供宽松的选择空间。可谓"天高任鸟飞",商人可自由从事自己想做的事业。当然,商法中仍然存在少量强制性规范。这些强制性规范是不能通过协议方式加以改变的,正是这种不得改变的神圣属性为商事交易赋权提供了有效保障。

二是对交易自由的限权。商法在规定交易赋权的同时,还作了交易限权规定。这主要表现为:其一,借由竞争法规制交易自由。该法主要包括反不正当竞争法和反垄断法,[③]对维护商业秩序起到基础

---

① 徐学鹿:《论现代商法的基本原则》,载《法学杂志》2003 年第 1 期。

② 对外贸易经济合作部条约法律司编译:《国际商事合同通则》,法律出版社 1996 年版,第 1、7、10 页。

③ 一般认为,1896 年德国《反不正当竞争法》是世界上最早的反不正当竞争法;1890 年美国《谢尔曼法》是世界上最早的反垄断法。

作用。其中,资本主义进入垄断阶段后,市场自由竞争遭到挑战,作为“经济宪法”与“自由企业大宪章”的竞争法不约而同地规定政府这只“有形之手”可以通过法律手段直接干预市场,并向世人展示市场、机制与法律三种利器可以同频共振。① 其二,商法规范对交易自由的限制。如《美国统一商法典》在赋权交易自由的同时,也作了限权规定。该法第1~102条第3款规定,当事人不能通过协议排除诚信义务与信义义务之适用。②《国际商事合同通则》也作出类似规定。另外,商法通过规范商事主体类型法定,将那些“不存在竞争的经济部门”及其经济行为排除在外。③

其次,商事交易自由原则是一项对社会资源进行优化配置的准则,直接决定交易的有效性。

综上所述,竞争法主要通过调整商事主体商事竞争规范商事交易秩序。市场经济制度并非少数人的计划安排,而是着力保护自由竞争。然而,如果实行市场竞争就必须反对垄断,反限制竞争。这个任务首先是由反垄断法承担的。为此,反垄断法通常采取以下两种方式:一是完全竞争方式。发达国家早期竞争市场即采取经营者完全竞争方式,以最大限度降低商品价格,从而满足客户需求。为获得竞争优势,经营者会极力降低商业成本,尽量满足市场需求。但从经验看,完全竞争大多出于理论假设,几乎难以落到实处。二是有效竞争方式。作为对完全竞争假设的矫正,有效竞争试图确立一个便于操作的市场标准,以便评价市场竞争的有效性。由此来看,有效竞争方式主要是从规范竞争性市场结构出发的,也即通过反垄断法确立一个被优化的市场结构。在这个结构中,市场存在多个竞争者,商品存在适度差异性。不仅如此,这个市场结构还是被优化的,主要表现为竞争者数量减少,规模反而增大,从而强化科技创新,并因创新而受益。但从实践看,这种被优化的市场结构能够淘汰竞争者,但并不

---

① 漆多俊:《市场、调节机制与法律的同步演变——世纪之交的回顾与展望》,载漆多俊主编:《经济法论丛》第1卷,中国方正出版社1999年版。

② [美]马歇尔·C.霍华德:《美国反托拉斯法与贸易法规——典型问题与案例分析》,孙南申译,中国社会科学出版社1991年版,第1页。

③ [英]柏林:《自由四论》,陈晓林译,台北,联经出版事业公司1986年版,第263页。

会消灭竞争者。竞争者通常在巨大竞争压力下进行技术创新,最终变得更具竞争力。①

最后,商事交易自由原则是一项商事交易法则,具有公权干预的服务化趋势。

从制度背景来看,虽然以政府为代表的公权主体在发达国家与发展中国家扮演着不同的角色,但均呈现出从管制到服务的趋势。② 18 世纪以来,在发达国家看来,市场经济自由作为现代经济实践的本质经历了三个阶段:一是政府放任自流的市场经济自由阶段,即政府只提供商事交易的平等规则、社会公共物品以及安全保障,对市场自发运行不作干预。二是政府强力干预下的商事自由交易,其主要特点:一方面,政府仍然坚持商事主体的选择自由;另一方面,政府力图通过制定各种财政货币政策,对商事交易范围以及某些相关问题作出合理限制。三是政府与市场之间力图达到平衡。简言之,发达国家政府对商事交易自由之所以作出从无干预到强干预、再到弱干预的动态变化,是因为以商事交易为核心的市场经济自由在本质上并不是永恒的,政府干预始终是一种常态(尽管有着强弱变动)。③

在早期发展中国家看来,商事主体不仅是一种特殊的经济组织形式,而且还是社会经济发展的一种手段。这种手段使商事主体沦为政府的一个附属部门,其自主地位完全被国家吞没。令人遗憾的是,这种整合政策在实践中普遍遭受失败。因而,自 20 世纪 90 年代以来,发展中国家的立法普遍弱化了政府对商事主体的影响,增强了商事主体的主体性,并切断了商事主体与政府组织之间可能存在的任何管制性联系。这种立法潮流使商事主体法将政府在商事主体运行中担当的角色由无所不包的商事主体事务的管理者转变为纯粹的服务者,如当下行政服务中心所开展的窗口办公便是实例。换言之,商法交易自由原则将政府对商事主体的促进功能与控制功能区

---

① 王晓晔:《有效竞争——我国竞争政策和反垄断法的目标模式》,载《法学家》1998 年第 2 期。

② 我国公权主体主要包括立法、执法、司法、军事、党群等机关,其中,作为执法机关的政府是公权主体之一。

③ 刘敬鲁:《市场经济自由的限度及制度调节——经济哲学的视野》,载《河北学刊》2008 年第 2 期。

隔开来,并防止政府借口公共管理而以任何方式对商事主体内部事务进行干涉。

从当下最前沿的数据交易看,我们仍然可以窥视到商事交易下的公权干预痕迹,如商法意义上的数据交易应遵循数据自由流通、数据交易公平、数据交易安全和数据交易透明四项原则。① 该原则中的自由流通居于商法的核心地位,但作为维护核心地位的一种工具理性,数据交易公平、数据交易安全和数据交易透明等又体现了公权对弱者的公平保护、公权对交易安全的终极关怀以及对居于强者一方(商事主体)的管制。

由此看出,政府在发展中国家与发达国家分别经历了不同的权力变迁,但相同的是,政府公权干预的服务化趋势不可避免。然而,随着区块链技术发展,公权服务中心化必然让位于以技术信用作支撑的法律中心化。换言之,中心化公权服务将别无选择地转变为以契约为基础的像物业公司一样的去中心化公权服务。为此,商事交易自由原则要求商事主体遵守更加严格的法律中心化标准,进而成为合同自由的积极"领路人"。在商法引领下,商事交易的自由空间必将大大扩展。值得庆幸的是,当下立法者正在积极地持续跟进。②

综上,商法只有分别通过形塑商事主体类型与商事行为外观两条分道,方能在商事交易自由大道上规范运行。

第三节　商法规范

如前探讨,商事法律是一个由商事价值、原则与规范组成的法律有机体。其中,作为法律有机体组成之一的商法规范,是指商事法律中所包含的,关于商事主体在社会经济条件下,如何从事商事行为及其相应后果的具体的行为尺度。按法律规定内容的不同为标准,商

---

① 王茜:《商法意义上的数据交易基本原则》,载《政法论丛》2022 年第 3 期。

② [德]C. W. 卡纳里斯:《德国商法》,杨继译,法律出版社 2006 年版,第 8~9 页。

法规范分为实体规范与程序规范两种。实体规范是以规定和确认商事权利与义务为主的商事法律,可以直接适用于商事法律关系。商事实体规范又可进一步划分为商事主体规范与商事行为规范,前者主要指涉公司法、合作社法、合伙企业法、独资企业法等;后者主要指涉证券法、保险法、票据法等。程序规范是指规定人们在进行商事行为时必须遵循的既定程序、步骤与方法的法律规范,因而,它着重商法实施过程,而非仅仅强调商法结果,如仲裁法、市场登记管理条例等。当然,有些商事法律兼具实体性与程序性,如破产法。

一、实体规范——商事主体

商事主体,也称市场主体,是指以自己名义实施商行为,独立享有商事权利和承担商事义务的人。其中,“以自己名义”实施商行为,就是要求商事主体独立经营。具体到商事法律关系中,即是说,商事主体须能够独立地享有商事权利、承担商事义务——由此引出商事人格概念。对此,学界纷纷围绕人格检视商事主体,并坚持认为,商事主体人格就是指依法确认和取得的商事主体资格。[①] 商事主体取得商事人格后便能够参加商事法律关系,并在其中享受商事权利和承担商事义务。[②]

(一)商事主体的人格形成

1. 人格。人格,是指主体成为人的可能性或者说资格。传统法律认为,自然人是唯一的独立人格体。然而,随着社会经济发展,很多法律活动仅靠自然人几乎难以胜任,从而需要建构一种类似于人格独立的自然人那样的组织,以便顺利展开法律活动。而这种人造的具有独立人格的组织就是法人。[③] 从制度渊源看,人格是罗马法学家对“自然人”进行法律思辨的产物。罗马法学家很早就发现,并从中得到启示:作为自然人的生物人与作为建构的法律人是截然不同的,但二者能否相互形塑呢?所有生物人并不都是法律人,如奴隶以

---

① 周林彬主编:《商法与企业经营》,北京大学出版社 2010 年版,第 81 页。

② 官欣荣主编:《商法原理》,中国检察出版社 2004 年版,第 67 页。

③ 刘兴善:《论公司人格之否认》,载刘兴善:《商法专论集》,台北,三民书局 1982 年版,第 294 页。

及非罗马人并非罗马法上的法律人;反之,法律人也可能不是生物人。[①] 也即,法律人是一种纯粹的法律技术建构物,与法律主体有无生命征候并无必然联系,但法律却能够赋予无生命征候的组织以法律人格,从而产生法律人。[②] 由此,在以法人为代表的法律人中,组织人格与其成员——自然人人格是分离的,并成为独立人格形塑的法律基石。

2. 组织人格。一般来说,在组织人格与个人人格的分离关系中,个人人格既是法律手段也是法律目的,而组织人格则仅具有法律手段意义。这种工具理性决定了组织人格能够支撑一个无限存续的组织体。相比个人人格,这个永恒的组织体最大优点在于其依法律成立后能够摆脱诸如自然人的生命死亡与意思自由的生理约束,从而与需要持续推动经济社会发展的企业制度相合。组织人格虽然超越了自然人的生理约束,但作为一种社会发展的引擎者,组织仍然需要进行意志决策。为此,法律形塑组织意思及在意思支配下的权利能力与行为能力,使之拥有自己的财产,并以组织人格名义从事法律活动。换言之,借由法律拟制,组织几乎移植了自然人的所有法律特征,从而取得法律人格,产生法律生命。于是,组织成为法律人,并积极参与经济社会发展活动之中。应该说,作为法律人的组织自产生时起就肩负起推进经济活动更具效率、更加安全的人类美好愿景。对此,组织人格与其成员人格——个人人格分离,彼此相区别、并存,就成了水到渠成之事。[③]

3. 商事主体的人格构造——实体要件。作为典型的商事主体——公司具有完整的商事人格属性,即商事主体实体要件之人、物(出资形式、商事账簿)、组织(名称、机构、住所)、章程可作为商事主体人格组成要件。[④]

(1)人的要件——股东。股东是向公司出资的人。股东资格可

---

① 朱慈蕴:《公司法人格否认法理研究》,法律出版社1998年版,第2~3页。

② 尹田:《论法人的权利能力》,载《法制与社会发展》2003年第1期。

③ 董学立:《法人人格与有限责任》,载《现代法学》2001年第5期

④ 郑玉波:《公司法》,台北,三民书局1996年版,第30页;郑景元:《困境与出路:设立中公司人格研究》,载《云南大学学报(法学版)》2006年第2期。

在公司设立时原始取得,或在公司成立后继受取得。

①股东的意义。

一是出资。“出”者,买卖、交易、贸易之意也;“资”者,孳也,有繁殖、孳息之意。依功能论,“资”有资本与资产之划分。资本,指股东向公司出资后,作为一种交换,公司向股东给付股份。由此来看,公司资本是一种股东与公司之间进行出资与股份交换的买卖合同,并成为公司人格的一部分;而资产,乃以资本为基础创造价值之意,不属于公司人格构成。

二是出资对股东的意义。出资对股东的意义存在构成说与证成说。构成说认为,出资是构成股东的前置性条件;而证成说则认为,出资是证明股东身份的要件,不出资也可以称为股东。我们采取形成说,即股东是形式,出资是内容,股东是形式和内容的统一体。根据合同成立是否需要交付标的物,合同可分为诺成性和实践性两种。笔者认为,出资既包括实缴也包括认缴,因此,出资在性质上仍然为诺成性。总之,对股东来说,出资具有诺成性与构成性,决定着股东出资何以成立合同及出资对该合同成立的要件地位。

三是股东与公司间的出资关系。一则股东向公司投资。股东可以为自然人、法人、非法人组织。公司存在公益法人与私益法人之分。无论何种法人,均具有独立人格,所有的法人均可向所有的公司投资,应无限制。二则公司向股东投资。综上所述,一般情况下,公司可向股东投资,但在公益性公司向私益性的自然人、法人、非法人组织等股东投资时,存在承担无限责任或无限连带责任之虞,可能导致国有资产乃至公共利益流失,当禁止。如我国《公司法》第14、84条作出转投资限制规定;《合伙企业法》第3条规定国家与公共利益团体不得成为普通合伙人。而一般公司可以投资普通合伙;公益公司可以投资有限合伙。

四是因出资形成的不同关联关系。一则公司—非公司关联关系。该关联关系主要包括集团公司与公司集团;总公司与分公司(分支机构分为分公司、办事处)两种。在集团公司与公司集团一组中,集团公司是指为达致特定目的而组织起来、协同运作的企业集合体,此集合体以资本为关键联结要素,以母子公司为主体架构,遵循集团章程作为统一的行动指导原则，由母公司、子公司、参股公司及其组成部分共同形成企业法人联合体系。公司集团，则是由多家公司集合而成的，展现出多元化、多层次特性的垄断性联合组织形式。需要强调的是，公司集团本身并不构成单独的法律实体，其成员各自维持独立的法律主体地位。公司集团松紧不一，并非只有母子公司组合形式。在总公司与分公司一组中，总公司是管辖所有分支机构的总机构；分公司是相对本公司而言的，是按照公司内部管辖关系所作分类，是指在公司经营过程中，因为业务需要依法设立的相对独立的分支机构，是在业务、资金、人事等方面受本公司管辖，但不具备法人资格的分支机构。此分支机构是针对企业整体而言的一个范畴，意指企业法人为执行特定职能而在总部以外的区域所设立的、能以自身名义参与民事活动却无法独立担承民事责任的非法人组织，例如分公司、分行、营业部、门市部等。二则公司—公司关联关系。该关联关系主要包括母子公司、兄弟公司、姐妹公司等。子公司，相较于母公司而言，其分类依据在于两者间存在的控制—从属关系。具体而言，子公司是指其超过一定比例的股份被另一公司持有，或依据特定协议而受到另一公司的实质性控制。在此公司架构下，子公司依然保有独立法人身份，具备独立的权利与义务。兄弟公司、姐妹公司如母子公司法理，在公司人格判定上可能均视为本质上的一人公司。三则外国公司与本国公司关联关系。外国公司，相对本国公司所称，是指依照外国法律在中国境外设立的公司。

②股东资格缺陷与认定。法律规定“名实一致”，但实际中基于个人利益追求，往往“名”“实”不符。为此，需要对股东资格缺陷进行认定。

第一，股东资格缺陷。若名为形式，实为内容，依形式、内容不同组合，股东资格缺陷存在以下几种情形：

一是有形式、无内容。该类主要指虚假出资（虚拟出资、虚构出资、虚资实债），表现为未向公司出资，但是公司股东。虚拟出资分为有名之虚（伪造一个真实存在的人出资）和无名之虚（虚拟一个不存在的人出资）；虚构出资主要指本人谎称情况，存在主观恶意；虚资实债，是指形式上出资，但实际上则为债权。司法实践中采取实质主义,即无出资非股东。总体上看,虚假出资法律后果为:无出资非股东。

二是有形式、有内容,但不一致。该类主要指瑕疵出资(包括出资不足,即"明疵";出资不实,即"暗疵"以及抽逃资金三种情况)。对于抽逃出资的认定有两种说法,其一,行为主义(指有转入、转出行为);其二,结果主义(有转入、转出行为,导致公司利益遭受损害)。实践中往往采取"结果主义"。总之,对瑕疵出资行为一般采取补充原则救济。

三是无形式、有内容。该类主要指隐名出资。隐名出资与显名出资存在对向关系。一般来说,显名出资有两类:一则为公司资本带来增量;二则未给公司资本带来增量,又称虚假出资。因此显名股东与隐名股东并非完全对立。隐名股东与显名股东发生争议后,有限责任公司采取"外观主义"。股份有限公司在公司内部承认隐名股东,因为存在内部协议,隐名股东应当受到保护;外部保护显名股东,因为第三人只看"外观"。据此,对隐名出资采取内外有别原则。

第二,股东资格认定。文字上,"认定"含承认并确定之意。法理上认为,认定是指对已经发生法律事实承认存在争议,基于一定标准或证据材料对其加以取舍的法律行为。为此,对是否具备外观,股东资格构成分为形式条件和实质条件两类。随着商法对保护交易安全、节省交易成本的关注,如何识别股东资格的证明材料越发显得重要。基于股东资格的差异性,法律界定了若干形式要件,涵盖工商登记、公司章程记载以及股东名册登记等,并同时确立了实质要件,包括股东签署公司章程的行为、出资行为(无论实缴或认缴)、获取出资证明书(其中出资协议构成公司章程的核心部分),以及实际行使股东权利等。当这些证明材料完整齐备,股东资格在法律层面即具备了可确认性。从功能视角审视,形式要件主要服务于外部公示,便于外部主体识别,因此在处理与外部第三人关于股东资格认定的纠纷时,其重要性往往超越实质要件。特别是工商登记,因其公示效力最强,在形式要件中占据首要位置。相比之下,实质要件则更多地作用于公司内部,用于明确股东间的权利义务划分,在解决股东内部争议时,其重要性尤为凸显。值得强调的是,股东签署公司章程作为股东真实意思的直接体现，在众多实质要件中占据极其关键的地位。[①]

③股东权。一则界定。我国《公司法》第4条规定公司股东依法享有资产收益、参与重大决策和选择管理者等权利。股东因出资而取得股东资格，享有资格下的权利。二则性质。这需要从"出资—股东资格—股东权—股票"链条中探求。在这个链条上，出资是股东权的本源，具有构成性；股东资格是获得股东权的前置性条件；股票证明股东权的存在，具有证权性，即股东权、股票是"先有权利，后有凭证"。与之不同的是，货币、票据"先有凭证，后有权利"，具有设权性。三则类型。股东权有自益权与共益权两种。其中，自益权是指股东为了提升个人利益而行使的一系列权利，包括股息与红利的分配请求权、剩余财产分配请求权、股份转换申请权、新股优先认购权、股份自由转让权，以及公司股份回购权等。自益权是股东有财产权，为股东出资的目的所在；共益权是股东基于公司利益，也为自己的利益而行使的权利，如召开股东会的参与权、选择管理者的权利、表决权、查阅公司账簿权等。四则救济。我国《公司法》第189条规定股东派生诉讼制度，兼具代位诉讼和代表诉讼双重性。该制度法律构成如下：一是主体方面，原告为有限责任公司股东及连续180日以上单独或者合计持有公司1%以上股份的股份有限公司股东；有该法规定情形的董事、监事、高级管理人员和侵犯公司合法权益，给公司造成损失的人，为股东派生诉讼中的被告。二是客观方面。其一，须有"书面请求"（前置条件）。依据我国《公司法》第189条的相关规定，董事、高级管理人员执行公司职务时违反法律、行政法规或公司章程规定，或侵犯公司合法权益致公司受损，符合条件的股东可提起派生诉讼：股东需具备法定原告资格；股东可书面请求监事会或监事向法院起诉；若监事亦存在违法行为致公司受损，则前述股东可书面请求董事会或执行董事起诉。其二，得直接起诉。股东在特定条件下可直接对公司董事、高级管理人员或侵权人提起诉讼，特定条件包括：监事会或监事、董事会或执行董事拒绝起诉；自收到书面请求之日起30日内，监事会、监事或董事会、执行董事未起诉；紧急情

① 周友苏：《试析股东资格认定中的若干法律问题》，载《法学》2006年第12期。

况,不立即起诉将导致公司利益受损且难以弥补。面临紧急情况且符合直接起诉条件时,具备原告资格的股东有权为公司利益直接向法院提起派生诉讼,迅速有效保护公司权益。

(2)物的要件。公司设立物的要件,也即公司设立必须具备一定的财产要素。无论授权资本制还是认缴资本制,均对设立人出资的资本形式、资本形成、资本原则、财产信用及其账簿记载作出严格、详细的规定。依我国《公司法》第47条的规定,有限责任公司的注册资本是由全体股东在公司登记机关登记并认缴的出资额组成,而此出资额应在公司章程所规定的时间内,即公司成立之日起五年内全部缴足。该条款不仅明确了注册资本的构成,也为股东出资设置了时间框架。我国《公司法》第152条为公司章程及股东会赋予了选择权,它们可以授权董事会在3年内决定是否发行不超过已发行股份50%的新股。值得注意的是,非货币财产的出资须经过股东会的批准。如董事会根据上述条款决定发行新股,将直接影响公司注册资本和已发行股份数,对章程相关部分的修改无须再次进行股东会表决。这体现了公司治理中兼顾灵活和效率的精神。在股东权益方面,我国《公司法》第57条第2款规定,股东拥有查阅公司会计账簿及会计凭证的权利。但应当提交书面请求并说明查阅目的。如公司有合理理由认为此请求不当,则可依法拒绝。该条款在为股东提供知情权保障的同时,也为公司运营与管理提供了一定程度的保护。

①资本形式。我国《公司法》第48条规定股东可以用货币出资,亦可用实物、知识产权、土地使用权、股权、债权等可用货币估价且能依法转让的非货币财产折合成资本出资;但法律、行政法规明确规定不得作为出资的财产除外。对于用作出资的非货币财产,应当评估定价,核实财产价值,禁止高估或低估。若法律、行政法规对评估定价另有规定,从其规定。该规定详细阐述了股东出资的多种渠道,不限于货币出资,还包括实物、知识产权、土地使用权、股权、债权等可估价转让的非货币财产。同时,强调了评估定价的重要性,要求非货币财产必须经过严格评估,保证评估结果的公正性,以维护出资的真实性和公平性。由此来看,资本形式的构成要件为:其一,物权属性,得进行货币估价。其二,债权属性,得依法转让。一方面,可以

转让；若事实上不能转让，如室内空气等，应排除。另一方面，可以依法转让；若法律上不能转让，如走私的珍贵物种等，应排除。

②资本形成。公司设立的核心要素经由资本制度得以具体实现。资本的一次性与分次性发行，分别孕育了法定资本制与授权资本制等多样化的资本形成模式。资本形成之精髓，聚焦于资本的发行环节；狭义上的资本形成制度，专指资本发行制度。而广义上的资本形成制度，还囊括资本的缴纳制度。我国 2023 年《公司法》将 2013 年有限公司认缴制改为 5 年实缴制以及股份公司授权资本制，有效摆脱了债权人保护窠臼。与域外类似的是，这种资本形成具有从管制到自治的发展趋势。①

一是大陆法系资本制度表现为从法定资本制向授权资本制转型。法定资本制起初盛行于德国、法国等欧洲大陆国家，但当前，这些国家多数已放弃严格的法定资本制，转而采用更加灵活的授权资本制，以促进资本形成。该制度通过简化增资流程，显著增强了公司筹集资本的灵活度和便捷性。德国《股份公司法》第 202～206 条规定公司章程可授权董事会，在公司成立后的 5 年内，未经超过公司成立时资本半数之限，且获监事会批准，发行新股以增加资本。尽管公司设立之初仍需一次性全额发行并认足资本，但此授权机制极大简化了后续的资本筹集步骤。法国现行的资本形成制度亦遵循类似路径，即在公司设立阶段维持法定资本制，而在后续增资环节则转为授权资本制。

二是英美法系的转变——由授权资本制迈向声明资本制的演进历程。授权资本制，作为英美法系的一项创新制度，至今仍被诸多后发国家采纳并奉为圭臬。美国《特拉华州普通公司法》第 161 条精准地展现了授权资本制乃“公司章程授权董事会分阶段发行资本”的核心精髓。然而，时下多数英美法系国家正悄然摒弃“授权资本”之概念，转而施行更为灵活的资本监管举措。这一变迁或可在资本构成进程的演变轨迹中觅得踪迹。在授权资本制下，股东大会负责确定

---

① 卢宁：《刍议公司资本形成制度的改革与发展——以“认缴制”的定性为起点》，载《法学论坛》2017 年第 3 期。

授权资本的最高限额，董事会则在此限额内决定公司实际发行的资本额。若董事会计划发行的资本超出授权资本的界限，必须得到股东大会的相应决议。随着公司治理模式从股东会中心转向董事会中心，公司法应当更加注重提升企业的运营效率及降低成本。因此，给予公司董事会更灵活的融资权限变得尤为关键。对于股东与债权人的保护，则依赖于相关配套制度的有效执行。在此趋势下，英国《2006年公司法》取消了“授权资本”的限制，改采声明资本制。在此制度下，公司章程不再需要设定资本上限，而是要求公司明确声明其实际发行的资本情况。董事会在运营过程中，可以根据实际需求自主决定资本的发行，不再受授权资本总额的限制。为此，公司不再单列注册资本，而由董事会在经营过程中完全自主决定资本发行。这种制度要求公司“声明”实际发行资本，与传统的法定资本制和授权资本制相比，其不必在设立时全部发行或认缴，以取得公司抓住融资时机、提高融资效率以及快速作出决策等效果。

三是日韩及我国台湾地区——从折中资本制向授权资本制转变。日本，身为大陆法系的一员，其法律体系在历史沿革中一度采纳传统的法定资本制。1950年的日本《商法典》对此进行了革新，引入了折中授权资本制，其第166条第4款明确规定“公司设立初期发行的股份总数，不得少于公司总发行股份的四分之一”，剩余股份则由董事会根据公司成立后的实际需求进行发行。截至2001年，日本在修订商法典时，为提升企业融资灵活性，对折中授权资本制进行了适度的放宽调整，对原先首次发行比例不得低于1/4的硬性规定增设了例外情形，但仅限于公司章程中未将股份转让需董事会同意作为条件的情况。1966年前，我国台湾地区实行法定资本制，公司发起人必须认购并全额缴纳股份总数的首次出资。

综上所述，当前全球资本形成制度已展现出新的三足鼎立态势：英美法系所偏好的声明资本制、大陆法系所主导的认授资本制，以及以日韩为代表的授权资本制。[①] 当然，在不以资本运作和对外担保为

---

① 卢宁：《刍议公司资本形成制度的改革与发展——以“认缴制”的定性为起点》，载《法学论坛》2017年第3期。

基础的企业,如个人独资与合伙企业等,资本并非其必备条件,或者严格地说,企业的出资和物质基础不能称其为资本。

从广义资本形成角度观察,我国采纳的认缴制与授权资本制共享着相似的制度土壤与目标追求,均意在缓解法定资本制所体现的严苛性与替代性;尽管如此,两者在运行机理及制度逻辑上各有侧重:认缴制更多聚焦于保障股东出资的自主裁量权,而授权资本制则偏向于维护公司的融资自主权。① 资本缴纳层面,大致可区分为全面实缴、限制实缴与催缴实缴三种基本模式。② 在复杂的公司资本规制体系中,资本缴纳模式作为一个独立的制度架构,其存在不依赖于任何特定的资本制度,而是与其他资本规则之间存在多种可能的潜在组合形态。为此,我国《公司法》取消全面认缴模式,规定股份有限公司实行全部实缴模式,有限责任公司采取限制实缴模式,并为股东出资设置5年实缴期限。

③资本原则。我国公司法文本并未直接采用"资本三原则"这一表述。该术语实为学者依据共通法理对相关法律条文的综合提炼,意指公司法在公司设立、治理及经营整个流程中,为确保公司资本的真实性与安全性所制定的基本法律规则,具体包括资本确定、资本维持和资本不变三大立法支柱。资本确定原则要求公司设立时必须在章程中明确规定资本总额,并由发起人足额认缴或募集,否则公司无法成立,旨在强化资产的审慎评估,防止资本虚增,确保股东出资真实到位。资本维持原则强调,公司在存续期间应保持与其资本总额相当的资产水平,旨在通过具体资产的累积巩固抽象资本的基础,防止资本受到股东或管理层的不当侵蚀,从而在实际操作中维持资本总额的稳定。资本不变原则要求,公司资本总额一旦确定,未经

---

① 冯果:《论授权资本制下认缴制的去与留》,载《政法论坛》2022年第6期。

② 全面实缴模式要求股东必须一次性全额支付股份认购款项,典型如美国《示范公司法》与日本《公司法》;限制实缴模式不强制股东即刻全额实缴,但需在设定的期限或比例范围内完成出资,欧盟《第二公司法指令》,德国《有限责任公司法》、《股份法》,法国《商法典》以及2006年英国《公司法》中关于公众公司的条款均属此类;催缴实缴模式则允许公司发行部分或未全额实缴的股份,并根据实际需求或法律规定向股东发出补缴通知,代表性立法如2006年英国《公司法》中的私人公司规定、澳大利亚《公司法》及新加坡《公司法》。参见岳万兵:《公司资本缴纳模式的立法选择》,载《现代法学》2024年第1期。

法定程序不得任意调整,从法律层面稳固资本总额。传统公司法理论认为,这三者相互关联、缺一不可,共同构成公司资本的法律保障与监管框架,贯穿于公司法律制度的始终。值得注意的是,“资本三原则”的演进具有深厚的历史背景和坚实的理论基础,是有限责任与法益平衡等法律制度的产物,是公司在历经多次重大挫败后逐步构建的。①

④资产信用。学界很少就资产与资本作出明确区分。我国学者尹田提出“无财产即无人格”命题,并且认为人格就是“人成其为人”所必要的法律地位,揭示了财产与人格的法律关系,极具学术价值。②但他对财产探讨太过抽象,让人费解;与其类似的是,江平教授对财产概念也作出广义延伸,认为资本信用涵盖资产信用。③ 在笔者看来,作为商事人格构成的资本与作为商事交易的标的物——资产——具有严格的区分。“无财产即无人格”中的财产实际上是指公司人格构成中的资本要件,即“物件”;若为自然人,应指涉器官、劳务之类的“人件”。而商法上的财产则属于人格之外的交易标的物,俗称“身外之物”。这与“身内之物”的资本具有本质区别。基于以上分析,单纯的资本信用其实就是人格信用,是人作为人的静态的、基础的信用。然而,商业竞争瞬息万变,公司履行合约的能力主要取决于其人格之外的动态资产及其盈利能力,而非人格构成意义上的静态注册资本。换言之,在评估公司信用时,注册资本已不再具有实质性的决定作用。市场交易中,对公司信用的准确评估至关重要,交易双方需要确保交易成立时的信用状况得以维持。鉴于资本信用的局限性,更优的替代方案——公司资产信用理论应运而生。随着公司资本与公司资产之间的差异日益凸显,直至完全分离,公司对外承担财产责任的基础转向了公司资产,而非资本。④

总体而言,公司法在立法、司法以及法学理论中均鲜明地体现了

---

① 冯果:《论公司资本三原则理论的时代局限》,载《中国法学》2001 年第 3 期。

② 尹田:《再论“无财产即无人格”》,载《法学》2005 年第 2 期。

③ 江平:《现代企业的核心是资本企业》,载《中国法学》1997 年第 6 期。

④ 陈甦:《资本信用与资产信用的学说分析及规范分野》,载《环球法律评论》2015 年第 1 期。

资本信用的理念及相应的制度体系。然而,以资本为核心构建的公司信用体系难以全面保障债权人的权益和社会的交易安全。公司信用不仅受资本的影响,更依赖于公司的资产。① 资本信用与资产信用的显著差异为我们提供了理性的选择依据:首先,资本信用的展示和判断具有公开性,如通过注册资本登记,公司可以公开其资本状况,公众可利用工商登记资料进行判断;而资产信用通常仅针对特定的交易方,或在特定交易需要时才进行展示和判断。其次,资本信用具有重复利用性,一次登记可供多次交易使用;而资产信用则具有即时性,通常遵循"一交易一报告"的原则。因此,资产信用是针对特定交易目的、在特定交易方之间采用的信用评估方法。再次,资本信用判断具有简洁性,主要基于注册资本制度的少数要素;而资产信用判断则具有综合性,需全面考量多种复杂因素。最后,资本信用与资产信用在成本效益上的权衡极为复杂。一般而言,资产信用判断的成本高于资本信用,但在特定情境下,如熟人间的交易,资产信用判断的成本可能低于资本信用;对于简单或即时交易,可能无须进行资产或资本信用的详细判断;而对于复杂或履行期限较长的交易,资产信用判断才具有实际意义,资本信用判断则相对有限。因此,以高昂的制度成本来提升社会资本信用水平,如实行注册资本最低限额制度,并无实质性意义。②

⑤商事账簿。从资本的形式、形成、原则至资产信用,资本运行始终围绕商事行为进行。对商事行为的文本记载形式即商事账簿。依商事账簿,商事主体可通过书面账簿形式记载自身营业活动与资本运动状况,以展示其营业状况及财产状况,从而取得交易的安全与效率价值。

商事账簿有实质意义上的和形式意义上的区分。实质意义上的商事账簿,是指商事主体所置备的一切账簿。商事主体置备账簿,既可以是基于法律的规定,也可以是仅仅为了自己经营的方便,而法律上并无要求。形式意义上的账簿,是指商事主体依照法律的规定而

---

① 赵旭东:《从资本信用到资产信用》,载《法学研究》2003 年第 5 期。

② 陈甦:《资本信用与资产信用的学说分析及规范分野》,载《环球法律评论》2015 年第 1 期。

编制的账簿。形式意义上的商事账簿又可分为广义和狭义两种。从广义上讲,凡是依照公司法或其他法律法规编制的账簿文件,均属商事账簿。而狭义上,商事账簿仅指依照会计法等特定的法律置备的账簿,其具有辨别商事主体与非商事主体的作用。

商事账簿是商事主体依法律规定所制作的必需工具,对商事活动的顺利进行具有关键作用。首要的是,商事主体作为商事账簿的制作方,其种类繁多。一般而言,法律并不对全部商事主体强制要求制作商事账簿。针对哪些商事主体必须建立、哪些无须建立,或无须建立全部或部分商事账簿的界限,法律根据企业规模大小、税收便利程度及安全保障需求等多元因素,作出了详细规定。鉴于我国商法典尚未出台,商事账簿的具体类型划分尚不明朗。但从商法理论的视角出发,商事账簿理应包含会计凭证、会计账簿以及财务报告。会计凭证,作为记录商事经营活动进程及完成情况、明确经济责任的书面载体,构成登记账簿的基石。会计账簿,简称账簿,则基于会计凭证,由一系列格式规范、相互关联的账页所构成,其目的在于按顺序、系统性全面反映商事活动及其业务内容。财务报告则是商事主体向外界披露的文件,用以展现其在特定时期内的财务状况、会计期间的经营成果及现金流量,内容涵盖会计报表主表、附表、附注以及财务情况说明书。

域外对于公权力介入商事账簿管理的态度存在显著差异。大陆法系国家对于商事账簿活动的监管较为严苛,商事账簿制度中的法律强制性特征尤为明显;相比之下,英美法系国家则更多地依赖于民间会计自治组织的自治规则来调控商事账簿活动,自治色彩浓厚。大体而言,商事账簿制度归属私法领域,主要调节私主体间的利益纠葛。该制度亦兼具一定的公法属性,即在特定情形下,涉及国家和社会公共利益。

(3)组织要件。依公司法,公司组织要件包括公司名称、组织机构和住所三个方面。

①商业名称,是商事主体从事商事经营行为的人格标识,包括作为核心要素的商号在内的多项要素的组合,并通过行使商业名称权取得法律效果。

商业名称,作为商事主体的人格标识,具有符号性和附属性。它是一组由多项要素组合而成的文字符号,包括核心要素(商号)和添加要素(如注册地、营业地、所属行业性质、组织形式等)。其中,商号作为核心要素,商事主体对其享有专有权和专用权;而对于添加要素,商事主体仅享有使用权,而无垄断权,它是商事主体对外展示其身份和特征的重要标志。首先,商业名称作为商事主体独特人格的象征性文字标志,与商事主体本体相剥离,彰显出独立的特质。其核心意义不在于符号的表象,而在于其背后所代表的实体,旨在唤起商事主体的商业信誉并提升营销效能。因此,商业名称的存在必然依附于特定的商事主体,表现出明显的依附性。其次,商业名称具备唯一性、一致性和基础性三大显著特征。为了维护交易的有序进行,法律通常规定单个商事主体仅能拥有一个商业名称;与之相比,商事主体则可以拥有并注册多个商标或使用不同的名称。商事主体的印章、银行账户、招牌、信函等文件中所使用的名称需与商业名称保持一致;商业名称是商事主体存续不可或缺的基本组成部分,往往作为商标、商誉等商业标识衍生发展的基石。再次,商业名称具有鲜明的地域性和公示性。为了避免混淆,各国法律普遍规定在特定地域范围内,不得存在两个或两个以上相同或近似的商业名称,这赋予了商业名称地域性的特征。为此,行政主管部门通过实施商业名称的审核登记与备案制度,要求商业名称的变动必须进行登记,从而确保商业名称的公开性与透明度。最后,商业名称承载着营业性和财产性的特质。作为商事主体从事营业活动的必要元素,营业活动以营利为目的,是一种独立、持续且不间断的职业经济活动,具有财产属性,可评估价值,并构成商事主体营业资产的重要部分,允许进行转让或授权他人使用。①

作为人格的象征,商业名称唯有通过行使商业名称权,方能产生预期的法律效果。商业名称权,指的是商事主体在依法登记后,所享有的对商业名称的独占与专用权利。其内容主要包括两大方面:一

① 朱体正:《商业名称与商业名称权若干问题研究》,载《改革与战略》2007年第12期。

是专有权，亦称独占权或排他权，意指商业名称一经登记注册，便在法律的保护范围内具有垄断性、独占性和排他性。面对非法使用相同或相似商号的情况，权利人可依法要求侵权者停止侵害，并寻求相应的赔偿。这种专有权进一步细化为设定权与变更权。设定权是指商事主体有权根据法律或章程来设定自己的商业名称；变更权则是商事主体依法变更其商业名称的权利，是设定权的自然延伸，可涵盖整体或部分变更，如商号或组织形式的调整。二是专用权，即商事主体在取得商业名称后，有权在商事营业及其相关活动中使用该名称，如开设银行账户，制作印章、招牌，信函签名、广告宣传、法律诉讼等。专用权主要体现在转让权与许可使用权上。转让权是指商事主体有权将其商业名称转让给他人；许可使用权则是指商事主体有权在一定期限和区域内，将商业名称的使用权许可给他人。在企业挂靠经营、特许经营等模式中，常涉及商业名称的许可使用。①

②组织机构，公司组织机构主要聚焦于公司治理的机构层面，其定义既有广义也有狭义。狭义的公司治理特指所有者（主要是股东）对经营者实施的监督与制衡机制，其核心在于通过股东会、董事会、监事会及管理层所构建的内部治理结构治理；而广义的公司治理则包含一整套正式或非正式的内部及外部制度或机制，用以协调公司与所有利益相关者（股东、债权人、供应商、员工、政府、社区）之间的利益关系，这包括静态的治理结构与动态的治理机制两大维度。

第一，公司治理结构，是指为了实现资源配置的有效性，所有者（股东）对公司经营管理和绩效实施监督、激励、控制和协调的一整套制度安排。它反映了决定公司发展方向与业绩的各参与方之间的关联，典型的公司治理结构由所有者、董事会和执行管理层等构成的相互关系框架所组成。它反映了决定公司发展方向和业绩的各参与方之间的关系，典型的公司治理结构由所有者、董事会和执行经理层等形成一定的相互关系框架。

根据国际惯例，规模较大的公司，其内部治理结构可以细分：其

---

① 朱体正：《商业名称与商业名称权若干问题研究》，载《改革与战略》2007 年第 12 期。

一，作为个体形态的治理元素，包括股东、董事（内部股东、职工两类董事；外部独立、非独立两类董事）、监事；其二，作为会议形式的治理机关，包括股东会、董事会与监事会、经理。总之，作为个人形式的治理元素与作为集合方式的会议共同建构成具有静态性的治理结构。

第二，公司治理机制。公司治理机制通常被描述为由公司治理元素与治理机关所形成的一种结合关系、运行方式以及它们如何实现公司控制和降低代理成本的动态制衡过程。

按照制衡样态，公司治理机制又分为内部控制系统与外部控制系统。内部控制系统，是指在公司计划范围内进行机制设计与资源实施，从而达到公司治理目标，主要包括对董事与经理的激励与约束两种方式。外部控制系统，是指在公司计划范围外进行机制设计与资源利用，以便达成公司治理目标，主要包括当管理者经营不善，造成公司股价下跌，而被其他公司收购，导致公司控制权易手以及不同的公司股东组成不同的利益集团，通过争夺股东委托表决权以获得董事会的控制权，进而替换公司经营者的一种代理权竞争方式。

简言之，作为一种制度的细化安排，公司治理结构关注的是公司内部各组成部分之间的静态关系框架；而公司治理机制则更侧重于将这些关系框架通过制衡进行动态控制。总之，静态结构与动态机制互相作用，以实现公司治理目标。

第三，公司治理在动、静治理范式下实现规范目标。

一是为何治理——为规范效益而实现由管理到治理的制度转换。其一，主观上，从个人目标到体系目标。从股东到股东会，更关注公司未来的营利性；从董事到董事会更关注当下如何更有效地治理公司；而从监事到监事会则主要关注公司已经发生的合法性、合规性问题。这些目标转换只有在公司治理情况下才可以实现可能性。其二，客观上，从利益冲突到利益缓和。公司存在三大利益冲突：大小股东之间、股东与高管之间，大小股东高管内部人与社会劳动者、环境、债权人等外部人之间。从某种意义上讲，由管理到治理的制度转换激发了各方参与的积极性，能够有效缓解公司内部的利益冲突。其三，制度上，从人治到法治。管理是指主体对客体的支配；治理基于委托关系，解决了人才专业性问题，但忠诚度问题尚待解决。经验表明,当公司规模小于一定程度时,管理的成本低于治理;当公司规模扩大到一定程度时,治理的成本越来越低,此时公司需要转型。

二是如何治理——围绕无形监督与有形监督而建构有效的治理模式。所谓无形监督,即没有监督机关,但有监督机制;有形监督,既有监督机构,又有监督机制。

③住所。我国《公司法》第 8 条规定:“公司以其主要办事机构所在地为住所。”而《市场主体登记管理条例》第 11 条明确规定:市场主体只能登记一个住所或主要经营场所;电子商务平台内的自然人经营者,可将电子商务平台提供的网络经营场所作为其经营场所。为此,当前我国法律体系内,经营场所与住所间的区分尚不明晰,亦未作出明确界定。然而,基于商事人格构造理论,受社会经济变迁的影响,住所与经营场所在性质与功能上历经了由融合至分离的过程。

首先,住所与经营场所的融合。在早期企业经营形态中,住所与经营场所在性能上并无严格区分。企业住所概念根植于自然人住所概念,法律技术使之拥有类似于自然人的姓名、住所、国籍等人格特质,让企业获得与自然人相同的独立地位、固定居所,从而享受权利并承担责任。类似早期自然人的居住与劳作场所不加区别,由于企业规模小、经营活动常局限在同一紧凑区域,如某一城镇或街道,故而企业的营业场所与住所混杂成为常态。步入工业经济时期,土地与房产晋升为企业的核心生产要素和资本表现形态,商业活动高度依赖于物理空间的实际经营场所,如土地、厂房、店面等。经营场所顺理成章地成为法律关系订立、更改和执行的核心场所。于是,公司法合乎逻辑地确立了以企业的主要办事机构、总部或运营中心为住所的规范。这种一体化状态不仅实现了它们在地理位置上的重合,而且赋予了相同的法律角色,比如指定司法管辖、法律诉讼文书的送达地,以及准据法的确定等。

其次,住所与经营场所在性能上的分离。此分离现象源于两方面社会经济背景的变动:一方面,随着工业经济的深入发展,现代企业形态——以股份有限公司为代表——逐渐超越个体业主制和合伙形式,成为主流的商业模式。生产经营规模和市场版图的不断扩大,使企业的利润最大化目标不再依赖于其注册住所附带的经营业务。出于降低成本和提高规模效应的需要，企业超越注册住所地，进行全球性布局，住所地与经营场所的分离倾向明显增强。另一方面，知识经济推动了这一变革。互联网和信息技术在企业层面的广泛渗透，推动企业住所朝虚拟化、非资产化、去实体化的方向发展，虚拟营业场所随之涌现，进一步深化了经营场所对住所的物理空间的摆脱，两者的功能分异变得尤为突出。具体表现在：一是知识经济大幅度减少了企业对实体资源如土地、厂房的需求，甚至出现没有实体经营场所的企业；二是物理住所对企业的意义持续弱化，企业的联系方式正从实体地址向数字化虚拟地址过渡。

总之，住所与经营场所从融合走向分离的法律含义是：住所是企业法律生态的中心点，作为企业内在法律人格的构成要素，执行法律文书的接收、行政及司法管辖确定等职能；而经营场所则代表了企业的业务中心，一家企业可以有多个经营场所，并在合法前提下自行选择，作为独立于企业法律人格之外的生产活动条件。

(4)章程要件。公司法赋予公司章程以规则效力，为此，公司章程得以规范公司的组织和活动，并成为公司设立的必要条件。

①规则体系。作为一个自洽规则体系，章程在价值、原则与规范三方面具有内在规定性。

一是在价值上，章程更强调自由前提下的自治。这体现在公司章程的法律性质方面。章程兼具自治性和契约性。在不同法律关系下，自治性和契约性具有不同的解释力。在规范股东之间、股东与公司间的内部法律关系时，契约说优先；在公司治理与管理时，自治说优先。

二是在原则上，章程应该遵循“三公”原则实现自治价值。

三是在规范上，章程有一套自洽的类型化软法条款：其一，绝对必要记载事项构成公司章程的基石，是法律明文规定的必须记载且不容或缺的内容。任何一项的缺失或记载不符合规范，均将直接导致整个章程无效。这类事项广泛涵盖了公司名称、住所、注册资本以及股东信息等一系列核心要素。其二，相对必要记载事项则由法律予以列明，并赋予章程制定者自由裁量权以决定是否记录。一旦选择将其记载于章程之中，该事项即具备相应的法律效力；但若记载内容违法，则仅该特定事项无效，而不影响章程中其他内容的效力。明确此类事项的目的，旨在保证相关条款能在公司与发起人、公司与认股人以及公司与其外部第三方之间产生有效的约束力。值得注意的是，我国现行法律对于此类事项并未作出具体详尽的规定。其三，任意记载事项则指的是法律未予明文规定的事项，其是否纳入章程之中，完全由章程制定者根据公司实际情况灵活决定。只要相关记载不违反法律规定、公序良俗，制定者即可按需将其添加至章程。若未予记载，并不影响章程整体的效力；但一旦记载于章程，则该事项便具备法律约束力，公司及股东均须严格遵守，不得擅自变动；如需变更，必须严格遵循法定的章程修改程序。

②规则效力。公司章程作为一套完整的规则体系，具备清晰的规则约束力，涵盖其对人、时间及空间的适用范围，可区分为对内与对外两大方面：就其对内效力而言，我国《公司法》第 5 条明确指出，设立公司必须依法制定公司章程，该章程对公司本身、股东、董事、监事以及高级管理人员均具有法律约束力。对外效力上，对公司之外的投资者、债权人和社会公众的约束力，包括保护第三人视角的公示效力以及保护公司视角的对抗效力。但董事越权行为（基于委托）为例外：一是表见代表，构成表见代理所产生的法律效力：由公司承担对第三人的法律责任，公司承担责任后可以向越权董事追偿。二是无权代表，产生的法律效力：A. 对于越权董事与第三人恶意串通的，无效，由越权董事承担责任。B. 对于其他情形，效力待定，须经过公司的追认。公司不予以追认的，无效，由越权董事承担责任；公予以追认的，有效，由公司承担责任。法人及其法定代表人、非法人负责人超越权限订立合同，除相对人知道或应当知道其超越权限之外，该代表行为有效。可以说，我国《公司法》承认了表见代理、表见代表行为的效力。

③规则解释。当章程时过境迁或者规范不明时，我们需要对其阐释。如何保持解释的证成力，存在诸多解释论。

综上所述，如果从组织与成员非关联性看，独资企业、商事合伙与公司企业之人格塑造具有终极性，而四要件仅为组织建构的素材，具有手段性。换言之，人格塑造无非是将“各种素材”借由塑造而拟制成一种像“自然人”一样的有姓名、意思、财产和责任的法律终极性实体——独资企业、商事合伙或公司企业。

4. 商事主体的人格三支柱。商事主体的人格三支柱主要体现在公司人格三支柱上,是指公司基于契约而形成的“股东—公司—债权人”内外关系。根据商法理论,这种内外关系是通过资产分割进行调整的。资产分割理论认为,资产持有者独立分割出来后新成立的法律主体,得以自己名义持有资产,且该法律主体的债权人就法律主体的资产,相对于法律主体的股东债权人具有优先的地位。[①] 由此来看,资产分割主要体现为两大核心要素:首先是法律实体资产与原始资产持有者间实现的隔离设计,该设计凸显了法律实体的自主独立性,赋予其自主持有资产的法律地位;其次是明确了法律实体债权人相较于股东所拥有的优先权地位,意味着只有在债权人的权益得到充分满足后,法律实体的股东才能参与后续的财产分配。据此,公司人格三支柱包括三个要点:

(1)股东以出资额为限对公司负责。该要点表示由股东与公司所构成的内部关系。其中,股东仅对公司负责,而不对公司之外的公司债权人负责;股东仅仅以出资额为限对公司负担有限责任。

(2)公司以其全部财产对债权人负责。该要点表示由公司与公司债权人所构成的外部关系。其中,公司须对公司债权人负责;公司对公司债权人须以其全部财产负担无限责任。根据会计法则,全部财产=所有者权益+负债。

(3)债权人与股东之间原则上不直接发生关系。该要点表示由公司债权人与股东所构成的内外间接关系,即根据资产分割法理,在无公司人格否认之情形下(容后探讨),债权人无权向股东进行债务追索。

5. 商事主体的人格否认。我国学术界针对公司人格否认的诠释存在广义与狭义两种理解维度。广义论认为,公司人格否认包含对公司人格的彻底剥夺和在特定情境下否认公司人格的双重含义;而狭义论则更为审慎。笔者仅采纳后者观点,并将其适用对象局限于

---

① 王文宇:《公司法论》,中国政法大学出版社 2004 年版,第 7 页。

有限公司和股份公司,排除无限公司及两合公司的适用范围。值得说明的是,狭义论成为当下立法与理论通识。

(1)公司人格否认的通用理论核心。公司人格否认在不同国家法律体系中存在不同表述,如德国的直索责任制度、美国的"揭开公司面纱"原则以及日本的人格否认制度等,均指针对特定情况,依据特定事由撤销公司的独立法律地位,并要求股东在某些情形下对公司债务承担无限责任的法律规定。日本学者鸿常夫在分析日本重要法人人格否认案例时,详述了该制度的法理内涵:此法理之要义在于,当公司维持的形式独立性悖逆正义与均衡,或公司法律形式被误用并超出法人制度初衷时,不全盘否定公司之存在,而是在确认其法人地位的基础上,就个别案例而言,撤销其法人格之功能,确保公司与股东在法律上得以公正对待。① 我国学术界据此总结出三大要点:其一,公司已依法获得法人资格;其二,公司人格否认的应用限于特定的法律关系,仅针对个别案例实施否定,不影响对其他法律关系的评价;其三,公司人格否认的直接后果在于追究股东责任,意在突破股东有限责任的原则,实现股东与公司之间责任的重新分配。故而,公司人格否认的效力是对人的,特定主体因特定原因而被触发,不具备普遍适用性。

我国《公司法》第 23 条明确作出公司人格否认的制度安排:在公司股东滥用公司法人独立地位和股东有限责任以规避债务,且此行为严重侵害债权人权益的情况下,债权人可通过"揭开公司面纱",直接向滥用权利的股东求偿连带责任。本质上,控股股东违反了公司人格构成与公司人格三支柱,应该承担人格否认责任。据此,人格否认构成要件包括:第一,主体,公司债权人;第二,主观,逃避债务目的;第三,客观行为,滥用公司法人独立地位和股东有限责任;第四,客观结果,债权人利益受到严重损害。

(2)人格否认类型。从公司指涉主体、滥用行为以及损害对象差异看,人格否认分为纵向和横向两个基本类型。其中,纵向人格否认又进一步细分为正向人格否认和逆向人格否认。

---

① [日]森木滋:《[日本]法人格的否认》,李凌燕译,载《外国法译评》1994 年第 3 期。

第一类，纵向人格否认。纵向人格否认是指在特定情形下，当公司股东不能证明公司财产独立于股东自己的财产时，股东应当对公司债务承担连带责任。这一制度的主要目的是防止股东滥用公司独立地位和股东有限责任，逃避债务，从而严重损害公司债权人的利益。

①正向人格否认：股东对公司的债务承担连带责任。

正向人格否认（或称顺向人格否认）作为人格否认理论中的一个经典概念，在我国2005年修订的《公司法》中得到了明确体现，其并非倡导人格否认的积极适用，而是对特定情形的规范说明。具体而言，2005年《公司法》第20条第3款规定了一种情形：当公司股东不当利用公司法人的独立地位及股东的有限责任，以此作为逃避债务的手段，并因此严重侵害了公司债权人的合法权益时，法律要求此类股东需对公司债务承担连带责任。这一规定旨在维护公司法人制度的公平与正义，确保债权人的利益不受侵害，而非鼓励或认可任何形式的人格否认行为。

②逆向人格否认：公司对股东的债务承担连带责任。

逆向人格否认，又称反向人格否认。从既有资料来看，在十几年前逆向人格否认就已经在司法实践中出现。在（2010）沈民二终字第264号案中，沈阳市中级人民法院认为："由于存在股东与公司间人格混同，股东须对公司债务承担责任，自不待言，而公司也须为股东债务承担责任，也应是《公司法》第20条有关法人人格否认规定的应有之义。"此裁决不仅确认了股东与公司间责任界限的传统观念在特定情形下的模糊化，还强调在现代公司法框架下，为应对人格混同等复杂情况，法律对公司与股东间责任分配所作的灵活调整，即公司逆向承担股东债务的责任原则。

第二类，横向人格否认：公司对公司的债务承担连带责任。

横向人格否认，亦称关联企业人格否认，相较于正向人格否认（纵向人格否认的一个分支），其不限于否定股东的有限责任，而是要求控制股东控制下的子公司或者关联公司相互否认人格，相互承担连带责任。这主要适用于以下三类关联公司情形：一是基本关联，即法人型控股股东与其投资的公司即母子公司之间的关联；二是亲密类型，即同受一个控股股东、实际控制人控制的各子公司即姐妹公司之间形成关联。三是松散关联，主要指的是那些与企业之间存在股权、债权、管理权等多重参股利益纽带的关联形态。这些关联可能体现为资金流、经营运作、购销环节等方面的直接或间接控制联系，或是共同受第三方控制，抑或在利益层面上存在其他形式的相互关联。由此来看，关联的核心要素在于人事管理或资本“控制”。如加盟连锁关系因缺乏“控制要件”，故而不构成关联。这些加盟既非总分公司关系，也非母子公司关系，更非管理权控制关系，而仅是一种基于协议连锁下的合作关系。①

需要明确说明的是，实务中承担连带责任的范围远不止于控股股东直接持股的子公司。它同样涵盖公司集团架构下，通过多层持股关系被控股股东掌控的关联公司。这意味着，在复杂的企业集团结构中，只要关联公司实质上处于控股股东的影响之下，即便它们之间隔着多层的股权持有关系，也可能因人格否认原则而被要求承担相应的法律责任。

(3)公司人格否认的适用。实践中，公司人格否认的实施途径主要分为两类：一是法律明确界定。例如，英国 1948 年颁布并于 1976 年修订的《公司法》中，第 31 条确切指出，公司股东在明知未达到法定最低股东数(公开公司为 7 人，封闭公司为 2 人)的情况下，若持续运营超过 6 个月，则该股东需对公司此期间的所有债务承担责任。第 322 条进一步规定，在清算程序中，若公司继续从事旨在欺诈债权人或其他方或者具有欺诈性质的业务，法院可根据清算官员、清算人、债权人或公司成员的申请，判定参与此类业务的人员需对公司债务及其他相关责任负责。在德国，针对母子公司间子公司常被用作欺诈、规避法律或合同义务工具的情况，1965 年的《股份法》第 2 篇直接设立了关联企业责任制度，规定母公司对子公司、支配公司对从属公司承担差异化责任。我国《公司法》第 23 条等相关条款也对此类情况作出了明确规定。二是司法实践中的灵活应用。作为特殊情

---

① 此处加盟是指加盟法人通过签订合同方式向加盟成员提供人员培训、组织结构、经营管理、商品供销等无条件协助，授予加盟成员使用其商标、品牌或经营技术等商业特权，允许其在特定区域内经营该品牌的产品或服务。作为对价，加盟成员需向加盟法人支付相应费用。

况,公司人格否认由法院在审理具体案件时依据实际情况进行判断与适用:首先,体现在股东与公司间的过度支配关系上,这在关联公司间尤为显著。日本判例法及学术理论中,公司人格否认的适用情形涵盖公司人格完全虚置以及为规避法律而滥用独立人格的情况,最狭义的理解仅限于公司完全丧失财产独立性而成为空壳的情形。法院是在个别案件审判中否定公司人格并直接追究股东责任,其适用情形自然多样。只要存在滥用公司人格导致债权人或社会公共利益受损的事实,即应考虑适用;其次,股东与公司间不存在过度支配,但公司与股东在财产、组织管理、经营业务乃至利益上存在高度混同,难以区分;再次,股东滥用公司形式以规避法律或合同义务;最后,公司存在资本不充足的问题。①

(二)商事主体的理论体系——基于人格与资格所建构的商事主体论

如前探讨,人格建构产生了商业市场中的芸芸众生,但并非具有商事人格的芸芸众生均有资格参与商事活动。实际上,商事主体参与商事活动尚需经过资格的过滤或者资格淘汰。一般来说,商事主体人格可以影响商事主体资格变动;而商事主体资格变动也可以规范商事主体人格。

1. 商事主体的人格规范。在我国,商事主体的存在是一个无可争议的事实。然而,由于缺乏一个统一的、基本法律层面的定义,以及对商事主体人格确认的忽视,商事主体的概念表述常常显得含糊且不精确,导致"一词各表"的现象。这种现象大致可以归纳为以下几种观点:

(1)等同论。该观点将商事主体与商人、经营者、市场主体等同看待。

一是将商事主体与商人等同。商事主体,即"商法上的人"(或称商人),被认为是商法上权利义务的享有者和承担者。尽管有观点认为中国商法学中的商事主体与国外传统立法意义上的商人并非同一概念,认为商人是商事主体的子集,商事主体是商人概念外延和商

---

① 郭升选:《"公司人格否认"辨》,载《法律科学》2000 年第 3 期。

法调整功能扩大的结果，但笔者认为，商事主体与商人的人格构造并无差异，将二者等同看待并不会引起太大的误解。

二是将商事主体与经营者等同。有学者通过考察部门法，坚信商事主体即“经营者”。我国《消费者权益保护法》中提及“经营者”一词，但未给出明确界定。从立法者的本意来看，或许可以将经营者较为广义地解释为基于生活消费而进行交易的行为人。我国《反不正当竞争法》第 2 条第 3 款对“经营者”作出了立法界定：“本法所称的经营者，是指从事商品生产、经营或者提供服务（以下所称商品包括服务）的自然人、法人和非法人组织。”《反垄断法》第 15 条也规定：“本法所称经营者，是指从事商品生产、经营或者提供服务的自然人、法人和非法人组织。”

三是将商事主体与市场主体等同。我国《市场主体登记管理条例》第 2 条将市场主体界定为在中国境内以营利为目的从事经营活动的自然人、法人及非法人组织。这是一种属地界定法，意味着凡是在市场区域内从事经营活动的就是市场主体。然而，若要将商事主体概念与市场主体等同，还需正视以下几点：首先，难以排除商人特权，包括商人与商人之间（如公司、个人独资企业、合伙企业、农民专业合作社、个体工商户与外国公司分支机构之间）以及商人与非商人之间；其次，没有充分表彰“商事”的全面性，“经营活动”并不能涵盖商事的全部内容；最后，将商事主体表述为市场主体是否能有效回应国际经济中的“非市场经济地位”条款之歧视问题。

(2)泛商论。将商事主体与商事法律关系主体、民事主体等同看待。

一是将商事主体与商事法律关系主体视为同义，认为它们都是依照法律规定以自己的名义从事商行为、参与商事法律关系、享有权利和承担义务的人。然而，这种等同实际上扩大了商事主体的实际范围，因为并非所有商事法律关系中的主体都是从事经营行为的商事主体。在许多情况下，关系中的一方可能仅仅是为了满足个人生活需要的消费者。

二是将商事主体与民事主体等同。有学者认为，随着人的普遍商化，商事主体与一般法律主体的界限变得模糊，无法将“商人”与民法规定的公民和法人区分开来。然而,这种观点忽略了民事主体与商事主体在人格构造上的差异,并且没有考虑到人格三支柱对于行为能力的不同需求。这种逻辑上的疏忽导致荒谬的结论,即连襁褓中的婴儿也被“普遍商化”为商人。

(3)限商论。该观点将商事主体限定在企业范围内,认为商事主体是依法设立、持续从事商业经营活动的企业。在这种观点下,商人作为商法主体的观念实际上已被企业作为商法主体的观念取代。在中心化时代,将商事主体等同于企业并排斥个人成为商人或许具有一定的合理性。然而,在基于区块链技术的去中心化时代,有独立商事人格的个人与个人、个人与企业之间的商事互联将成为常态。因此,限商论显然缩小了商事主体的实际范围。

经过上述探讨,笔者认为,商事主体的规范表述应涉及其人格属性,即商事主体的权利能力,这是指某一主体可以成为商事主体、从事商事行为所具有的能力。这种基于人格的商事能力既不能无限制扩张,也不能无端限缩,而只能在规范之内。至此,作为人格意义上的多样性的商事主体形态得以认定,从而实现商事主体在人格上的归一。

2. 商事主体的资格判定。人格与资格并非同一概念。作为一个法律概念,人格是人作为人(无论是个人还是组织)所具备的基本条件(如前人格实体构成以及程序认定),否则就不是人。因此,“法律面前人人平等”即指人格平等;而资格则是在人格基础上再附加若干条件,以便将平等人格再差异化,如通过教师资格、律师资格等将人类型化。设置资格的目的在于通过科层区分,增进社会发展动力。由此来看,一个人具有人格,未必具有资格;但具有资格,一定具有人格。基于上述界分,我们只有对个人或组织的人格基础条件之外的附加条件进行考察后,方能最终判定其商事主体资格。①

(1)非商人自然人取得商事主体资格的法律判定。这主要发生在资行合一与资行不一两种情形之下。

---

① 资格获得程序,除实体要件外,尚需要经过契约选择与公共(国家或者组织)确认两道程序,如司法考试与国家确认的法律人的司法资格;餐饮就餐与作为组织的餐馆确认的(优惠券)会员资格。

①资行合一，具有独立性——自然人获得商事主体资格要件。其一，行为要件，即自然人获得商事主体资格的基础在于其从事商行为。这是各国立法普遍明确规定的一个必备条件。其二，职业要件，即自然人获得商事主体资格要求其将商行为作为职业，即经常性地从事商行为。其三，名义要件，即自然人商事主体资格的获得要求其以自己的名义从事商行为。其四，能力要件，即自然人获得商事主体资格要求其具备与所从事行为相适应的商事能力。在这些要件中，行为要件是各国立法普遍明确规定的一个必备条件，而其他三个要件在各国立法条文中的体现则有所不同。例如，《德国商法典》第1条关于自然人获得商人资格的立法表述主要包含行为标准。《日本商法典》第4条关于自然人获得商人资格的规定包括行为要件、职业要件和名义要件。《韩国商法》第4条关于自然人获得商人资格的规定包括行为要件和名义要件。《西班牙商法典》第1条关于自然人获得商人资格的规定包括行为要件和能力要件。《美国统一商法典》第2~104条关于商人的规定包括行为要件和能力要件。这些规定体现了不同国家对于自然人成为商事主体的不同要求和标准。

②资行不一，具有附属性——特殊自然人能否获得商事主体资格取决于资格与行为两个方面的规制。

第一类，附属家庭——不具有完全民事行为能力的自然人。对于不具备完全民事行为能力的自然人，各国的法律规定呈现多样性，大致可以归纳为三种模式：其一，行为限制。这类规定允许不完全民事行为能力人成为商事主体，但限制其直接从事商行为。根据德国学者的解释，无行为能力或限制行为能力的自然人应由其法定代理人代为行使经营行为。在这种情况下，被视为商人的是无行为能力人或限制行为能力人，而非其法定代理人。其二，资格限制。在某些国家，法律并未明确不完全民事行为能力人能够成为商事主体，但允许他们直接从事商业活动。例如，《韩国商法》第6条要求未成年人或限制行为能力人进行营业必须得到其法定代理人的同意并进行登记。而《日本商法典》第5条仅要求未成年人营业进行登记，无须法定代理人的同意或代理。其三，双重限制。有些国家不允许不完全民事行为能力人享有商事主体资格，但允许他们通过监护人从事商业活动。《西班牙商法典》第 4 条明确规定,商个人必须为成年人并能自由支配其财产。第 5 条进一步规定,未满 18 周岁的未成年人或非完全行为能力人应通过其父母或监护人进行商业活动。这些规定体现了不同国家对于不完全民事行为能力自然人参与商业活动的不同态度和法律框架。在某些国家,这类个体可以在特定条件下参与商业活动,而在其他国家则可能面临更多的限制。

第二类,附属组织——视为商事主体的自然人在某些法域,特定的商事合伙形式中的自然人被视为商事主体。例如,德国普通商事合伙和有限商事合伙被视为独立的商事主体。通说认为,这两类合伙中承担无限责任的合伙人应具备商人资格。《韩国商法》第 7 条明确规定,当未成年人或限制行为能力人经其法定代理人同意成为公司的无限责任股东时,其以股东身份所做出的行为,被视为具有完全行为能力者的行为。这表明,尽管他们可能不具备完全的民事行为能力,但在特定条件下,他们可以被视为商事主体。

第三类,附属社会——不被视为商事主体的自由职业者。与上述情形相对的是,某些自由职业者因其职业性质而不被认定为商事主体。例如,德国法律明确规定,一系列自由职业不属于商事营业活动,因此,律师、公证人、审计师、税务顾问、医生等职业不被视作商事主体。这些职业通常受到专门的立法调整,相应的从业人员也不被纳入商事主体的范畴。其他国家也普遍通过专门的立法对这些职业进行调整,因此,这些自由职业者通常不被认定为商事主体,而是受到特定法律框架的规制。

第四类,附属国家——立法禁止从事商事行为的自然人。《西班牙商法典》对禁止从事商业活动的自然人有明确的规定。其中,第 13 条规定了商业活动禁业者包括《竞争法》中规定的无行为能力者,以及特别法或特别规定中禁止进行商业活动的人;第 14 条明确指出,在任的法官、检察官,以及区域、省份或城市的政府、财经或军事首长,政府任命的国家财政或税务官员,以及交易所代理人及商业经纪人等,不得在其相应的省份或城市从事商业活动或直接参与工商业公司的管理和经营活动,也不得通过第三人从事上述活动。这些规定体现了对特定公共职务人员从事商业活动的法律限制,以维护公共利益和避免利益冲突。

第五类,附属国际——外国人。《西班牙商法典》第 15 条对外国人在西班牙从事商业活动的资格作出规定。外国人可以根据其本国法律在西班牙从事商业活动和签订商业合同,而在西班牙境内设立营业所、从事的商业活动及法律权利,则须依《西班牙商法典》的规定。这一规定实际上承认了外国人依其本国法在西班牙可以获得商事主体资格。与之不同的是,大多数国家商法规范通常不会明确规定外国人的商事主体资格,而是通过多边或双边条约或国民待遇原则来对等处理。

综上所述,特殊自然人能否获得商事主体资格,取决于资格与行为两个方面的规制。这包括私有领域自由(如第一、二、三类)与公共领域禁止(如第四、五类)。这些规定确保了商事活动合法有序,同时平衡了个人权利与公共利益。

(2)非商人组织体取得商事主体资格的法律判定。在商法理论中,商事主体通常被划分为商法人、商合伙和商个人。个人独资企业一般被归类为商个人,其商事主体资格由企业主享有。因此,组织体商事主体资格主要涉及法人组织和合伙组织。然而,并非所有具有组织人格或成员人格的组织体都符合商人条件。例如,在企业改制成功之前的传统企业,以及不符合市场主体地位的经济组织,它们几乎不能参与市场竞争。为此,这些传统组织体需要按照现代企业的要求进行改造,以获得商事主体资格。改造方法或改造后的判定方法主要有两种:一是基于法律形式获得,组织体因履行了商事登记而获得某种合法的组织形式,从而当然成为商事主体;二是基于营业行为获得,组织体因实际从事营利性的商行为而区别于一般民事组织。

资合性特征较为鲜明的组织体一般都是基于法律形式而获得商事主体资格。这一类组织体的基本特征包括投资者承担有限责任、组织体具有独立法人资格、采取公司制形式。各国立法一般都要求这类公司的成立要履行相应的商事登记程序,一旦登记成立,其就当然获得商事主体资格,无论其是否实际从事营业行为。例如,《德国股份法》第 3、278 条和《德国有限责任公司法》第 13 条第 3 款分别明确规定了股份公司、股份两合公司和有限责任公司是商事组织,这一点并不依赖于其是否进行商营业。尽管德国法不将审计、税务顾问等自由职业视为营业,但依照股份公司或者有限责任公司形式组织的审计师事务所或税务顾问事务所也被视为商人。对于那些所从事营利事业并非《德国商法典》第1条第2项所规定营业的企业,一旦其商号登入商业登记簿,其所从事的营利事业也就被视为营业,该企业也就因登记而成为商人。

对于具有显著人合性特征的组织体,如合伙企业,其获得商事主体资格的途径既有基于营业行为的,也有基于法律形式的。德国学者卡纳里斯指出,普通商事合伙和有限商事合伙根据《德国商法典》第105条第1款和第161条第1款的规定,是基于商事营业活动而非单纯的法律形式成为商人。然而,一些不从事营业活动的合伙组织,例如财产管理组织、欧洲经济利益联盟等,则是依据法律形式成为商人。大多数国家要求合伙企业必须完成必要的登记程序,才能成为合法的合伙企业(在某些国家称为无限公司或两合公司)。[①]

商事主体资格判定的核心要件在于商事行为能力。这一要件的法理意义在于,自然人或组织体一旦具备商事行为能力,便能从一般的民事主体转变为商事主体。民事主体制度遵循“德+能”的原则,即民事行为能力基于民事权利能力而获得,体现了“道德先行,能力相随”的理念。与此相对,商事主体制度遵循“能+德”的原则,即商事权利能力基于商事行为能力而获得,体现了“能力先行,道德相随”的理念。因此,商事主体资格判定的关键在于理性的商事行为能力的有无,即自然人或组织体是否具备基本的商事行为能力,从而能够从民事主体转变为商事主体。

从商事立法的角度来看,商事主体资格判定的关键在于判断商事行为能力的有无。对于自然人而言,商事主体资格的判定还需基于其天生的民事主体资格;而在组织体层面,绝大多数组织体的商事主体资格判定完全依赖于商事行为能力的有无。

总体而言,财富的创造并非商人独力完成,也并非商人的专属领地。因此,明确区分商人与非商人,并赋予相应的商事主体资格,这

---

① 汪青松:《论商事主体判定标准的立法选择》,载《河北法学》2010年第11期。

一举措不仅能够显著提升非商人商事主体的法律地位，还能有效应对特殊情形（诸如民办机构、公法人等）下的法律适用难题，更有助于消除人们认识上的混淆与模糊。例如，将本应只由非商人商事主体具备的身份、能力、品行等资格条件错误地加诸商人，正是因为没有明确区分商人与非商人。①

（3）商事主体的法律分类。基于人格与资格，商事主体可以从商人与商人、商人与非商人以及非商人与非商人三个方面进行法律分类。

①商人畛域（内）：商人—商人。在商法领域内，商人的分类依据不同的标准而有所区别，以下是几种主要的分类方式：

其一，依据主体的组织形式和结构，商人分为商个人（以个人名义从事商业活动的商人）、商合伙（两个或多个个体以合伙形式共同从事商业活动的商人）与商法人（具有法人资格，以公司或其他法人形式存在的商人）。

其二，依据名实关系（资格与行为分离），商人分为拟制商人与表见商人。其中，拟制商人指的是那些虽已完成商人登记，但实际经营规模或业务性质并不完全符合商人标准的情况。此类分类基于公示原则，对第三方具有完全的法律效力，如矿业经营者。然而，那些通过欺诈或不正当手段获取商业登记的情形则不包括在内。表见商人则是未经登记注册，却以商人身份进行商业活动的个人。为了保障交易过程中善意相对方的权益，商法对此类情况进行了相应调整。

其三，以生产、销售分离与否，商人分为直销商与代理商。直销商是指直接生产并销售产品的商人；代理商是指代表产品生产商进行销售活动的商人。直销商和代理商在交易关系、产品及商标一体化方面有所区别，但在商业名称（工业）与原产地（农业）方面有所不同。

其四，根据商事程序的不同，商人可被划分为法定商人、注册商人与任意注册商人三类。法定商人，在德国被称为必然商人或免于登记商人，在日本则称为固有商人。他们从事的是固有商行为，即便

---

① 施天涛：《商人概念的继受与商主体的二元结构》，载《政法论坛》2018 年第 3 期。

未进行注册登记,也依然被视为商事主体,并负有商业登记的义务。但此登记仅具有公示效力,并无创设效力,体现了一种特许与登记相结合的双要件模式。注册商人,则是以相对商行为为营业的商人,必须通过登记方能取得商事主体资格;此登记具有创设效力,即采取核准主义并附加登记要件。任意注册商人,又称自由登记商人,在德国主要指的是从事农业、林业的场主以及从事辅助性行为的人。他们是否进行登记完全取决于个人意愿。这类商人的活动多属辅助商行为,变动频繁,缺乏持续性,往往不具备营业性组织特征,实践中多为小商人、商自然人或商自然人的临时组合。不同国家对此类商人的登记要求各不相同,有的国家不要求登记,有的国家则不承认其为商事主体。

其五,以组织与其成员关系不同,商人分为独立商人与非独立商人,或附随性商法人与非附随性商法人。理论上,"独立"一词意指组织体应与其成员部件在物质方面界分。如我国法人与其成员在物质等方面存在内部界分。然而,合伙组织内部成分中却存在自然人的物质(劳务),合伙组织与合伙人之间存在内在成分混同问题,因此具有非独立性。由此来看,独立商人是一种在法律上被视为完全自主、自足的经济实体,故而,经营活动和法律责任均由自身承担;而非独立商人则是一种因内在物质不能自足而缺乏自主的主体,其存续最终归其成员承担。立法上,商法人与其成员关系存在附随性与非附随性两种立法模式。一是附随性商法人立法例。该例下,商法人承担独立责任,成员负有限责任。换言之,凡成员承担无限责任、连带责任或补充责任的组织均不是商法人。商法人人格与有限责任具有制度上的必然联系。这种成员有限责任附随商法人人格的立法例存在复杂的历史背景。当时德国工人阶级为争取生存而纷纷结社,政府对此极为害怕,但又不能也无力将其禁止或镇压。为此,当政者便以国家名义采取设立法人组织必须得到国家许可并接受国家监督的方法进行结社监控,如《德国民法典》在世界上首次规定商法人附随制度。二是非附随性商法人立法例。与附随性商法人制度相反,《法国商事公司法》第 5 条规定商事公司包含无限公司以及两合公司;《意大利民法典》还将无限公司、两合公司、普通合伙列入商法人之列;《日本商法典》第53、54条规定公司法人包括无限公司、两合公司、股份有限公司。由此来看,法、意、日等国规定商法人与其成员有限责任没有关联。英美法系则从未将商法人人格与个人人格结合起来。[①]

②商人边界(内外):商人—非商人(商业辅助人)。商业辅助人员通过契约式的聘请或组织内的雇佣,紧密依附于具体的营业主或法定代表人。他们在企业内部遵循营业主及法定代表人的指示,而在外部商业活动中,则以代理人身份协助与第三方开展交易,由此处于一种既服从内部又辅助外部的法律地位。

根据国际惯例,公司中的一般从业人员(包括经理、高级雇员、一般经营管理人员及其雇佣人员)并不被视为商人,而是归属于商业辅助人的范畴。他们与公司之间的关系主要由民法或劳动法进行规范与调整。

商业辅助人的类型可以根据是否拥有代理权进行区分。有代理权的商业辅助人包括经理和职员等,他们有权代表公司对外活动,其行为结果归属于营业主或公司。这类人员在公司的商事活动中扮演着重要的角色,他们的决策和行为直接影响公司的外部关系和商业交易;无代理权的商业辅助人主要指劳务人员,他们不具有代表公司对外行为的权力,主要负责公司内部的劳务工作。这类人员虽然不直接参与公司的外部商事活动,但在公司的日常运营和内部管理中发挥着基础性作用。

商业辅助人在商事活动中扮演着不可或缺的角色,他们的活动和地位需要明确的法律规制,以确保商事活动的顺利进行和法律责任的准确归属。通过区分有代理权和无代理权的商业辅助人,可以更精确地调整他们在商事交易中的权利和义务,保护公司利益和交易安全。

③商人界外(外):非商人—非商人。现代商事关系中,学者们普遍认同存在两类核心参与者:商人与非商人。这两类参与者均构成商事法律关系的主体,享有商事权利,同时承担相应的商事义务和责

---

① 董学立:《法人人格与有限责任》,载《现代法学》2001年第5期。

任。因此,我国商事主体的构成不仅应保留传统的商人概念,而且应承认实际参与商事关系的非商人的商事主体地位。非商人要成为商事主体,至少需要实施商行为;在非商人的情况下,实施商行为可能非其主要目的,而仅为附属行为。在具体商事关系中,非商人商事主体一般涉及以下几种:投资者(股权投资者、证券投资者,他们在商事活动中扮演着资金供给者的角色)、受益人(信托受益人、保险受益人,他们享有商事活动中产生的利益)、商事辅助人(商事代表人、代理人以及商事从业人员,他们在商事交易中提供辅助服务)、商事代理人(经纪人、居间人,他们在商事交易中起到中介作用)、清算人(破产管理人,负责在企业清算过程中管理和分配资产),还包括以下几种特殊情形:个体工商户、流动商贩、农村承包经营户、联营、自由职业者、民办学校、医院、合作社、公法人等。①

综上所述,商事主体的分类方法多样,每种方法都有其特定的依据和标准。在实际应用中,应根据具体需求选择合适的分类方法,以确保商事法律关系清晰和商事活动规范。

(三)商事主体法的漏洞补证

我国商事主体法由民法中关于主体的规范和专门的商事主体法律共同构成。民法规范作为一般法规则,商事主体法则作为特殊法规则,两者相辅相成,缺一不可。这一法律体系不仅具备了一定的基础和规模,而且能够适应市场交易的发展需求。具体而言:一则自然人和法人成为商人的基础。商事主体法明确了自然人和法人可以成为商人的问题。《民法典》规定了自然人和法人的权利能力和行为能力,为自然人和法人成为商事主体提供了基础性条件。这一规定是商事主体法能够涵盖各类市场参与者的关键。二则企业作为当然的商事主体。商事主体法揭示了企业作为当然商事主体的事实。从某种意义上说,商法是关于企业的法律。基于这一观点,商事主体即"企业"主体,商行为即"企业"活动。依据上述企业法律、法规,企业作为从事经营活动的经济组织,自然成为商法上的商事主体。我国商事主体法的这一构成,不仅体现了法律对市场参与者的全面覆

---

① 施天涛:《商人概念的继受与商主体的二元结构》,载《政法论坛》2018 年第 3 期。

盖,而且强调了企业在商事活动中的核心地位。这种法律体系的设计,旨在为市场交易提供清晰的法律框架,确保交易的合法性和效率,促进市场经济的健康发展。

我国商事主体法的表现形态揭示了现行法律规范的不完备性。尽管民法与商法之间存在一般法与特别法的关系,且在商事主体问题上,商法具有优先适用权,民法则作为一般适用和补充适用的法律,但在《民法典》与商事法律关于商事主体的规定之间,存在明显的空白,未能形成一个系统化的法律规范体系。《民法典》关于自然人和法人的规定为商事主体提供了基础性条件,而商事法律则具体规定了商法人(法人企业)、商合伙(合伙企业)和商个人(个体工商户、承包经营户和个人独资企业)等商事主体形态。然而,我国《民法典》以及单行商事法律、行政法规中,对于商事主体共同性规则的明确表述尚显不足,这导致诸多问题的答案在法律规定中难以寻觅。例如,是否所有自然人均有资格成为商事主体?自然人与商事法人是否等同?是否所有法人均可参与商业活动?以及商事主体的法律规范是否构成商事主体法律制度的全部内容?这些问题的存在表明,我国商事主体法在法律规范的构成状态上存在不足,需要进一步完善。为了构建一个系统化的商事主体法律体系,需要在《民法典》的民事主体规则与商法的商事主体特别规则之间建立有效的连接。这不仅涉及法律规范的完善,还包括对商事主体共同性规则的明确,以便更好地指导实践,解决商事活动中的法律问题,促进市场经济有序发展。

在商事活动的实践中,除了正式的法律规范外,还存在一些未被明确写入法律条文,但在实践中被广泛认可的“商事主体规范”。这些规范限制了特定群体成为商事主体的资格,具有消极意义:其一,国家机关在职人员的商事活动限制。国家机关在职人员不得在公司(企业)兼职,包括名义职务。机关干部,包括退休和离休干部,不得利用职权和关系从事商业经营、金融等活动以牟取私利。其二,国家机关退休干部的商事活动限制。国家机关退休干部不得兴办商业性企业,也不得在这类企业任职。他们不得在国家投资公司和外商投资公司担任任何领导职务,包括名义职务,以及管理职务。

企业也不得聘请退休干部任职。国家机关退休干部可以应聘到非国家投资的非商业性企业任职；但若到原所在机关主管的行业和企业任职，必须在退休手续办理完毕后至少两年。其三，国家机关的商事活动限制。国家机关，包括公安机关、检察机关、人民法院等，不得从事商业活动或办企业。其四，国家预算拨款单位的商事活动限制。完全依靠国家预算拨款维持经费支出的单位，不得从事商业活动。这些实践中的消极商事主体规范，虽然未正式成为法律，但对商事主体的资格产生了实际影响。它们体现了对特定群体参与商事活动的道德和法律约束，旨在维护公共利益和防止利益冲突。这些规范的普遍认可和执行，反映了社会对商事活动参与资格的非正式但实际的控制。

上述情形有的以某种共同特点和政府文件形式出现，有的以某些行政措施出现。这些形式虽非采用法律规范形式，但为特定人群所遵行。并且，当有的人不遵行时，则会遭到公众的谴责，甚或受到组织纪律处分。这些规则起初带有行政强制色彩，但随着时间的推移，已经或将逐渐形成特定人群的行为习惯。问题是，这些规则因不具有法律规范性质，其确定的界限有的难以操作，有的则缺乏稳定性。这从另一方面告诉人们，商事主体法不仅要回答具体的商事主体形态是什么，还应回答什么“人”可以成为商事主体，即应明确商事主体一般规则。否则，难以避免主体泛商化而导致的市场秩序混乱。并且，围堵不应该成为商事主体的人进行经营活动的措施不能代替积极的商事主体一般规则。①

行文于此，“法典化背景下商人法的衰落”似乎势不可当。② 但这里有一个逻辑，就是，法典化后，作为具有历史沉淀的商人特权受到限制，但个人合伙、农户等非商人也可以通过实施商行为方式成为商事主体，也即，具有中心化的商人日渐式微，但非中心化的非商人——去中心化的自治组织（Decentralized Autonomous Organization，DAO）却此消彼长地参加到商事主体中来，并为应对商业中心化失灵问题注

① 王保树：《商法总论》，清华大学出版社 2007 年版，第 114~115 页。

② 张力：《民法典与商法通则对完善市场法制的分工：中心化与去中心化》，载《当代法学》2020 年第 4 期。

入了有生力量。当然,该组织并非一个新的概念,而是在传统商业中心化体系中成长起来的新型组织。它是一种将组织治理与经营规则以智能合约形式编码在区块链上的,从而在没有集中控制或第三方干预的情况下自主运行的由商人与非商人共同参与的先锋商事主体形式,以有效应对未来商业环境的不确定、多样化与复杂性问题,如在去中心化自治组织大发展的浪潮中,商事主体法本着促进信息技术发展原则,从回应去中心化自治组织的混合性、尊重共识形成机制、强化控制责任等方面相机变动,即可促成去中心化自治组织与传统中心化商事主体的有益共生。①

二、实体规范——商事行为

从某种意义上说,商事主体法定原则限定了商主体的创新,而商事行为却能不断随着技术改进、社会形态变化而持续进化,从固有商到第二种商,再到第三种商、第四种商,商事行为本身的这一变迁过程很好地证明了这一点。②

(一)商事行为的雏形

商法起源于中世纪地中海沿岸地区,其本质属于"商人法",由商人们自主创立,并主要在商人群体内部适用。尽管当时商人们并未明确提出"商事行为"的概念,且商法体系中缺乏完备的制度架构,但这并不代表中世纪商法忽视商事交易的特定行为规范。实际上,为了保护商人权益,中世纪商法在合同法律规则方面已形成若干倾向于保护的制度设计,这些规则在某种程度上可视作商事行为制度的雏形。追溯其源,中世纪商法中的合同法规则多源于罗马法。在罗马法时期,合同主要是作为获取财产的手段,尚未具有独立功能。然而到了中世纪,商人们将合同提升至独立地位,使其成为追逐商业利益的工具。因此,合同在商事交易中占据了至关重要的地位,商人们通过签订买卖合同来实现货物的购销,从而获取商业利润。

---

① 丁文文等:《去中心化自治组织:发展现状、分析框架与未来趋势》,载《智能科学与技术学报》2019年第2期。

② 蒋大兴:《商事关系法律调整之研究——类型化路径与法体系分工》,载《中国法学》2005年第3期。

此外,启蒙主义思潮对既存的商法体系产生了深刻的影响。在中世纪的商法体系中,尽管商事交易方面已经存在一些特殊的法律规则,但专门的商事行为制度尚未成形。这一状况的持续与商法作为商人特权法的定位密切相关。然而,法国大革命的爆发推动了自由、平等、财产神圣等理念的广泛传播,并将这些理念载入1789年的《人权宣言》等宪法性文件之中。随后,这股启蒙思潮又深刻影响了商法的体系构建,如《法国商法典》首次确立了商事行为的基础性地位,并将其作为法律调整的核心对象。从某种程度上说,在原有的商法体系下,商法规则主要围绕商人的特殊身份而制定,商法被视为商人的特权法。商法立法是通过具体制度的构建来落实自由、平等等宪制原则的。

若谓合同规范与启蒙思想在制度理念与思想观念两个维度上共同瓦解了中世纪商人法的传统架构,那么以《法国商法典》为典型的客观主义法典便揭开了以商事行为为核心的法律制度转型的序幕。在新社会秩序中,商人特权与平等原则格格不入,商法作为商人特权法的角色亟须转换,其制度体系亦须相应调整。是以,商法体系的构建不能再以"商人"概念为轴心,商法的权益保障亦不宜以"商人"身份为门槛。此一番制度变革,商法应以商事交易行为为规范对象,而对于行为主体的身份不再作过多限制,尤其是淡化了行为主体的社会阶层差异。以《法国商法典》为标志的客观立法,将焦点投射于商事活动中的具体行为,不论行为主体是否具有商人身份,原则上均应受到商法典的规范。商法典的制度框架应围绕这些商事行为来构筑,即形成一套以商事行为法律规范为核心的体系。另外,商事法庭在审理案件时,应将争议行为是否属于商事行为作为裁决的关键标准,而非以争议主体是否为商人为判断基准。经过这一体系变革,《法国商法典》的适用范围相比过往君主时期的商事条例有了显著的扩大。那些传统上非商人所为之但在本质上属于商事行为的交易,同样应受到商法典的规范调整,商事法庭有权对相关争议进行审理和裁决。因而,《法国商法典》亦被誉为"商行为法",其商法制度体系亦展现出鲜明的"客观法"特征。商人所从事的商事行为成为商法典调整的核心,除此之外的其他类型商事行为(包括非商人从事的绝对商行为）同样受到商法典的全覆盖。可以说，商事行为已经成为判定商人身份的新标准。[①]

显然，商事活动的转变并非源于中世纪，商法与商人法的起源各有其历史脉络。早在中世纪之前，商法便已存在。若否认这一事实，便是否认了古代企业活动的存在，这显然与常理相悖。然而，在古代，商法并未发展成为专为商人阶层服务的独立法律体系，这是因为当时并未形成现代以客体为导向的法律部门划分。而且，古代法律并未阻碍商业活动的进行。换句话说，法律对债权人的保护极为严格，对债务人则相对苛刻。随着法律的人道化运动，即对债务人宽容的运动兴起，商业活动的精确性受到影响，这促使商人群体寻求建立自治规则以保护自身权益。这种需求在中世纪通过商人法的确立得以满足。因此，可以说商法源于古代，而商人法则起源于中世纪，这两种观点并不冲突。一种说法内蕴着商行为法说，一种说法则内蕴着商人法说。[②] 也即，商法包括商事主体法与商行为法。商行为法起源于古代，商人法起源于中世纪（地中海沿岸区域）。“商人法”的本质是商人自保，由商人创造且仅适用于商人之间（旧商法）；在19世纪大陆法系国家商法法典化之前，重商主义思潮盛行，君主权力逐渐介入商法的立法和司法之中，商人法仍是主流，但传统商人行会日渐式微；在法典化进程中，商行为法得到充分发展，商法由“商人法”转变为“商行为法”，商事行为成为商法体系建构的核心概念并决定着商法典的适用范围。必须直面的是，20世纪以来，商事行为制度面临着严峻的理论挑战和制度危机，主流商法体系建构不再以商事行为为核心，商法由“商行为法”回归到“商人法”或调整为“企业法”（新商人法）。但新商人法并非商法的终极版本，如果我们能够认真对待正在发生并即将主宰未来的去中心化的区块链世界，商法领域里一种以超级商事行为为核心的客观立法必将再次升级而荣登商法核心位置（此为未来探索，以商法愿景散见于各章节之中）。

---

① 夏小雄：《商行为的体系定位和结构转换——历史维度的再考察》，载《环球法律评论》2017年第1期。

② 徐国栋：《罗马商法及其与“民法”的合一——以优士丁尼〈法学阶梯〉为考察对象》，载《法制与社会发展》2017年第5期。

为此，围绕商人与商行为，历史呈现一条大致线索：旧商行为（古代）—旧商人（中世纪）—新商行为（法典化）—新商人（法典化）—超级商行为（区块链下的去中心化）。

（二）商事行为的确立

有学者指出，商法不再仅仅被视为商人的“特权法”，这一转变蕴含了两层深刻意义：一方面，商人应与其他社会主体，如农民、手工业者等，受到法律的平等对待，立法者不得再为商人提供任何特殊性待遇或特权性保护；另一方面，商人资格的获取及商业活动的展开，不应再由特定机构或主体所垄断，原则上，任何公民均享有从事商业活动的自由，营业自由已成为商法体系中不可或缺的基本原则。因此，传统上由行会对商人实施的管制以及商人所享有的特权将不复存在，商业自由已成为所有公民均可享有的基本权利。[①] 这需要从几种典型立法例加以说明。

1. 规范意义上的商事行为。从某种意义上说，商事行为的最终确立是通过立法手段实现的。在这一过程中，以下三种立法模式具有代表性：

（1）客观主义立法例（以法国为例，尽管《法国商法典》的相关条款已废止，但仍具参考价值）。该模式依据法律行为的客观内容来判断其是否属于商业性质，以“任何人均有权从事商行为”为核心理念，实质上将营利性作为判断商行为的核心要素。这种模式的形成并非单纯的理论推导，而是历史发展的必然结果。然而，真正意义上的客观主义立法应属《西班牙商法典》，其第 2 条第 3 款明确规定：“符合本法典及其商事法律规定的，均应推定为商事行为。”

（2）主观主义立法例。《德国商法典》第 343 条第 1 款规定，商事行为是指经营商人为了其营业而实施的一切行为。在界定商事行为时，首先应当关注的是商事行为的主体——经营商人，这有助于初步界定商事行为的范围。但需要注意的是，并非经营商人的所有行为都构成商行为，例如婚姻、友情等私人行为便不包括在内。因此，除了确定主体之外，还需引入“营业”这一概念，其指资本运作和

---

① 夏小雄：《商行为的体系定位和结构转换——历史维度的再考察》，载《环球法律评论》2017 年第 1 期。

通过交易获取利润的行为。据此,商事行为由商人身份和商事营业两个要件共同构成。

(3)折中主义立法例。以日本为例的众多大陆法系国家及地区,采纳了一种折中主义理念,该理念将客观主义与主观主义原则融为一体。商事行为这一概念,既包含行为的营业性质,也涉及行为主体的特定性。根据日本《商法典》第 503 条第 1 款的规定,商人以自身营业为目的所进行的行为,即被视为商事行为;而在第 2 款中,又进一步明确,商人的行为应被默认为是为了其营业目的而实施的。因此,商事行为即是商事主体为资本运营而展开的行为,它涵盖商事主体在设立、变更或终止商事法律关系过程中所采取的行为,以及法律所规定的其他行为。具体来说,首先,商事行为体现了商事主体的资本运营本质,这是其与民事法律行为的一个显著差异。商事行为旨在追求资本的增值,即以营利为目的,与民法中的普通债权债务关系形成鲜明对比。其次,商事法律关系的建立、调整和解除,往往需要通过商事行为的介入来完成。从事商事行为的主体必须具备一定的商事能力,这种能力与民事能力有所区别,要求主体必须具备资本运营和财产管理的能力。当然,商事法律关系的变动并非完全依赖于商事行为,商事事实行为同样对其产生影响,但商事行为无疑是核心。最后,商事行为还应包括法律明文规定的行为。在特定法律关系中,不论行为人的身份如何,也不论其行为是否属于资本运营范畴,只要处于该法律关系中,其行为便被认定为法律规定的商事行为。因此,商人的行为一般应推定为商事行为,除非有证据表明其并非为了营业而实施。

2. 理论分析。“民商合一”体制的一个显著困境在于,它往往模糊了民事与商事的界限,致使两者关系在实践中被不加区分地适用同一套规则。这种混淆可能表现为,要么错误地运用民法规则来处理本应由商法调整的问题,要么反之,用商法规则去应对纯粹的民事纠纷。这种混淆不仅侵蚀了商事主体的合法权益,阻碍了商事活动的健康发展,也损害了民事主体的正当权益,破坏了民事秩序的平和稳定。[①] 因此,在推行“民商合一”的过程中,一个至关重要的原则

---

① 刘凯湘:《比较法视角下的商事留置权制度》,载《暨南学报(哲学社会科学版)》2015 年第 8 期。

是:必须明确区分民事与商事领域,避免以民事规则替代商事规则,或反之,而应秉持专业性的思维与方法——运用民法逻辑和工具解决民事争议,采用商法视角和手段应对商事挑战。尽管民事与商事规范被整合于同一法典之中,但它们应如“合而不同”的哲学理念般,既相互融合又保持各自的独立性与特色。针对这一议题,学术界对商事行为展开了深入探讨,其中,生成论、建构论及要素论作为三种具有代表性的理论框架,为理解商事行为的本质、构建合理的商事规则体系以及识别商事活动的关键要素提供了重要的视角与路径。这些理论不仅丰富了民商合一体制下的理论内涵,也为实践中的商事法律适用提供了有力的理论支撑。

(1)生成论揭示,商事行为这一概念根植于民法与商法两大法源之中,亟须从民事行为与商事行为的传统界定中剥离而出,其重要性体现在三个方面:首先,商事行为独立存在具有必然性,其性质、特征、形式及效果均展现出与民事行为相异的独特风貌;其次,通过剔除商法典框架下附加于商事行为之外的冗余社会因素,能够使其纯粹地反映商事领域的意志表达,从而鲜明地彰显其本质属性与外在表现;最后,单纯的民事行为难以构建起完整的私法法律行为体系,亦无法充分满足规制与调整商事行为与商事关系的复杂需求。将商事行为与民事行为并列为私法法律行为之下的两大分支,不仅有助于私法法律行为制度的完善,还有效规避了民事行为独木难支的困境。

商事行为的践行者,即商事主体,其所从事的商事经营活动,在主观层面追求营利性,在客观层面则体现为持续性的营业行为。这种以获利为初衷、以职业化为表象的经营活动,构成商事主体与民事主体、商事行为与民事行为之间的根本分野。至于商事行为是否必须由商事主体实施,域外商法典对此给出了多样化的解答。有的商法典坚持商事行为必须由商人实施;有的则将其细分为绝对商行为与营业商行为,前者无论是何行为主体,只要实施了法定行为即视为商事行为,后者则要求必须作为营业活动的一部分方可认定为商事行为。由于域外商法典在制定时受限于商人或商事行为的法典定位,将其作为规制的核心对象,因此在立法技术上始终面临挑战。若仅将商人的行为视为商事行为，将导致部分商事行为游离于商法典的规制之外；若不以商人为前提，商事行为的范畴又过于宽泛，难以在法律中全面列举。因此，部分商法典选择了"绝对商行为"的路径。实际上，商事法律行为的实施者不限于商人，还包括非商人（与民事主体相区分），如票据交易参与者、股权及证券投资者、信托受益人、保险受益人以及公司董事、高管、清算人、破产管理人等。商人与非商人共同构成商事主体的范畴，他们实施的商事活动均需遵循商事法律行为规则的约束。①

（2）建构论认为，商事行为，亦即经营行为。在大陆法系中，无论是采取民商分立还是民商合一的立法模式，对法律概念的抽象化都给予了普遍重视。与此相对照的是，信奉经验主义立法理念的英美法系，却并未将商事行为这一法律行为的子集进行深度的抽象概括。《美国统一商法典》虽详细列举了各种商业交易行为的具体规定，却并未提供统一的概括性描述。虽有学者尝试对该法典精神进行提炼，但仍与立法原意相去甚远。基于此，该学者对经营行为提出以下折中构想：一是关于经营行为之立法界定。《民法典》应当对商业行为制定清晰而简洁的规定，无须逐一列举繁多的商业行为类型，而应根据不同法律主体可实施商业行为的范围，分别制定相应的规范。这样既能明确商业行为的主体类型，又能界定其可从事的商业行为范围，从而有效地解决商业行为的法律适用问题。对于那些在体系上应归入经营行为范畴，但在立法上又需单独成法之特定行为，如银行行为、票据行为、证券投资行为、期货交易行为、信托行为等，则可在商法中专门规定其法律属性及商法上特殊适用规则。二是关于经营行为引发的商法调整，需明确经营者即经营行为的实施者。企业作为专门从事营业性活动的特殊主体，其行为原则上应视为经营行为，除非明显非以营利为目的。三是关于经营行为之具体条款设计。如，可设定第×条，规定"因经营行为而产生之商事关系，适用本法（章）相关规定。本法所称经营行为，是指以营利为主要目的之行为；而经营者，则指实施经营行为之主体。依法设立之企业为法定经营

---

① 施天涛：《商事法律行为初论》，载《法律科学》2021年第1期。

者,其所实施行为可推定为经营行为,但明显不以营利为目的之行为除外”。然而,即便“民法典”对经营行为作出上述规定,亦仅是在形式商法缺失背景下之临时性解决方案。若要从根本上解决我国总纲性商法规范之立法需求,仍需制定形式商法以进行更为有效之规制。①

(3)要素论主张,商事行为得以在商事法律关系框架内获明确界定与保障。商事法律关系,作为一种具有特色的民事法律关系,包含几个核心特点:首先,商事法律关系中的双方主体是平等的,既不存在等级关系,也不存在服从与被服从的关系,而是基于双方意愿的合意建立。其次,虽然商事法律关系中的双方主体在实力对比上有时会存在较大差异,如消费者与销售者之间,但这并不改变他们在法律上的平等地位。最后,商事法律关系的本质核心在于资本的经营性,即追求盈利。具体而言:

①鉴于商事法律关系主体的不同,衍生出多样化的商事法律关系类别,大致可归纳为以下三大类:

第一类是纯粹以营利为目的的绝对商事法律关系。商事主体,即那些以个人或组织名义持续从事资本运营的自然人、法人及其他实体。在此类法律关系中,判断双方是否属于商事主体,关键在于是否以个人名义开展资本运营活动,并以利润作为职业追求。这种关系以营利为核心,双方的权利和义务均围绕资本运营展开,故称之为绝对商事法律关系。

第二类是只有一方为商事主体的相对商事法律关系。在这种关系中,商事主体追求的是自身的商业目的,而另一方的义务则是满足商事主体的某种需求。因此,双方的行为性质迥异:一方执行商事行为,另一方则进行民事行为。尽管从宏观角度看,双方都是为了自身的发展,但由于身份和目的的差异,其发展的内容和性质有着显著的区别。民事主体虽也可能追求利润,但这种盈利行为并非其本职工作,因此这类关系被定义为相对商事法律关系。

---

①　王建文:《论我国〈民法典〉立法背景下商行为的立法定位》,载《南京大学学报(哲学·人文科学·社会科学)》2016 年第 1 期。

第三类是法律明文规定的非商事主体间的商事法律关系。在这类关系中,尽管双方都不是商事主体,但他们的行为却展现出明显的营利性和资本运营特征。商法的调整在此情形下能够更有效地维护市场交易秩序。这包括但不限于在交易所进行的交易活动、获取票据和其他证券的行为等。

②商事行为在相对商事法律关系中的确立表现出不对等性。在相对商事法律关系中,商事主体的一方所进行的行为定性为商事行为;而另一方作为普通民事主体,即非商事主体,其行为则被定性为一般的民事行为。在此法律关系中,商事行为与一般民事行为处于不对等地位,法律对这两者的规范呈现明显的区别。例如,违反商法中强行性规范所进行的商事行为并不当然无效,如企业在超出其注册经营范围外的营业活动,在通常情况下仍被视为有效;而违反民法中强行性规范的行为则通常会被认定为无效。这主要源于商事行为与民事行为在性质及行为能力上的本质差异:

首先,商事行为与民事行为在性质上存在明显区别。商事行为是主体依据法定商行为能力所从事的资本经营活动,这与民事主体基于平等的民事权利能力所进行的民事行为有着根本性的不同。多数国家的法律体系正是基于商事主体具备商行为能力,且以营利为目的、以资本经营活动为常态的职业行为,将其独立于民事行为,并专门适用商法的相关规则进行调控。

其次,商事行为与民事行为在行为能力上的含义也有所不同。民事行为对行为人的行为能力要求实质上是对其意思能力的考察,因此民事行为能力取决于行为人的年龄、智力和精神状态;而商事行为要求具备商行为能力,更多是对行为人的资本经营或财产能力的考量。在现代市场经济体系中,商事主体通常以企业形态出现,其权利能力和行为能力一般源自企业的登记行为,而商事登记对企业名称、财产等方面都有明确的规定。

鉴于商事行为与民事行为在动机与目的上的显著差异,二者在商事法律关系中的不对等性越发显著。商事行为作为商事主体从事的资本运作,旨在追求营利,直接关系到市场经济的交易秩序;而民事行为更多是为了满足个体需求,调整人际交往,促进社会和谐。因此,将商法从民法中独立出来,成为一项势在必行的举措。在市场经济体制下,人们追求利益最大化的行为,构成一群具有相似特征与目标的群体。这一市场群体急需一套与其自身秩序相契合的法律规范来维系其运作。在现代社会,市场活动几乎渗透到社会生活的各个方面,市场秩序的稳定性对整个社会的影响深远。商事行为作为资本运作的常态,具有持续性和不确定性。在商事法律关系中,商事行为往往与民事行为相对,法律针对这两类主体分别适用商法和民法进行规制。因此,在同一法律框架下,商事行为与民事行为的法律规制存在差异,通常对商事行为的规范更为严格。商事行为的本质包含营利性,因而带有一定的自利性,这种自利性是人类本能和天性的体现,在意识指导下,人们会进行成本与效益的权衡。商事行为以营利为目标,法律通常根据其营利特性制定明确的规范或进行认定。商事行为基于自由交易,个体与市场间的交易因而展现出独有的特征。立法者或许认为,最恰当的做法是减少干预,让私人秩序决定经济选择。然而,交易成本的存在为政府介入商事行为提供了合理的依据,政府采取措施降低交易成本,以优化市场交易条件。在当前市场经济环境中,商事主体通常以企业或其他组织形式存在,而在商事法律关系中的另一方则常为个人或其他组织。通常情况下,商事主体与非商事主体力量悬殊,法律因此需要对商事主体的行为施加一定的限制,以平衡双方力量。同时,商事行为亦受到法律的保护,旨在维护商事主体的合法权益,保障市场交易秩序和公平竞争,激发商事主体的积极性,从而促进市场的繁荣和商品经济的发展。由此看来,在商事法律关系中,商事行为与民事行为在法律规制上确实存在不平等,法律有必要针对不同性质的行为作出区分。

综上所述,商事行为在立法与理论方面均存在主客观界分,有待达成共识。但作为一种权宜之说,笔者认为,商事行为至少应被视作商事主体为创设、调整或解除商事法律关系而进行的资本运营行为以及法律规定的行为。

3. 商事行为的种类。法国学界对商事行为的分类持有独到见解,依据其内容特性,将其细分为四大类别:

第一类为绝对商行为或客观商行为,这是任何参与其中的经营主体所共有的营业本质。它直接界定了商业行为的范围,且不受行为主体身份的约束。

第二类为相对商行为或主观商行为,特指商人所专属的营业行为,体现了他们在商业领域的专业精神与独特身份。

第三类则为混合商行为,该类行为中至少一方主体具备商人身份,即单方商行为,又称为混合交易行为。此类商事行为理应纳入商法范畴予以规制。然而,在单方商行为的法律适用问题上,学界与立法界却存在分歧。大陆法系的部分国家认为,单方商行为本质上仍应归属于商事行为,统一受商法调整。相反,法国及英美法系国家则主张,单方商行为是商事行为与普通民事行为的融合体,商法中关于商事行为的规定仅适用于商人一方,而其相对方则遵循民法规定。单方商行为适用商法,是法律实现社会现实需求的体现。法律适用本质上是一种价值实现的过程,对于全面理解法律及合理适用法律方法具有基础性意义。单方商行为适用商法,主要源于民法与商法在法律关系主体法理前提上的差异,这种差异导致法律原则与法律规则截然不同。具体而言,民事法律关系主体被视为伦理人,强调人格平等原则;而商事法律关系主体则被视为经济人,强调经济理性原则。这种原则上的差异,在具体法律行为上表现为民法遵循真实意思主义,而商法则侧重外观表示主义。①

第四类为形式商行为,此类行为中双方均非商人,如汇票行为及商事公司所从事的特定活动。传统商法体系主要聚焦于第二类商行为的规范与调整,而在法国商法典的客观法体系下,各类商事行为均被纳入商法典的调整范畴,相关争议亦可由商事法院进行审理。②

4. 商事行为分类。如前所述,商事行为是指商主体所从事的以营利为目的的经营性行为,以及法律规定的其他行为。这些行为具

---

① 喻胜云:《论单方商行为之法律适用》,载《南京大学法律评论》2006 年春季号。

② 夏小雄:《商行为的体系定位和结构转换——历史维度的再考察》,载《环球法律评论》2017 年第 1 期。

有营利性、营业性与职业性的特点，具体分类如下：①

（1）绝对商行为与相对商行为。绝对商行为（亦称为客观商行为），根据行为的客观性质及法律规定，无论行为人是否为商事主体，也无论其是否以营业方式进行，均被视为商事行为；其具有客观绝对性、法律确定性和事实推定性的特点。例如，《日本商法典》第501条明确规定了四种绝对商行为。绝对商行为通常由法律明确列举，不得随意进行法律上的推定解释，包括票据行为、证券交易行为、融资租赁行为、保险行为及海商行为等。相对商行为（又称主观商行为或营业商行为），在法律所规定的范围内，仅由商事主体实施或仅基于营利性营业目的实施时，方可被认定为商事行为；其具有相对性或条件性，若行为主体或行为目的不符合法定条件，则该行为仅构成一般民事行为。例如，《日本商法典》第502条详细列举了12种相对商行为。

（2）单方商行为与双方商行为。单方商行为，即行为人一方为商事主体，而另一方为非商事主体；其在学理上称为混合交易行为；法律适用因国家而异。双方商行为，即交易双方均为商事主体；其显然应适用商法，无争议。

（3）基本商行为与辅助商行为。基本商行为，是指直接从事营利性营业行为的商事行为，涵盖绝对商行为与相对商行为。随着现代经济发展，该概念有所扩展；辅助商行为（又称附属商行为），是指不能直接达到商事主体所要达到的营业目的，但起辅助作用的行为，如货物运输、仓储保管、加工包装等，具有相对性。

（4）固有商行为与推定商行为。固有商行为（又称完全商行为），是指商事主体所实施的营利性行为，或经商法典列举非由商事主体实施亦可认定的商事行为。包括绝对商行为与相对商行为。推

---

① 若作细化，商事行为亦可作如下区分：（1）基本商行为＝绝对商行为＋相对商行为，均直接以营利为目的，并以商品交易为基础。绝对商行为依据法律规定认定。相对商行为依据行为人、活动方式及国家政策等因素认定。（2）辅助商行为，是指间接媒介商品交易的行为，如货物运输、仓储保管、加工包装等，其附属于买卖等基础行为，对商事主体的营业活动具有辅助作用。（3）准商行为，相对于完全商行为而言。绝对商行为和相对商行为均属于完全商行为的范畴。准商行为不能直接根据法律规定加以认可，而必须依据法律规定或通过事实推定确认其性质。

定商行为(又称准商行为),是指不能直接根据商法规定加以认定,而必须依据法律规定或通过事实推定方法方可确认其性质的商事行为,如非商事主体以营利为目的从事的咨询服务、信息服务等活动。①

(5)典型商行为与非典型商行为,或典型合同与非典型合同。法律有明确规定的合同,包括我国《民法典》合同编典型合同分编规定的买卖合同、赠与合同、借款合同等19种合同,以及保险法、信托法等相关法律规定的保险合同、信托合同等,因相关法律赋予其特定名称并给予特别规范,这些合同被称为典型合同或者有名合同。对于典型合同,如果合同当事人因为对有关事项约定不明确,或者根本没有约定而发生纠纷,相关当事人或裁判法官可以直接以相关法律规定为依据解决纠纷或裁判案件。社会经济生活的不断发展以及交易关系的日益复杂,决定了法律不可能对所有的合同都赋予特定名称并给予特别规范。由此,合同纠纷实务中,相关当事人或裁判法官经常需要处理一些法律没有赋予特定名称并给予了特别规范的合同,这些合同被称为非典型合同或者无名合同。非典型合同纠纷因缺少特别的法律规范,相关当事人或裁判法官在解决纠纷或裁判案件时,经常会因法律适用而发生争议。我国《民法典》第467条第1款规定:"本法或者其他法律没有明文规定的合同,适用本编通则的规定,并可以参照适用本编或者其他法律最相类似合同的规定。"

(6)契约行为、联合行为以及组织合约。这是根据交易双方竞争与合作的不同展现形态所作的区分。当交易者需通过市场买卖来获取必需资源时,此类交易被定义为契约行为,其间交易者各自保持独立,契约行为主要聚焦于个体利益的实现;若两交易者在保持独立的前提下,仅针对部分资源进行整合以实现特定目标,则构成商事联合,联合行为凸显了共同利益的重要性;而当两交易者融合为一个全新的组织体,且资源交换均在组织内部完成,无须借助市场买卖,则该交易被称为组织合约,其侧重于团体利益的维护。②

---

① 范健:《商行为论纲》,载《南京大学法律评论》2004年第2期。

② 王延川:《商事行为类型化及多元立法模式——兼论商事行为的司法适用》,载《当代法学》2011年第4期。

（三）商事行为的走向

法律的规范功能由生生不息的社会塑造并随之转变。[①] 如前探讨，这在商法所规范的商事行为地位变迁中得到明确印证，如商人法—商事主体—商事行为—商事企业。但与过往迥然不同的是，当下大环境呈现出区块链与人工智能技术的快速拓展，智能合约在社会经济领域得到广泛运用。可以说，人类已经进入智能时代。在这个智能时代，商事行为走向何方？基于探索态度，笔者认为，智能时代商事行为的走向呈现以下几个特点：

一是去中心化降低了商事主体企业化的核心地位。因为在信息中心化时代，企业治理机关本身就是一个管理中心，当对“管理中心”去中心化时，商事行为地位必然得到相对提升。

二是去中心化使企业内部交易与外部市场交易的信息透明化。为此，人们为了回避企业内部权力中心，更乐意选择外部商事交易，即商事行为。

三是去中心化趋势使社会结构趋向于节点化与分散化，社会变迁的方向由民事商事化向商事民事化演进。有学者提出，民商合一经历了“商法民法化”与“民法商法化”两个阶段，并据此形成了两种立法模式。初期阶段，以瑞士《民法典》为典范，该法典强化了民法理念与制度对商事关系的统摄，将商事关系视为民事关系的一个组成部分，追求二者的无差别调整与紧密衔接。而第二阶段则以意大利《民法典》为开端，至荷兰《民法典》而成熟，其是民商合一的改良形态。该模式侧重于民法理念向商法理念的转变，并对民法规则进行商法化改造，强调商事行为及其制度作为民商事法律制度基石的重要性。[②]

四是去中心化对传统商事行为构成根本性挑战，特别是智能合约下的自动化意思表示，导致商事主体与商事行为的分离。区块链技术，特别是电子自动化技术，已彻底颠覆了传统法律行为意思表示

---

① 许中缘：《论〈民法典〉的功能主义释意模式》，载《中国法学》2021 年第 6 期。

② 赵万一：《民商合一体制下商法独立的可能性及其实现路径》，载《法学杂志》2021 年第 7 期。

的方式，并对法律行为规则构成严峻挑战。在诸多场景下，法律行为的意思表示并非由真实人类作出，而是由机械完成。例如，在自动存取款过程中，取款人或存款人只需输入正确密码并发出指令，机器便会按照预设程序自动完成款项的存取。此外，水电费账单、银行账单、网络购物等也属于此类。这些电子交易方式已成为日常生活中不可或缺的一部分，并逐渐渗透到金融交易领域，如银行卡、支付宝、P2P 借贷、人工智能、高频交易等。这些现象使法律行为中的“意思表示”或“要约—承诺”机制失去了传统含义，无法简单沿用传统要约—承诺理论来界定“要约邀请”“要约”“承诺”“明示”“默示”等概念。然而，有学者认为，尽管自动化意思表示源自机器或电子程序，但其背后仍然是人的设置与执行。因此，关注点应放在设置与执行这种意思表示程序或算法的人身上。当程序或算法设计出现意思表示错误时，责任应归属于设计或执行该程序和算法的行为人，如 P2P 交易平台的错误应由经营该平台的商家承担，因为交易意思表示的源头是其经营者，而非平台本身。①

综上所述，在区块链的去中心化环境中，智能合约商事实践中展现出合同决策与执行一体化的趋势。这一现象削弱了商事主体的法律地位，却更加凸显了商事行为的交易效率。特别是区块链技术完善了智能合约的运行条件，实现了数据防篡改、救济自助化及公力资源节约等进步，大有预示“传统合同法终结”之势。为此，法律需要直面的是，智能合约使得作为组织的商人被普通的个体取代，进而，普通个体参与智能合约行为必然导致那种双方都不是商人而参与商事关系的决策、执行一体化的形式商事行为成为普遍现象。可以预见的是，作为一种新型的形式商事行为必将引来一场轰轰烈烈的商法革命。

三、程序规范——商事登记

我国尚未出台一部统一的商法典，其未来是否能够问世，目前尚不可预知。在此过渡时期，商事通则作为一种权宜之策，承担着规范

① 李爱君：《人工智能法律行为论》，载《政法论坛》2019 年第 3 期。

商事主体行为及商事活动的一般性功能，然而它目前同样面临着未定之局。因此，统一的商事主体登记制度——《市场主体登记管理条例》对商事登记的规制或许可以替代性地起到一定程度的商事基本法的作用。[①] 这种基础作用的发挥往往依赖于采取何种立法模式、在该模式下如何规范以及基于规范所产生的法律效力三个方面。

（一）商事登记的立法模式

学术界对商事登记的立法模式存在争议。有学者将其归为商法典与商事登记专门法两类；[②]有学者则细分为商法典模式、单行商事登记法模式及英美体系的分散立法模式三类；[③]等等。尽管表述形式不一，这些模式实质上可归纳为分散主义与统一主义两大类别。[④]

1. 分散主义立法模式。该模式依据商事登记的不同类型（主体或行为），适用不同的法律或规范性文件，并针对各类型分别制定专门法律或文件进行规制。在此框架下，各类商事主体（包括公司、合伙、独资企业、自然人商人）或商事行为均受其特定的商事登记法律管辖。此模式在英美法系国家较为普遍。例如，英国因公司形式多样化，除普通合伙企业外，其余均由公司署负责登记，其商事登记制度实质上是针对各类商事主体分别立法的集合，缺乏统一的商事登记概念，其相关立法多与公司法或合伙法相关联。个体经营者与一般商事合伙并非法律强制登记对象，商事登记条款散见于《合伙法》（1980 年修订）、《有限合伙法》（2001 年修订）、《公司法》（2006 年修订）等法律文件中。美国则通过《统一有限责任公司法》（1996 年）、《统一合伙法》及《美国标准公司法》等示范性法律文件进行引导，最终由诸如《特拉华州普通公司法》等州级公司法、合伙法进行具体调整。

2. 统一主义立法模式。此模式对所有商事登记类型（主体或行

① 刘凯湘：《我国商事主体登记制度改革的难题与路径——以登记效力的考察为中心》，载《中国法律评论》2022 年第 3 期。

② 范健主编：《商法》（第 3 版），高等教育出版社 2007 年版，第 63 页。

③ 叶林、黎建飞主编：《商法学原理与案例教程》，中国人民大学出版社 2006 年版，第 130 页。

④ 曾大鹏：《中国商法通则理论与立法研究》，法律出版社 2013 年版，第 116 页。

为）实施统一的登记标准和法律体系，由一部或数部法律或规范性文件统一调整。在此框架下，所有商事主体或商事行为均受统一的商法典或商事登记法律管辖。大陆法系国家多采用此模式，但具体形式因国家和地区不同而异，根据民商合一或民商分立的立法体系，可进一步划分为多种形态。一是统一的商法典模式，常见于民商分立的国家或地区，商事登记通常在商法典的总则部分设专章规定，如法国《商法典》第四编“商业注册”。当前，法国、西班牙等国采用此模式。二是商法典+施行法模式，如德国，除《商法典》的原则性规定外，还有《商事登记施行法》等单行规范作为补充。三是商法典+单行法模式，以日本和葡萄牙为代表，葡萄牙的《商法典》对商事登记作出一般性规定，而《商业登记法典》则提供特别规定。四是统一的民法典模式，如意大利，其《民法典》设有专门章节规定“企业登记”及“登记义务”。五是统一的民法典+单行法模式，以瑞士为代表，其《民法典》的“债务法”部分规定了商事登记的基本原则，而《商事登记簿法和商号法》等单行法则负责具体调整。

综上，两大法系在商事登记立法上存在以下共同特点：首先，鉴于商事登记在促进平等营业准入和构建统一市场中的基础性地位，统一主义已成为多数国家或地区的立法首选；其次，鉴于商事登记的专业性与复杂性，除少数国家如法国、西班牙外，多数国家已放弃以商法典或民法典作为全面规制的方式；最后，统一的单行法模式已成为多数国家商事登记的主要立法取向。这些共同特征无疑对我国现行的《市场主体登记管理条例》产生了深刻影响。① 例如，我国的《市场主体登记管理条例》整合了以往分散的多个商事登记相关条例，构建了“商事主体单行法+统一的商事主体登记法规”新模式。具体而言，我国商事登记法——《市场主体登记管理条例》将分散的《公司登记管理条例》、《企业法人登记管理条例》、《合伙企业登记管理办法》、《农民专业合作社登记管理条例》、《企业法人法定代表人登记管理规定》、《个人独资企业登记管理办法》等诸多规范进行集

① 肖海军：《论我国〈商事登记法〉的制定与体例——附：〈中华人民共和国商事登记法〉（学者建议稿）》，载《时代法学》2020 年第 5 期。

中规制,从而转变为“商事主体单行法+统一的商事主体登记法规”模式。换言之,我国商事登记模式是从分散主义转向统一主义的。①

(二)商事登记的法律范畴

在特定商事立法模式下,商事登记的法律范畴是指商事登记法中所使用的概念、原则、规则等构成的体系或框架,用以描述、分析和解释商事登记法现象及其相互关系。这些范畴是商法研究的基础,能够帮助人们理解和应用商事登记法。

1. 概念。商事登记有广义与狭义两种理解。广义上,商事登记涵盖商事主体与商事行为的双重登记;狭义上,则专指商人登记,意指商事主体为设立、变更或终止其主体身份,根据商事登记法规所规定的内容与程序,向登记机关提交申请,待登记机关审查批准后,将相关登记信息载入登记簿的法律行为。基于此,商事登记所关联的主体资格与营业资格之间的关系,可从以下四个维度进行阐释:

一是主体资格论。该理论主张商事登记的核心在于确认商事主体的法律地位,赋予其基本的权利能力和行为能力。然而,商事主体资格的登记确认方式存在显著差异。根据登记是否为必备条件,商事主体资格的获取可分为强制主义与任意主义两种模式。强制主义要求商事主体在涉足商事活动之前必须完成登记,登记具有赋予其商人身份的法律效力;而任意主义则允许行为人通过实施特定的商行为自动获得商人身份,登记并非强制性要求。

二是营业资格附加论。此理论将商事主体资格视为营业资格的前提,营业资格则是主体资格的附加条件。商事登记所确认的主体资格是一种法律人格,具有抽象平等性。由主体资格衍生出的权利能力和行为能力具备普遍性、同质性和平等性。然而,在具体法律关系中,不同商事主体的商事能力各不相同,这与其营业活动紧密相连。营业资格决定商事主体的商事能力,并依照审批许可程序进行,这反映出国家机关对经营范围的监管职责。这一过程与商事主体登记制度有所区别。经营范围体现了企业的行业分类以及主要的生产经营和服务项目。其中,就经营范围与营业资格的关系,域外有

① 《市场主体登记管理条例》第55条、《市场主体登记管理条例实施细则》第82条。

两种立法模式:一种是自由主义。依据自由主义,立法总体上取消经营范围对营业资格的限制,如英国 2006 年《公司法》规定,登记时申请人声明事项并不包含经营范围,澳大利亚和新加坡的企业登记部门在登记中亦不核定经营范围。一种是限定主义。经营范围是营业资格的基石,决定了营业资格的具体内容,并围绕其展开。依据限定主义原则,经营范围既是获取营业资格的依据,也是营业资格的具体表现。它明确了企业从事经营活动的业务范围,限定了其营业权利能力和行为能力的边界。如我国《市场主体登记管理条例》第 8 条将"经营范围"作为市场主体的一般登记事项,而第 28 条规定:"市场主体变更登记涉及营业执照记载事项的,登记机关应当及时为市场主体换发营业执照。"其中,"市场主体变更登记"包括"经营范围"。

三是营业资格单独评价论。该理论提出,营业资格独立于商事主体资格,它致使商事主体因从事不同经营活动而获得不同法律评价。学界普遍认为,商事主体资格不应受经营范围限制,否则公司超越经营范围行为的法律后果归属将成难题。为此,我国《民法典》第 505 条明确规定,超越经营范围订立的合同效力应依据相关法律条款确定,不得仅以超越经营范围为由确认合同无效。

四是主体资格与营业资格分离论。该论认为,营业资格并非商事主体资格取得的必然条件,两者在时间和空间上存在分离。从营业资格的产生来看,营业权利能力和行为能力的获得以取得营业资格为前提。经营范围可划分为许可经营项目和一般经营项目,前者须经过审批,后者则无须审批。工商登记与核准许可分别由不同的行政机关负责,属于不同的行政许可程序。从营业资格的消灭来看,营业执照的吊销仅意味着营业资格的丧失,而商事主体资格的终结则须经过注销程序。

综上所述,商事主体资格与营业资格既相互独立又相互关联,并可进一步概括为统一与分离两种模式。在统一主义下,商事主体在成立时即获得营业资格,登记机关同时对主体资格和营业能力进行登记,营业执照兼具双重证明功能。分离主义则要求分别登记主体资格与营业资格,颁发不同证明文件,二者互不依赖但商事主体资格的丧失会导致营业资格的绝对丧失。该模式能够便利商事主体设立,促进营业自由和工商业发展,因而受到广泛推崇。[①] 从《市场主体登记管理条例》规范的内容看,我国商事登记采取形式上的统一主义、实质上的分离主义。如第 3 条规定“市场主体登记包括设立登记、变更登记和注销登记”;但随之又作出第 14 条关于市场主体的经营范围的规制,而第 11 条关于市场主体主要经营场所等商事行为的规制,超出市场主体登记——商事人格规制的范围。当然,按照比例原则,我国商事主体资格登记属于绝对多数规范,而行为规制仅处于附加地位。

2. 商事登记法的原则。商事登记法的原则是商事登记法律规定与实践惯例的抽象化表达,它们在法律未作具体规定时发挥着指导作用。依商事登记所必然指涉的三方主体,商事登记法原则可再细分为以下三个子原则,以便登记机关、商人乃至社会第三人有效遵循。这些子原则不仅体现了商事登记制度的多样性和灵活性,而且能够在政府监管与市场自由之间寻求平衡,确保商事主体的合法性和透明度,从而促进市场经济规范发展。

(1)登记机关全面审查原则,简称全面审查原则,即登记主管机关在审核商事主体资质时,不仅严格审查申请人是否完成了必要的许可程序,更需基于申请人的整体状况作出综合判断。此举涵盖对申请人的财务状况、经营策略、法律法规遵循等多方面的细致审查,以判定其是否具备商事主体资格。我国及世界多数国家均恪守此原则,旨在确保商事主体的合法性与适宜性。

(2)商人自愿强制登记原则,简称强制登记原则。在字面意义上,自愿强制似乎是矛盾的。然而,在商事登记实践中,自愿强制有其特定含义。一般来说,自愿强制是指在特定情境下,申请人可以基于自愿而设立或变更商事组织与行为,但当其选定登记后就必须遵循商事登记法规制。因此,依据强制登记原则,除非法律另有规定,任何组织或个人欲获得商事主体资格以及从事商事活动,均须严格遵循商事登记的法定义务。唯有通过登记机关的认证,其商事主

① 陆晓瑜:《论商事登记中的商主体资格与营业资格》,载《湖北警官学院学报》2014 年第 9 期。

体地位方得确立,其商事活动方能具备法律效力。未履行登记手续的组织或个人,在法律上不被认定为商事主体,其生产经营及交易行为可能被判定为无效。

(3)第三人公开知悉原则,简称公开原则,要求商事主体的相关登记信息必须透明公开,以便交易相对方或社会公众能够知悉。具体而言,商事登记簿上所载事项,包括登记机关、登记条件、申请文件、程序及期限等,均应由登记机关予以公布。在相关信息公布之前,申请主体不得开展商事活动。同时,登记过程及审查结果亦应及时公开,以接受公众及利害关系人的监督,满足各方对商事主体资信状况的公开知悉权需求。公开后,商事登记事项成为商事主体从事商事行为的法律依据,确保交易的透明度和合法性。

3. 商事登记法的规范。商事登记法的规范主要涉及商事登记的规范目标、登记机关以及登记方式等事项,属于商事登记法的核心内容。

(1)规范目标。商事登记法是保障私权还是规范公法控制,这往往是由规范性质所决定的。

①性质一:商事登记属于程序主导性立法还是纯粹程序立法?

商事登记立法根据是否包含实体规范,可以分为程序主导性立法和纯粹程序立法两大类。所谓程序主导性立法,即程序结合实体的立法模式,它涉及商事登记的全方位规制,包括登记程序、信息公示、信用监管、登记档案管理、亮照经营要求以及无照经营查处等。这种立法模式旨在通过全面的法律框架确保商事活动的合法性和透明度。我国《企业信息公示暂行条例》对企业在工商行政管理部门登记过程中产生的信息,以及政府部门在履行职责过程中产生的能够反映企业状况的信息进行了系统的实体规范。《市场主体登记管理条例》也对信息公示和监管内容作出了规定。从现有法律规范来看,我国在国家层面的商事登记立法多采用程序主导性立法。纯粹程序立法则专注于规定登记事项和程序,不涉及信息公示、登记档案管理、亮照经营等其他内容。这种立法模式旨在简化法律规范,使登记程序更加清晰和易于操作。如《深圳经济特区商事登记若干规定》(2021 年 3 月 1 日实施)主要规范了登记程序,而不涉及信息公示、登记档案、亮照经营等内容，体现了纯粹程序立法的特点。从实证角度看，地方层面的商事登记立法越来越多地转向这种纯粹程序立法。① 以设立登记为例，商事登记的纯粹程序一般包括以下几个常规步骤：

其一，申请。商事登记申请是商事登记申请人为商事登记向商事登记主管机关所作的意思表示。商事登记的申请人包括本人和设立人。商事登记申请，应由申请人提交登记申请书，并分别依据商事登记法律、法规的规定提交相关文件。委托人办理商事登记，须指定代理人，并应提交委托书。

其二，审查。该环节在商事登记流程中占据着举足轻重的地位。商事登记主管机关一旦接收到商事登记申请，鉴于市场对商事信息真实性的严苛标准，便会启动审查机制，以确保登记事项达到最基础的真实性水平。通过公示公告的方式，登记事项被赋予了公信力，进而有力地保护了相对人基于这些登记信息所享有的信赖利益。这构成审查机制在商事登记领域内存在并发挥作用的正当性基石。行政机关在处理行政相对人提交的申请材料时，可选择形式审查、实质审查或折中审查的方式。其中，实质审查强调登记主管机关不仅需要对材料的合法性进行审查，还需要全面、真实地审核其格式与内容，否则将承担相应的审查责任；形式审查则侧重于登记主管机关仅对材料的格式、内容形式是否合规进行审查，而对内容的真实性不承担责任，仅确认申请形式的合法性；而折中审查是一种结合实质审查与形式审查优势的混合模式，以一种为主、另一种为辅，相辅相成。② 主张折中审查者，有的认为形式审查与实质审查各有利弊，形式审查为当事人带来方便、快捷，但难以避免申请人乱设、滥设商人，影响交

---

① 赵旭东：《商事登记的制度价值与法律功能》，载《中国工商管理研究》2013 年第 6 期。

② 折中审查又可细分为形式审查导向型与实质审查导向型两种，即以形式审查为主、兼采实质性审查以及以实质审查为主、兼顾形式审查。在后种情形下，登记机关因烦琐复杂审查任务，往往仅对实质与形式相洽性进行审查，而无太多精力进行太多的合法筛选工作，最终导致实质与形式都打折扣。因此，实践中很少采取这种实质导向型的折中审查方式。在前种情形下，登记机关享有实质审查权，却不负有实质审查的义务，仅在对于申请登记事项产生疑问或当事人及第三人提出异议时，才依职权进行实质审查。

易安全;实质审查可以保证登记的真实性,有利于交易安全,但手续烦琐,给申请人带来不便。而折中审查则可扬两者之长、避两者之短。域外立法例典型地采用折中审查的并不多见。我国商事登记制度经历了从实质审查到形式审查的转变。这一改革反映了对提高行政效率和降低市场准入门槛的需求。

其三,核准登记。该环节是商事登记流程中的重要环节。经过商事登记主管机关的严格审查,符合法律规定的申请者将被准予登记并颁发法人营业执照或营业执照,这标志着申请者正式取得了商人资格,可以开始营业。

其四,公告。该制度是商事登记公示制度的重要组成部分。它通过公示登记事项(包括设立、变更、注销等)的方式,确保商事信息的透明度和公开性。在商事登记机关核准登记后是否进行公告的问题上,存在着一体主义与分别主义的不同做法。我国《市场主体登记管理条例》第21条对此作出了明确规定,公司或农民专业合作社(联合社)在合并、分立时,可通过国家企业信用信息公示系统公告45日后办理登记;非公司企业法人在合并、分立时则需经出资人(主管部门)批准,自批准日起30日内办理登记;市场主体在设立分支机构时,则需自决定作出日起30日内向所在地登记机关申请登记。由此看,我国商事登记公告制度对企业法人与非企业法人实行区别对待。

总之,商事登记立法的选择反映了不同地区对商事活动监管和市场自由的权衡。程序主导性立法和纯粹程序立法各有优势,选择哪种模式取决于具体的政策目标和实践需求。随着市场经济的发展,商事登记立法也在不断地调整和完善,以适应新的挑战和需求。

②性质二:商事主体登记的归属——究竟属公法、私法,抑或公私法兼备?此议题牵涉商事主体、登记机关及交易相对人三大核心法律主体。商事主体登记制度,既蕴含公法功能,又兼备私法特性。公法功能体现于登记机关对商事主体的准入控制及监督,而私法特性则展现于商事主体对登记效力的运用,以及交易第三人对登记信息的利用。诸如“公法行为论”、“区分论”或“复合行为论”等理论,皆是从单一视角剖析商事主体登记制度。为此,商事主体登记关系及其效力有待进一步分析。其中,商事主体登记关系属行政法律

关系范畴;而商事主体登记效力,则关乎商事主体与交易第三人间的法律关系,归属私法领域。①

鉴于商事登记在商事主体与交易第三人之间产生的私法关系实为商事主体登记效力问题,后文将对此详述,而商事主体与登记机关间的公法关系,则有待进一步探究。商事登记融合了申请人的私法诉求与登记机构的公法行为,如注册、审核与审查等。法律作为社会秩序的维系工具,引导社会成员恪守规范、预见行为后果。商事主体的登记及其营业行为,不仅影响交易相关方的利益,更牵涉公共利益及国家经济进展的全局。这为国家的有效管理提供了合法性的根基,确保了登记机构能够执行其审查和管理职责。个体(包括自然人与法人)在生产经营中的权利属于私权范畴,而国家维护经济和社会秩序的权力则属于公权。商事登记旨在实现社会控制,既具有鲜明的公法特性,又不失私法属性。关于公私权重的问题,并非能简单定论。商事登记的不同阶段会进一步凸显其特性,并引导其职能定位。

在商事主体资格登记方面,更多显现私法价值和公共服务职能。该程序以申请人为主导,反映了其获取法律主体资格即创立商事主体的意愿。在此过程中,登记机关秉持有限政府和公共服务的原则,致力于打造信息公示平台。对于商事主体,登记能展示信息、维护商誉、保障权益;对于交易对方,能提供经营信息,辅助经济决策,减少交易成本;对于市场秩序,能拓宽交易范围、创造交易机遇、提高交易效率、确保交易安全。商事主体资格登记中的公法规定,旨在确保商事信息服务的质量,其地位相对次要,且这种服务是登记部门利用其权威和信誉对登记信息的有限背书。

而在营业资格许可方面,则更强调公法上的监管功能。在我国计划经济时期,企业法人必须在限定的经营范围内运作,超越范围可能导致生产计划失败,影响整体经济进展。在市场经济体制下,尽管营业资格许可的管控有所放松,但其公法价值和政府的监管作用依然显著。在涉及国民经济、稀缺资源配置和重大公共利益的领域,营

① 刘凯湘:《我国商事主体登记制度改革的难题与路径——以登记效力的考察为中心》,载《中国法律评论》2022 年第 3 期。

业资格许可起到市场准入的筛选与控制作用,同时提供统计数据,监管各类商事企业的运营,并对商事主体实施税收征管和宏观调控。

综上所述,商事登记的公法关系应严格区分商事主体资格登记与营业资格许可,并实行分别规制。市场经济呼唤国家干预向市场自治转变,为此,法律不应过度以公权限制商事主体准入资格,而应弱化商事登记的公法性质,强化其私法属性,以实现商事主体营业自由及交易便捷的规范目标。①

(2)商事登记机关。依权源划分,域外商事登记机关有两种制度模式:

一是公法模式。该模式主要有以下类型:其一,司法类型。法院为商事登记机关。德、日商法规定,商事登记由地方法院办理。其二,执法类型。行政机关为商事登记机关。美国、英国的商事登记均由行政机关办理。其三,司执分立类型。法国商法规定,法院办理一般商事主体商事登记,行政机关办理公司商事登记。

二是私法模式。该模式也即民间自治。荷兰等国由商会进行登记。商人不具有特殊地位,商业登记仅为公众提供信息来源,故由商会负责登记,从而具有非官方性。

我国市场监管局为商事登记机关,实行分级登记管理方式,因而属于上述公法模式下的执法类型。

(3)商事登记方式。域外商事登记有强制主义与任意主义两种方式。具体而言,强制登记主义要求从事生产经营的组织和个人依法进行商事登记,取得商事主体地位和商事活动资质,商事登记成为法定义务;而任意登记主义虽要求商事主体进行登记,但并非必要,仅对经营范围或场所设定一定限制,表明商事登记并非获取相应资格的必要条件。我国《市场主体登记管理条例》第 3 条第 1 款规定:“市场主体应当依照本条例办理登记。未经登记,不得以市场主体名义从事经营活动。法律、行政法规规定无须办理登记的除外。”由此看,我国商事登记原则上采强制登记主义。

---

① 陆晓瑜:《论商事登记中的商主体资格与营业资格》,载《湖北警官学院学报》2014 年第 9 期。

（三）商事登记的法律效力

商事登记的法律效力，即商事登记事项在登记机关备案后所产生的实际法律效果，是商事登记法律制度的核心，也是确定商事主体法律效力的关键依据。当前，域外关于商事登记法律效力的观点主要分为两效力说和三效力说。两效力说认为，商事登记具有私法自治效力以及规范登记机关的公法效力。私法效力主要体现在公示商事主体信息，影响第三方与商事主体间的权利义务分配；公法效力则体现在按照程序法规定进行审批，属于行政机关行使公共管理权力的范畴。三效力说为主流观点，认为商事登记法律效力包括证明力、公信力和对抗力。具言之：

1. 证明力。证明力又称确认力，是指依法进行商事登记，获得商事主体及其合法经营的资格。其中，商事主体所凭借的商事登记属于行政许可还是行政确认，需要探讨。① 许可说认为，行政许可是登记主管机关利用商事登记将商事主体资格纳入授权范围，也即，登记主管机关为行政相对人设定权利或者免除义务，登记主管机关与行政相对人是一对不平等的纵向关系。然而，商事主体的行商权并非源于行政授权，而是一项基于自由意志而生的基本权利，换言之，登记主管机关并未创造新的私法权利，而是通过公示产生对世性的对抗权，以维护经济秩序，提高交易效率。因此，商事登记应被视为商事主体自由行使经营权的确认机制，旨在审核、认证、登记申请人的经营能力。有观点认为，公司设立由出资人发起创立这一私法行为引发，登记仅是对此结果的法律确认，所产生的法律效力是对既有权利的事后确认。②

基于此，商事登记的确认力是指登记主管机关通过登记对商事主体资格与营业资格进行事后确认。商事主体资格确认解决登记范围问题，是取得营业资格的前提；营业资格确认则通过营业登记实

---

① 所谓行政许可，是指登记机关根据自然人、法人或者其他组织的申请，经依法审查准予其从事特定活动的行为；行政确认是指登记机关依法对行政相对人的法律地位、法律关系或有关法律事实进行甄别，给予确定、认定、证成（或证伪）并予以宣告的具体行政行为。

② 俞斌：《商事登记立法的三个先决问题》，载《中国市场监管研究》2021 年第 2 期。

现,解决经营范围问题。[①]

2. 公信力。公信力是商事主体在商业环境中取信于人、实现良好发展的基石。它源于商事主体的诚信经营及接受公权力监管的合法性。商事登记的公信力意味着,一旦登记事项经法定机关登记,即被推定为真实、合法、有效。善意第三人基于信赖与商事主体交易,应受法律保护,即使登记存在瑕疵或错误。公信力源自公权力的介入,国家信用为商事登记背书。第三人信赖登记内容而无须额外核实其真实性,因而降低了交易成本,提高了交易效率,保障了交易安全。

3. 对抗力。对抗力又称免责效力,指登记事项一经登记,登记申请人可据此对抗第三人,获得免责权利。[②] 第三人信赖登记事项与登记申请人交易受法律保护,同时,登记申请人可依据已公示的重要事项对抗第三人的免责主张。商事登记具有对抗力的原因在于登记后信息向第三人公开,第三人可随时查知商事主体的重要事项。域外商事登记效力主要有对抗主义与生效主义两种立法模式。对抗主义下,商事登记作为对抗第三人的要件,不影响当事人间的效力;生效主义下,商事登记则是商事主体变动及信息变更的生效要件。

综上所述,商事登记的公信力旨在保护善意第三人的合法权益,而对抗力则侧重于维护登记申请人的利益。两者相辅相成,共同构建商事登记在登记申请人与第三人之间的利益平衡机制。商事登记的对抗力不仅使商事主体在主体资格得到保护的同时能够自由经营,还通过设定登记义务与赋予对抗力相结合的方式,实现了交易安全与营业自由之间的平衡,促进了交易效率的提升。此外,登记对抗力还通过推定第三人知悉相关登记信息,增加了交易的确定性,进一步促进了交易效率的提升。

---

① 张学文:《商事制度改革背景下商事登记效力的变迁》,载《福建论坛(人文社会科学版)》2016年第12期。

② 张国键:《商事法论》(修订19版),台北,三民书局1980年版,第94页。

后　语

人类社会经历了从商事民事化到民事商事化的更迭过程，并即将或正在迈入民商混合时代。为此，商法如何回应？作为一种应对，拙著尝试在原论、架构以及范式上进行了积极探索。

首先，本书秉持正道主义之原论理念，深入剖析资本本位与人本位等偏离正道之现象，进而主张商法应摒弃极端逐利与唯权之弊端，转而追求区块链技术所倡导的去中心化模式下，社会平民间的互助合作及财富公平分配之制度，以此构建利他性智慧生态愿景。①

其次，本书秉持生态架构之哲学根基。生态架构既富逻辑之严密，又兼内容之丰富多元。结构上，循序渐进地铺陈商业演进、商事立法及商法标准三大维度；内容上，深通教材之精髓，广纳商业现实、立法进展与商法框架，力求在既有知识体系中注入新见，诸如“商圈新论”“规范中心化重构”“权力去中心化探索”等独到见解，更将区块链、数字货币、智能合约等新兴元素融入商法领域，为学科发展注入鲜活力量。

最后，本书秉持范式转换之理论视角。笔者认

---

① 所谓正道主义，又称合作主义，主要指涉主张与其能力、信用相当的适格交易，谋求多数平民福祉，勇于知行合一以及抛弃极端的一己私利。这显然有别于拜物或极权下的征服主义。

为,正道主义与生态架构之理论,或将以反思与突破之姿态,颠覆人们对商事中心化的传统认知。这些反思与突破,一旦累积至质变之临界点,必将引发一场前所未有的范式革命。依据库恩范式理论,理论发展历经前科学、常规科学、非常科学及新常规科学之四个阶段。在前科学阶段,诸家争鸣,百花齐放,直至某一权威学说脱颖而出,一统江湖。进入常规科学阶段后,理论趋于稳定,但“反常”现象频发,需跨学科解释与补充。非常科学阶段则预示着理论危机与范式挣扎,直至科学革命到来,推动范式转换,新常规科学应运而生。① 这种范式理论为本书阶段性观点提供了有力支撑。传统资本本位与人本位理论已难以为继,商法领域将迎来由“去中心化”引领的“科学革命”。未来,随着去中心化理论研究的深入与区块链商事实践的推广,新的商法原论将占据主导地位,为司法实践提供坚实支撑。换言之,范式犹如一部不断修订的词典,当词典中充斥着区块链、联盟链、智能合约、AI、量子纠缠、量子计算机、NFT、去中心化等词汇时,鲁迅笔下“茴香豆的茴字几种写法”之旧学问,又有多大生存空间呢?因此,随着去中心化理论与区块链技术在商事实践中的广泛应用,新的商法原论将逐渐占据上风,为司法实践带来更为显著的成效。

诚然,本人浅作尚存诸多未竟之域与待垦之地,诸如传统商事主体法项下管理人信义义务、商事仲裁规制;商事行为法传统范畴内的商事留置权、商事代理制度之规范;以及当代商法亟须瞩目的新兴领域——区块链技术、量子计算与人工智能三者并驱的商事新边疆。此等议题旨在解构既有商事认知,开启新型商法叙事。鉴于此,笔者恳请诸位方家不吝赐教,激励吾等在未来道路上继续砥砺前行、深化探索。

---

① 全增嘏主编:《西方哲学史》(下册),上海人民出版社1985年版,第706页。

参考文献

一、主要参考书目

张国键:《商事法论》(修订19版),台北,三民书局1980年版。

高金松:《空白票据新论》,台北,五南图书出版公司1986年版。

沈达明、冯大同编著:《国际贸易法新论》,法律出版社1989年版。

[美]马歇尔·C.霍华德:《美国反托拉斯法与贸易法规——典型问题与案例分析》,孙南申译,中国社会科学出版社1991年版。

[英]施米托夫:《国际贸易法文选》,赵秀文选译,中国大百科全书出版社1993年版。

范健:《德国商法》,中国大百科全书出版社1993年版。

江平主编:《法人制度论》,中国政法大学出版社1994年版。

郑玉波:《公司法》,台北,三民书局1996年版。

[英]梅因:《古代法》,沈景一译,商务印书馆1997年版。

朱慈蕴:《公司法人格否认法理研究》,法律出版社1998年版。

徐学鹿:《什么是现代商法——创新中国市场

经济商法理论与实践的思索》，中国法制出版社 2003 年版。

覃有土主编：《商法学》，中国政法大学出版社 1999 年版。

[日]大木雅夫：《比较法》，范愉译，法律出版社 1999 年版。

史尚宽：《民法总论》，中国政法大学出版社 2000 年版。

[德]迪特尔·梅迪库斯：《德国民法总论》，邵建东译，法律出版社 2000 年版。

周林彬、任先行编著：《比较商法导论》，北京大学出版社 2000 年版。

赵中孚主编：《商法总论》，中国人民大学出版社 2001 年版。

[日]大塚久雄：《股份公司发展史论》，胡企林、胡欣欣等译，中国人民大学出版社 2002 年版。

赵万一：《商法基本问题研究》，法律出版社 2002 年版。

王保树主编：《中国商事法》，人民法院出版社 2003 年版。

王文宇：《公司法论》，中国政法大学出版社 2004 年版。

官欣荣主编：《商法原理》，中国检察出版社 2004 年版。

范健、王建文：《商法的价值、源流及本体》，中国人民大学出版社 2004 年版。

[法]伊夫·居荣：《法国商法》(第 1 卷)，罗结珍、赵海峰译，法律出版社 2004 年版。

[日]松波仁一郎：《日本商法论》，秦瑞玠、郑钊译述，中国政法大学出版社 2005 年版。

叶林、黎建飞主编：《商法学原理与案例教程》，中国人民大学出版社 2006 年版。

[德]C. W. 卡纳里斯：《德国商法》，杨继译，法律出版社 2006 年版。

范健主编：《商法》，高等教育出版社 2007 年版。

赵中孚主编：《商法总论》，中国人民大学出版社 2009 年版。

徐学鹿、梁鹏：《商法总论》(修订版)，中国人民大学出版社 2009 年版。

王保树：《商法总论》，清华大学出版社 2007 年版。

周林彬主编：《商法与企业经营》，北京大学出版社 2010 年版。

朱羿锟:《商法学——原理·图解·实例》(第3版),北京大学出版社2012年版。

曾大鹏:《中国商法通则理论与立法研究》,法律出版社2013年版。

赵万一:《商法基本问题研究》(第2版),法律出版社2013年版。

赵旭东主编:《商法学》(第3版),高等教育出版社2015年版。

长铗、韩锋等:《区块链:从数字货币到信用社会》,中信出版集团股份有限公司2016年版。

施天涛:《商法学》(第5版),法律出版社2018年版。

郑景元:《合作社商人法律制度研究》,清华大学出版社2019年版。

宫学庆:《区块链技术》,教育科学出版社2022年版。

二、主要参考期刊论文

许之森、徐开墅:《美国〈统一商法典〉》,载《现代外国哲学社会科学文摘》1983年第9期。

[日]森木滋:《〔日本〕法人格的否认》,李凌燕译,载《外国法译评》1994年第3期。

郭锋:《民商分立与民商合一的理论评析》,载《中国法学》1996年第5期。

江平:《现代企业的核心是资本企业》,载《中国法学》1997年第6期。

傅鼎生《论商法的基本原则》,载《政治与法律》1997年第5期。

丁南:《论民商法上的外观主义》,载《法商研究》1997年第5期。

赵秀文:《论商人习惯法及其适用》,载《法学家》1999年第6期。

郭升选:《"公司人格否认"辨》,载《法律科学(西北政法大学学报)》2000年第3期。

林敏:《商法基本原则研究》,载《中国人民大学学报》2000年第4期。

董学立:《法人人格与有限责任》,载《现代法学》2001年第5期。

冯果:《论公司资本三原则理论的时代局限》,载《中国法学》2001年第3期。

赵旭东:《商法的困惑与思考》,载《政法论坛》2002年第1期。

朱慈蕴、毛健铭:《商法探源——论中世纪的商人法》,载《法制与社会发展》2003年第4期。

徐学鹿:《论现代商法的基本原则》,载《法学杂志》2003年第1期。

赵旭东:《从资本信用到资产信用》,载《法学研究》2003年第5期。

罗筱琦、陈界融:《交易习惯法研究》,载《法学家》2003年第5期。

范健:《商行为论纲》,载《南京大学法律评论》2004年秋季号。

任尔昕:《我国商事立法模式之选择——兼论〈商事通则〉的制定》,载《现代法学》2004年第1期。

张辉、叶林:《论商法的体系化》,载《国家检察官学院学报》2004年第5期。

郑景元:《民事交易范式导论——通过对传统人性假设的再构造》,载《法学论坛》2004年第6期。

王保树:《商事通则:超越民商合一与民商分立》,载《法学研究》2005年第1期。

尹田:《再论"无财产即无人格"》,载《法学》2005年第2期。

蒋大兴:《商事关系法律调整之研究——类型化路径与法体系分工》,载《中国法学》2005年第3期。

杨继:《商法通则统一立法的必要性和可行性》,载《法学》2006年第4期。

郑景元:《困境与出路:设立中公司人格研究》,载《云南大学学报(法学版)》2006年第2期。

周友苏:《试析股东资格认定中的若干法律问题》,载《法学》2006年第12期。

喻胜云:《论单方商行为之法律适用》,载《南京大学法律评论》2006年春季号。

陈融:《论“约因论”在英美法系的衰落》,载《现代法学》2007 年第 4 期。

宁金成:《〈商事通则〉的立法体系与基本原则》,载《国家检察官学院学报》2008 年第 1 期。

官欣荣:《反思商法的法律地位——在制订〈商事通则〉的语境下展开》,载《法学杂志》2009 年第 12 期。

王建文:《中国商事司法实践中的法律适用:困境与出路》,载《现代法学》2010 年第 5 期。

石旭雯:《商事外观主义的法律构成》,载《河北法学》2009 年第 5 期。

汪青松:《论商事主体判定标准的立法选择》,载《河北法学》2010 年第 11 期。

杜景林:《〈德国商法典〉中的商人》,载《德国研究》2011 年第 1 期。

董淳锷:《商事自治规范司法适用的类型研究》,载《中山大学学报(社会科学版)》2011 年第 6 期。

张勇健:《商事审判中适用外观主义原则的范围探讨:与最高人民法院〈关于适用《中华人民共和国公司法》若干问题的规定(三)〉相关条文对照》,载《法律适用》2011 年第 8 期。

王延川:《商事行为类型化及多元立法模式——兼论商事行为的司法适用》,载《当代法学》2011 年第 4 期。

赵万一:《商法的独立性与商事审判的独立化》,载《法律科学》2012 年第 1 期。

郭富青:《商事立法拟制的类型化研究与价值评判》,载《国家检察官学院学报》2012 年第 6 期。

吴凤君:《论商法思维——与经济法思维的比较》,载王保树主编:《中国商法年刊(2013)》,法律出版社 2013 年版。

郑景元:《商事营利性理论的新发展——从传统到现代》,载《比较法研究》2013 年第 1 期。

陈甦:《资本信用与资产信用的学说分析及规范分野》,载《环球法律评论》2015 年第 1 期。

刘胜军:《论商事外观主义》,载《河北法学》2016 年第 8 期。

米新丽:《关于交易习惯的几点思考》,载《政法论丛》2016 年第 2 期。

许中缘:《论商事规范的独特性而非独立性》,载《法学》2016 年第 12 期。

卢宁:《刍议公司资本形成制度的改革与发展——以“认缴制”的定性为起点》,载《法学论坛》2017 年第 3 期。

夏小雄:《商行为的体系定位和结构转换——历史维度的再考察》,载《环球法律评论》2017 年第 1 期。

徐国栋:《罗马商法及其与“民法”的合一——以优士丁尼〈法学阶梯〉为考察对象》,载《法制与社会发展》2017 年第 5 期。

宋阳:《自治性商事规则法源地位否定论》,载《当代法学》2018 年第 3 期。

郑彧:《民法逻辑、商法思维与法律适用》,载《法学评论》2018 年第 4 期。

施天涛:《商人概念的继受与商主体的二元结构》,载《政法论坛》2018 年第 3 期。

杨延超:《论数字货币的法律属性》,载《中国社会科学》2020 年第 1 期。

郭富青:《我国企业住所与经营场所分离与分制改革的法律探析》,载《现代法学》2020 年第 2 期。

程啸:《区块链技术视野下的数据权属问题》,载《现代法学》2020 年第 2 期。

丁文文、王帅、李娟娟等:《去中心化自治组织:发展现状、分析框架与未来趋势》,载《智能科学与技术学报》2019 年第 2 期。

陈吉栋:《智能合约的法律构造》,载《东方法学》2019 年第 3 期。

李爱君:《人工智能法律行为论》,载《政法论坛》2019 年第 3 期。

崔建远:《论外观主义的运用边界》,载《清华法学》2019 年第 5 期。

吴烨:《论智能合约的私法构造》,载《法学家》2020 年第 2 期。

李伟民:《〈民法典〉视域中区块链的法律性质与规制》,载《上海师范大学学报(哲学社会科学版)》2020 年第 5 期。

肖海军:《论我国〈商事登记法〉的制定与体例——附:〈中华人民共和国商事登记法〉(学者建议稿)》,载《时代法学》2020 年第 5 期。

谭佐财:《智能合约的法律属性与民事法律关系论》,载《科技与法律》2020 年第 6 期。

赵磊:《区块链类型化的法理解读与规制思路》,载《法商研究》2020 年第 4 期。

郑景元:《合作社商人:农地三权分置的新实践》,载《清华大学学报(哲学社会科学版)》2020 年第 4 期。

王谨:《数字货币的商法性研究》,载《法学杂志》2020 年第 12 期。

董淳锷:《商业行规的司法适用——实证考察与法理阐释》,载《清华法学》2020 年第 1 期。

赵磊:《区块链类型化的法理解读与规制思路》,载《法商研究》2020 年第 4 期。

杨峰:《商法思维的逻辑结构与司法适用》,载《中国法学》2020 年第 6 期。

施天涛:《商事法律行为初论》,载《法律科学》2021 年第 1 期。

于程远:《论民法典中区块链虚拟代币交易的性质》,载《东方法学》2021 年第 4 期。

李建伟:《法源意义上的习惯与习惯法合一论——以商事习惯与商事习惯法为视角的研究》,载《政治与法律》2021 年第 11 期。

赵万一:《民商合一体制下商法独立的可能性及其实现路径》,载《法学杂志》2021 年第 7 期。

李建伟:《民法典背景下再论商法基本原则的判断标准与厘定》,载《荆楚法学》2022 年第 1 期。

王茜:《商法意义上的数据交易基本原则》,载《政法论丛》2022 年第 3 期。

冯果:《论授权资本制下认缴制的去与留》,载《政法论坛》2022 年第 6 期。

夏小雄:《商法体系化与商法典立法的关系思辨》,载《河北法学》2022 年第 10 期。

赵磊:《NFT 的法律规制——从“胖虎打疫苗案”谈起》,载《法律适用》2023 年第 11 期。

叶海波:《企业合规立法的宪法根据》,载《国家检察官学院学报》2023 年第 4 期。

刘凯湘:《我国商事主体登记制度改革的难题与路径——以登记效力的考察为中心》,载《中国法律评论》2022 年第 3 期。

吴光荣:《论外观主义在民商事审判中的运用》,载《法学家》2023 年第 3 期。

季洁:《法律适用中的商事习惯类型化研究》,载《河北法学》2023 年第 4 期。

张力:《智能合约嵌入合同的功能主义阐释》,载《社会科学辑刊》2023 年第 5 期。

岳万兵:《公司资本缴纳模式的立法选择》,载《现代法学》2024 年第 1 期。

蒋大兴:《为什么法定的商业秩序难以形成和维持——尊重商法对“隐名交易”的基本立场》,载《法制与社会发展》2024 年第 2 期。